中国能源消费碳排放时空演变特征及减排策略

吕倩　刘海滨◎著

中国经济出版社
CHINA ECONOMIC PUBLISHING HOUSE
北　京

图书在版编目（CIP）数据

中国能源消费碳排放时空演变特征及减排策略／吕倩，刘海滨著. —北京：中国经济出版社，2021.12
ISBN 978-7-5136-6779-1

Ⅰ. ①中… Ⅱ. ①吕… ②刘… Ⅲ. ①能源消费-二氧化碳-废气排放量-控制-研究-中国 Ⅳ. ①F426.2

中国版本图书馆 CIP 数据核字（2021）第 269802 号

责任编辑　焦晓云
责任印制　马小宾
封面设计　久品轩

出版发行　中国经济出版社
印 刷 者　北京柏力行彩印有限公司
经 销 者　各地新华书店
开　　本　710mm×1000mm　1/16
印　　张　13.5
字　　数　207 千字
版　　次　2021 年 12 月第 1 版
印　　次　2021 年 12 月第 1 次
定　　价　78.00 元
广告经营许可证　京西工商广字第 8179 号

中国经济出版社 网址 www.economyph.com 社址 北京市东城区安定门外大街 58 号 邮编 100011
本版图书如存在印装质量问题，请与本社销售中心联系调换（联系电话：010-57512564）

序言 PREFACE

气候变化是全人类面临的严峻挑战，要减缓全球变暖的进程，必须减少二氧化碳等温室气体的排放。中国政府高度重视应对气候变化。2015 年 6 月 30 日，中国政府向《联合国气候变化框架公约》秘书处提交了应对气候变化国家自主贡献文件，提出二氧化碳排放在 2030 年左右达到峰值并争取尽早达峰，单位国内生产总值（Gross Domestic Product，GDP）二氧化碳排放比 2005 年下降 60%~65%。2020 年，中国宣布“采取更加有力的政策和措施，二氧化碳排放力争于 2030 年前达到峰值，努力争取 2060 年前实现碳中和”。我国对国际社会做出的碳减排承诺将对国家经济社会发展和人民生活产生较大影响，需要通过积极探索找到符合我国国情的绿色低碳发展道路，实施积极应对气候变化的国家战略。

我国排放的二氧化碳主要来源于化石能源消费，碳达峰和碳中和的关键是控制化石能源的开发和利用。2019 年，在我国能源生产中，煤炭、石油和天然气所占比例分别为 68.6%、6.9% 和 5.7%；在我国能源消费中，煤炭、石油和天然气所占比例分别为 57.7%、18.9% 和 8.1%。可见，化石能源在我国能源生产和消费中仍占据绝对的主体地位。因此，我国要实现碳达峰和碳中和目标，需要优化能源结构和产业结构、提高能源利用效率和大力发展新能源等。《中共中央关于制定国民经济和社会发展第十四个五年规划和二〇三五年远景目标的建议》中明确提出，要“加快推动绿色低碳发展”，“降低碳排放强度，支持有条件的地方率先达到碳排放峰值，制定二〇三〇年前碳排放达峰行动方案”。我国地域广阔，地区间社会经济发展不均衡，不同地区能源消费对我国碳排放总量贡献存在较大差异，因此各地区在制定碳排放达峰行动方案和减排策略时，应坚持“共同但有区别的责任”和“各自能力”原则，明确碳减排重点区域和领域，实现精准减排。

制定碳排放达峰行动方案及减排策略的基础和关键是对不同区域碳排放量进行科学估算和计量。当前，我国碳排放计算所需统计数据主要来源于国家统计部门，除了省和重点城市，大部分市和县的能源消费统计数据难以获取，不同来源的统计数据之间又存在统计标准不一致的问题，无法为不同地区差异化碳排放达峰行动方案和减排策略的制定提供支持。本书尝试以国家统计部门公开发布的相关数据为基础，融合不同学科的分析和计量方法，构建能源消费碳排放估算模型，实现对省级、市级和县级尺度碳排放的动态估算和计量，并分析其时空演变特征，确定不同区域能源消费碳排放的关键影响因素，为科学制定碳排放达峰行动方案和碳减排策略提供参考。

全书内容安排如下：第 1 章阐述研究背景和意义，总结国内外研究进展及存在的问题，在此基础上，介绍研究内容、技术路线和研究方法。第 2 章介绍研究的理论依据和拟采用的研究方法。第 3 章基于校正后的夜间灯光数据集，结合能源消费统计碳排放量，构建省级尺度能源消费碳排放估算模型，并进行相应的精度检验。第 4 章利用构建的能源消费碳排放估算模型，对栅格、省级、市级和县级尺度能源消费碳排放量进行估算，并对其时空分布、变化趋势和时空格局特征进行分析。第 5 章以多尺度能源消费碳排放量为基础，依据动态空间杜宾模型、地理加权回归模型和 STIRPAT 模型构建 SDM-STIRPAT 模型和 GWR-STIRPAT 模型，分析全国及东部、中部和西部地区重要影响因素对能源消费碳排放影响的共同特征，以及重要影响因素对省级尺度能源消费碳排放影响的地区差异性及机理，探究能源消费碳排放的“路径依赖”。第 6 章在构建省级能源消费碳排放预测模型的基础上，设定基准情景、低碳情景和强化低碳情景及不同参数的预测增长率，分析全国、三大地区和省级尺度下碳排放的达峰路径，最后提出不同区域的差异化减排策略。

本书的出版得到中国矿业大学（北京）横向自主科研基金（330131）、北京市自然科学基金项目（9212015）、中国矿业大学（北京）中央高校基本科研业务费研究生科研创新能力提升项目（2021YJSGL12）和北京信息科技大学校科研基金项目（2021XJJ47）的联合资助。

目录 CONTENTS

第1章 绪 论

气候变化是当今人类社会面临的严峻挑战，能源消费导致的二氧化碳排放增加是造成气候危机的主要原因。中国政府积极参与国际磋商，并向国际社会做出碳减排承诺。要实现碳减排目标，对能源消费碳排放进行科学计量、分析其时空演变特征、制定合理有效的减排策略是当前及今后一段时期我国应对气候变化研究的重大课题。

1.1 研究背景

1.1.1 国际背景

自18世纪60年代步入工业化时代以来，人类对煤炭、石油和天然气等化石燃料的需求不断增长，并使其成为全球消耗的主要能源。化石能源具有不可再生性，随着社会经济发展对化石能源需求量的不断增加，其可利用总量在不断减少甚至濒临枯竭。在化石能源的开发与利用过程中，产生了大量的温室气体和污染物，带来了环境污染和气候变化等一系列问题，严重影响了人类经济、社会和环境的可持续发展。Andres 等（1999）[1]指出，全球化石能源二氧化碳排放从1751年的300万吨增长到1949年的610亿吨，引发了强烈的温室效应，是全球气候变暖的主要原因。联合国政府间气候变化专门委员会（Intergovernmental Panel on Climate Change，IPCC）在《第五次评估报告（2014）》[2]中指出，气候变化正在发生，人类活动对气候变化的影响是明确的，温室气体排放是全球气候变暖的首要贡献因素，亟须减少化石燃料产生的二氧化碳排放，实现全球气温升高控制在2℃以内的政治目标。《联合国气候变化框架公约》（United Nations Framework Convention on Climate Change，UNFCCC）[3]强调，气候变化中的全球气候变暖是人类目前面临的最为迫切的问题，它带来的影响是全球性、多尺度和灾难性的。

为了应对全球气候变暖，解决温室气体特别是二氧化碳排放的问题，国际社会先后组织多次气候变化会议（见表1.1），为进一步推动政府间达成温室气体减排协议而努力。《联合国气候变化框架公约》（UNFCCC）确立了“共同但有区别的责任”原则，要求温室气体排放量巨大的发达国家针对温室气体排放采取限制性措施，并为发展中国家履行公约义务提供资金支持。2009年，《哥本哈根协议》继续维护《联合国气候变化框架公约》（UNFCCC）[4]确立的“共同但有区别的责任”原则；2015年，《巴黎协定》强调，2020年以后，各国将以“自主贡献”的方式积极应对气候变化，发达国家带头减排，并向发展中国家提供资金和技术支持。

表1.1　全球温室气体减排相关会议

年份	地点及会议名称	达成的协议	协议主要内容及意义
1972	瑞典斯德哥尔摩：联合国人类环境会议	《联合国人类环境会议宣言》	第一次在全球范围内呼吁各国政府维护和改善人类环境
1992	巴西里约热内卢：联合国环境与发展大会	《联合国气候变化框架公约》	要求各国对全球环境和资源进行保护
1997	日本京都：联合国气候变化框架公约参加国第三次会议	《京都议定书》	人类历史上首次以法规形式限制温室气体排放，对温室气体的减排种类、主要发达国家的减排时间和义务额度做出具体的规定
2007	印度尼西亚巴厘岛：气候公约第13次缔约方会议暨《京都议定书》第3次缔约方会议	巴厘路线图	明确了解决气候变化问题的急迫性，并科学建议对比1990年，2020年前应将温室气体排放量减少25%~40%，但文件本身并没有提出具体量化减排目标
2009	丹麦哥本哈根：气候公约的第15次缔约方会议暨《京都议定书》第5次缔约方会议	《哥本哈根协议》	提出把全球平均温升控制在工业革命以前的2℃作为长期控制目标

续表

年份	地点及会议名称	达成的协议	协议主要内容及意义
2015	法国巴黎：气候公约的第21次缔约方会议	《巴黎协定》	各方将把“全球气温升高控制在2℃以内”作为总体目标，并为把温升控制在1.5℃以内而努力

由此可以看出，各国均已深刻认识到化石能源消费碳排放是全球气候变暖的首要原因，并对全球碳减排工作的重要性达成共识，已走上全球共同应对气候变化的合作之路。

1.1.2 国内背景

中国作为世界上最大的发展中国家，面临经济发展需求和国际社会碳减排任务的双重压力。自改革开放以来，我国经济持续增长，国内生产总值由1978年的3678.7亿元增长到2017年的827121.7亿元[5]。随着我国经济和社会的发展、工业化和城镇化进程的加快，化石能源消费呈现出持续增长态势。我国能源消费总量从1978年的5.71亿吨标准煤增长到2017年的44.9亿吨标准煤[6]。2017年，化石能源煤炭、石油和天然气消费量占比分别为60.4%、18.8%和7%，煤炭消费总量占比最高，其他类型能源占比仅为13.8%。这表明，近年来我国能源结构虽然不断调整并得到优化，但煤炭、石油和天然气等化石能源仍然是能源消费的主体。化石能源消费量的快速增长直接导致我国能源消费碳排放迅猛增长。《2018年全球碳预算报告》（*Global Carbon Budget* 2018）[7]指出，2017年全球碳排放量增长了1.6%，预计在2018年达到371亿吨。该报告同时指出，2017年全球碳排放的主要贡献国家和地区为中国、美国、欧盟和印度，分别占比27%、15%、10%和7%。我国已成为世界上碳排放第一大国，在国际气候变化谈判中面临巨大的减排压力。当前，我国粗放式的经济发展模式已经难以为继，资源紧缺、环境恶化和国际社会减排压力已经成为我国未来社会经济发展的瓶颈。因此，积极应对气候变化、主动承担减排任务、坚持绿色低碳发展既是我国实现可持续发展的必由之路，也是我国经济社会发展转型的迫切需要，更是我国树立负责任大国形象、为全球生态环境保护作出积极贡献的现实选择。

2009年，在哥本哈根气候会议上，我国政府承诺，到2020年碳排放强度比2005年下降40%~45%。2015年，在巴黎气候会议上，我国政府在《强化应对气候变化行动——中国国家自主贡献》[8]中确定了到2030年的自主行动目标，即“二氧化碳排放2030年左右达到峰值并争取尽早达峰；单位国内生产总值二氧化碳排放比2005年下降60%~65%，非化石能源占一次能源消费比重达到20%左右”，并强调“虽然需要付出艰苦的努力，但我们有信心和决心实现我们的承诺”。我国《“十三五”控制温室气体排放工作方案》[9]要求，到2020年，我国碳排放强度比2015年下降18%，总碳排放量得到有效控制。具体到能源结构调整上，《“十三五”节能减排综合工作方案》[10]指出，到2020年，煤炭消费占比下降到58%以下，其中电煤比重提高到55%以上，天然气消费比重提高到10%左右。2017年，国家发展改革委、国家能源局联合发布《能源发展“十三五”规划》[11]，提出到“十三五”期末，能源消费总量需控制在50亿吨标准煤以内，非化石能源消费比重提高到15%以上。《“十三五”控制温室气体排放工作方案》[9]进一步强调，温室气体的统计与核算是控排工作的基础，需要完善全国温室气体排放的数据系统，提供高质量、可公开、可获取的温室气体排放数据。《“十三五”节能减排综合工作方案》[10]进一步指出，需要完善省、市、县三级节能减排监察体系，推动大数据在节能减排领域的应用。

由此可见，我国政府已将控制碳排放总量和降低碳排放强度作为未来应对气候变化的核心工作。省级、市级、县级尺度碳排放的科学估算是我国未来节能减排的重要基础性工作，也是制定科学合理减排政策的首要依据。需要注意的是，国际社会应对气候变化时遵循发达国家与发展中国家“共同但有区别的责任”原则，我国地域广阔，地区差异巨大，在制定减排政策时，也应遵循该原则，锁定重点减排区域和领域，实现精准减排。当前，我国碳排放计量所需统计数据主要来源于国家统计部门，除省级尺度和重点城市外，大部分市级和县级的能源消费统计数据难以获取，且不同尺度的能源消费统计数据之间存在统计口径不一的问题，这制约了碳排放精准化数据系统的建立，给精准减排政策的制定带来较大困难，迫切需要解决。

1.2 国内外研究综述

1.2.1 碳排放估算方法研究

能源消费碳排放的估算一直是国内外学者研究的热点。国际上关于碳排放的测算方法研究较早，已经形成了完善的测算体系，众多科研单位和政府机构业已发布全球范围的碳排放数据集。美国能源信息署（Energy Information Administration，EIA）[12]给出了全世界范围主要国家1949—2011年的化石能源消费量。Andres等（1999）计算出1751—1950年全世界范围各国的化石能源碳排放量[1]。国际能源署（International Energy Agency，IEA）[13]给出了20世纪90年代以来世界大部分国家和地区的碳排放量数据。荷兰环境评估机构与欧洲委员会联合开发了全球大气研究排放数据库（the Emission Database for Global Atmospheric Research，EDGAR）[14]，该清单以区域网格化为基础，依据每年的温室气体排放量建立全球各国1km×1km分辨率包含人为源和生物源排放总清单，计算依据是国际能源署的能源平衡统计表和英国石油公司2015年世界能源统计评估数据。日本的REAS 2.1亚洲区域排放清单（REAS inventory version 2.1 for the whole of Asia），包含主要的温室气体，区域包括东亚、南亚、东南亚、中亚和俄罗斯的亚洲部分，提供0.25°×0.25°的月度网格数据[15]。韩国建立的CAPSS排放清单（the official Korean emission inventory from the Clean Air Policy Support System）[16]包含了韩国主要的温室气体排放。中国也建立了自己的综合排放清单MEIC（Multi-resolution Emission Inventory for China）[17]，包含中国分省碳排放量和网格化排放数据，分为电力、工业、民用、交通和农业五个部门，提供2008年和2010年0.25km×0.25km、0.5km×0.5km、1km×1km三种空间分辨率的逐月网格化排放清单。中国城市温室气体排放数据集（City GHG）[18]已经完成2005年、2007年、2012年和2015年的中国城市温室气体排放量计算，覆盖中国所有的地级市和直辖市。这些主要的温室气体清单数据集为碳排放相关研究提供了较好的数据基础，但大部分数据仅限于国家尺度，而网格化的碳排放清单多为部分年份的截面数据，不能形成连续时间序列，对于长时间跨度分析碳排放演变规律和进行相关经济政策分析具有一定的局限性。当前，联合国政府间气候变化专门委员会所提供的碳排放测度方法[19]被广泛接受，众多学者在可以公开获取的碳排放数据的基础上，采用 IPCC 方法进行能源消费碳排放估算研究[20-25]。除了以 IPCC 为代表的直接碳排放计算方法，还有间接碳排放方法，即生产过程中整个产业链的碳排放，主要基于投入产出模型进行简化计算[26-29]。

Davis 和 Caldeira（2010）[30]预测，2014 年全球碳排放量可达到 269.56 亿吨，其中 23%的碳排放是通过国际贸易产生的。Pao 和 Tsai（2010）[31]基于能源消耗法，估算 1971—2005 年（俄罗斯为 1990—2005 年）“金砖四国”能源消费碳排放量，指出在金砖四国中，中国的碳排放强度增长最快，1990—2005 年、1995—2005 年和 2000—2005 年的年均增长率分别为 4.78%、4.83% 和 9.99%。Nejat 等（2015）[32]基于 IPCC 能源消耗法，估算了 2000—2011 年中国、美国、印度、俄罗斯、日本、德国、韩国、加拿大、伊朗和英国（碳排放总量占全球前 2/3 的 10 个国家）的居民部门碳排放量，表明居民部门是世界第三大能源消费主体，占总消费的 27%。中国在 2007 年超过美国成为世界上最大的碳排放国，2011 年排放了近 80 亿吨 CO_2。Liu 等（2015）[33]指出，2000—2012 年，中国总的能源消费比《中国统计年鉴》数据高出 10%，并进一步估算，将 2013 年中国的化石能源消费和水泥生产产生的碳排放量修正为 24.9 亿吨；2000—2013 年，中国累计碳排放总量修正估计为 29 亿吨，低于此前对中国累计碳排放量的估计。Shan 等（2016）[34]采用 IPCC 能源消费法计算了 2000—2012 年中国省级碳排放量，指出山东省对中国累计碳排放量贡献最大。

国内学者也对能源消费碳排放的估算进行了广泛研究[35,36]，研究尺度逐渐从全国细分到地区。从全国尺度来看，蒋金荷（2011）[37]依据 IPCC 能源消费法估算我国 1990—2008 年碳排放量，由 23.3 亿吨增长到 63.6 亿吨，年均变化率为 5.75%，同时指出，经济结构、能源结构的改变，能源强度的增加都对碳排放量起到正向作用；米国芳和赵涛（2012）[38]基于发电过程中消耗的化石能源统计量进行估算，得出 1997—2009 年碳排放量由 26747.58 万吨增长到75120.66万吨，可见中国火力发电企业碳排放量呈现成倍增长态势；Guo和Liu（2013）[39]指出，城市居民直接碳排放主要来源于电力、热力和石油产品的消费，而农村居民的碳排放主要来源于电力和煤炭的消费；梁青青（2017）[40]以农业能源消耗为基础，采用IPCC能源消耗法对我国农业碳排放量进行估算，得出1995—2014年碳排放量由3882.8293万吨增加到8385.9491万吨，年均增长4.15%。从地区尺度来看，王安静等（2017）[41]结合投入产出表和能源平衡表，测算了中国30个省份（不含西藏及香港、澳门和台湾地区，余同）各行业的直接碳排放量，指出2012年直接碳排放量排名前五的省份分别为山东、河北、江苏、内蒙古和河南，直接碳排放量分别为8.42亿吨、7.15亿吨、6.56亿吨、6.21亿吨和5.21亿吨；马晓君等（2018）[42]测算后得出，2005—2015年中国东北三省能源消费碳排放量由4.8亿吨增长到8.52亿吨，与中国碳排放总量的走势大致相同，增长速度略缓于国家增速；王小辉等（2015）[43]测算后得出，2000—2012年陕西省碳排放总量由1742.35万吨增加到7438.36万吨，同时指出，数据来源、碳排放系数是清单不确定性的主要影响因素；方德斌等（2019）[44]测算后得出，2006—2016年北京城镇居民的直接碳排放量从972.35万吨增加到1964.65万吨，年均增长7.29%。

总体来说，采用IPCC能源消耗法直接进行碳排放估算具有准确、简便和可比较等优点，现有研究多从国家、地区、省级和重点城市尺度进行估算。由于数据质量和获取途径等的不同，从地市级、县级乃至表征具体地理空间信息的栅格尺度进行碳排放估算的研究较少，如何精准估算碳排放量仍是学者们研究的重点和难点。

1.2.2 基于夜间灯光数据的碳排放估算研究

为了解决已建立的碳排放清单数据集不完整和精细化尺度能源消费统计数据缺失的问题，众多学者一直在探寻快速、准确和具有空间特征的碳排放估算方法[45-47]。自20世纪80年代以来，随着遥感技术的快速发展，全球遥感影像数据特别是DMSP-OLS夜间灯光数据和NPP-VIIRS夜间灯光数据，因其具有客观性、可获取性、处理简便、亮度值可作为多种代理指标等优点，同时具有经济性好、时效性强、时间跨度大和空间覆盖范围广的客观优势，被广泛应用于经济增长评估[48,49]、能源消费模拟[50-54]、城镇化监测[52,55]、土地利用[52,56,57]、人口流动[58,59]、贫困问题[60,61]、气体监测[62]等国民经济发展领域。由于碳排放与人类社会经济活动和能源消费密切相关，国内外众多学者纷纷尝试使用夜间灯光等遥感数据进行碳排放估算研究[63]。

Elvidge 等（1997）[64]对包括中国、印度、美国、巴西、日本、墨西哥和德国等在内的全球 52 个国家人类居住夜间灯光照明面积进行检验，确定 DMSP-OLS 数据可以用于与人口和能源有关的温室气体排放的空间分配；Doll 等（2000）[46]基于 1994 年 10 月至 1995 年 3 月获取的夜间灯光数据，将城市照明面积与统计数据结合，建立了全球首个 1°×1°分辨率的碳排放网格，指出一个国家的总照明面积与城市人口、国内生产总值和汽车碳排放具有统计意义上的显著相关性；Ghosh 等（2010）[65]进一步利用夜间灯光数据和全球人口网格数据建立了全球碳排放网格，夜间灯光数据与碳排放的拟合精度达到了 0.55。

苏泳娴等（2013）[66]以 DMSP-OLS 数据为基础，对 1992—2010 年以市级为基础单元的中国碳排放进行了估算，分别从全国、四个经济区和六大城市群三个尺度进行碳排放结果分析，指出中国碳排放总量在持续增长，空间聚集显著；Letu 等（2014）[67]使用 DMSP-OLS 数据对日本 2006 年 10 个供电地区的电力消费和发电厂碳排放量进行区域估计，结果表明，估算精度均在 0.8 以上；Puliafit 等（2015）[68]基于 DMSP-OLS 数据构建阿根廷高分辨率（9km×9km）交通运输碳排放清单，结果表明，栅格尺度碳排放的不确定性小于 12%，碳排放空间分布精度良好；Shi 等（2016）[51]构建面板模型，证明 1997—2012 年中国 DMSP-OLS 数据与统计碳排放之间存在正向线性相关，并从区域和城市群尺度对碳排放时空演变规律进行分析，指出中国高碳区域主要集中在东部沿海、山东省和辽宁省的中南部地区。

Wang 和 Liu（2017）[69]使用 1992—2013 年的 DMSP-OLS 城市灯光数据拟合中国城市碳排放，指出城市碳排放具有区域差异性和空间集聚特征；Liu 等（2018）[63]基于 2000 年、2005 年、2010 年和 2013 年的 DMSP-OLS 数据，结合人口栅格数据和增减植被指数（EVI）调整夜间灯光指数，建立中国城市尺度碳排放地图；张永年和潘竞虎（2019）[70]基于2000—2013年DMSP-OLS夜间灯光数据，建立面板模型模拟中国能源消费碳排放量，其中2002年、2007年和2012年的拟合精度分别为0.893、0.955和0.951，并在此基础上进行了空间变化趋势分析。

上述研究多从国家、区域和省级尺度，结合夜间灯光数据进行碳排放分析，现已有学者将关注点放在精细尺度碳排放分析上。Shi等（2019）[71]基于DMSP-OLS数据从省级和市级尺度比较了碳排放的时空演变特征；李海萍等（2018）[72]采用IPCC碳排放核算法，基于DMSP-OLS数据进行2005年、2010年和2013年的栅格尺度碳排放估算，结果表明，DN总值与统计的省级能源消耗碳排放量存在较强的相关关系，发达地区能源消费碳排放量大但排放强度较低；Cui等（2019）[73]从县级和栅格尺度评估了中国广东省能源消费碳排放时空演变规律。

随着遥感技术的进一步发展，越来越多的学者结合时效性更好、分辨率更高的NPP-VIIRS夜间灯光数据进行碳排放估算研究[74-78]。Meng等（2017）[78]提出一种NPP-VIIRS夜间灯光数据与人口密度、归一化植被指数和水体数据相结合的方法，开发出一种改进的植被调整夜间城市灯光指数，并将其应用于中国的精细尺度碳排放分析，结果表明，除京津冀地区、长江三角洲地区和珠江三角洲地区外，山东半岛已成为一个新的碳减排热点区域；Cui等（2019）[73]结合2012—2016年每年11月到下年3月的NPP-VIIRS夜间灯光数据和中国华北地区地级市集中供热碳排放情况建立面板回归模型，在5km×5km的分辨率上估算碳排放量，并对其进行时空演变特征分析，发现北京、天津、石家庄和青岛的碳排放量最多。

近年来，有学者将关注点放在了DMSP-OLS数据和NPP-VIIRS数据的比较分析上。Fragkia等（2017）[79]分别用DMSP-OLS夜间灯光数据和NPP-VIIRS夜间灯光数据代表美国城市的用电量，进一步研究了不同类型的夜间灯光卫星数据如何随城市住区的大小变化；Zhang等（2017）[80]分别基于DMSP-OLS数据和NPP-VIIRS数据，从省级、市级和栅格尺度构建中国能源消费碳排放估算模型，并比较二者的精度，结果表明，DMSP-OLS数据构建的碳排放估算模型在空间尺度估算中效果更好；Zhao等（2018）[81]分别基于DMSP-

OLS 数据和 NPP-VIIRS 数据构建城市居民消费碳排放估算模型，认为 NPP-VIIRS 数据在估算城市居民碳排放上效果更好。很显然，DMSP-OLS 数据和 NPP-VIIRS 数据在不同尺度、不同领域碳排放估算方面具有各自的优势。

为了建立时间跨度更大、时效性更强的夜间灯光时间序列数据集，学者们将研究的重点放在 DMSP-OLS 数据和 NPP-VIIRS 数据之间的相互校正和融合上[82]。梁丽等（2019）[83]以中巴经济走廊区域为研究对象，提出了一种基于线性拟合提取不变目标区域的方法，实现了 DMSP-OLS 与 NPP-VIIRS 两种数据间的相互校正，结果表明，校正模型的拟合优度在 0.78 以上，增强了多源夜间灯光影像应用时的一致性。Zhao 等（2019）[84]构建了 2000—2015 年的 DMSP-OLS 数据和 NPP-VIIRS 数据校正融合后的灯光数据集，并证明了其有效性和合理性，继而建立县级尺度城市部门碳排放估算模型。

总体而言，DMSP-OLS 数据和 NPP-VIIRS 数据的应用研究取得了一些进展，将夜间灯光数据应用于碳排放的估算被认为是一种有效的方法。DMSP-OLS 和 NPP-VIIRS 数据的校正融合是获取长时间夜间灯光数据的基础性工作，对长时间序列碳排放估算至关重要，但二者的校正融合仍然是学术界的研究难点。有关 DMSP-OLS 和 NPP-VIIRS 数据融合校正有效性的研究较少，效果也不理想，在一定程度上制约了基于夜间灯光数据对时间跨度较大的碳排放量进行估算的相关研究。

1.2.3 碳排放时空演变特征研究

碳排放时空演变特征研究成果为节能减排政策的制定和实施提供了客观依据，是不同行政区域制定差异化减排政策的重要参考。国内外众多学者一般从国家、区域等尺度探讨碳排放时空演变规律[85,86]。

从国外的研究来看，Gregg 和 Andres（2008）[87]提出了一种估算化石燃料消耗和由此带来的人为碳排放的比例方法，通过化石燃料市场部门的数据来确定美国月度和各州碳排放量的时空特征；Gurney 等（2012）[88]对美国印第安纳波利斯市的化石燃料碳排放量进行了精细化的时空演变分析，具体到城市中的建筑、路段和工业及电力生产设施每小时的碳排放情况；Nassar 等（2013）[89]通过综合全球化石燃料碳排放数据集，包括美国的 Vulcan 排放数据、加拿大的国家排放报告和卫星观测数据，推导出可应用于全球排放数据集的每周和每日的碳排放演变规律。

具体到国内的研究，众多学者从国家和省级尺度进行了碳排放的时空演变特征分析。Liu 等（2013）[90]在省级尺度上计算了中国能源消费和工业过程中的碳排放量，并基于人口分配法进行了月度 0.25°分辨率分配，展现精细化尺度下碳排放时空演变规律，指出碳排放总量已从 2000 年的 36 亿吨增长到 2009 年的 86 亿吨，同时指出碳排放存在空间差异性。Cheng 等（2014）[91]从省级尺度分析了中国 1997—2010 年能源消费的动态时空演变过程，指出中国碳排放量从 1997 年的 4.16 亿吨增长到 2010 年的 11.29 亿吨，年均增长率为 7.15%，且碳排放强度呈现空间集聚特征。胡艳兴等（2015）[92]分析了 1997—2012 年中国省域能源消费碳排放的空间相关性和异质性，结果表明，16 年间碳排放的重心在向西迁移，我国省域碳排放量存在显著空间正相关性；他们还指出，2012 年已有 13 个省份属于超重型碳排放区域。武红（2015）[93]分析了 1953—2011 年我国省域碳排放的时间变化趋势和碳减排演变机理，结果表明，2001—2011 年我国碳排放年均增长速度达到 7.8%，且存在显著的空间分布差异，山东、河北和江苏是碳排放量最高的省份。

与此同时，部分学者基于不同行业对碳排放的时空演变规律进行了研究。Chuai 等（2015）[94]计算了中国建筑业能源消费产生的直接和间接碳排放，指出 1995—2010 年建筑业的人为碳排放总量从 3905 万吨增长到 103721.17 万吨，进一步表明华东地区碳排放量最大，其次是中南部地区。李新等（2015）[95]测算了 2001—2010 年中国及各省电力能源消费碳排放量和碳排放强度，分析了省际碳排放强度的时空演变特征，结果表明，全国电能消费碳排放总量从 2001 年的 303 吨增长到 2010 年的 745 吨，西部省份碳排放强度普遍高于东部发达地区。张广海等（2016）[96]研究了中国 2003—2012 年省级旅游碳排放的时空演变特征，结果表明，中部地区旅游碳排放强度高于东部地区和西部地区，区域内部差异是引起整体差异的主要原因。碳排放强度较高区域集聚在西北地区，碳排放强度较低区域集中在长三角及其周边地区。袁长伟等（2016）[97]核算了 2003—2012 年中国省级交通运输碳排放总量和碳排放强度，总结了我国交通运输碳排放的时空演变规律，结果表明，中国交通运输碳排放量整体呈现“西低东高”的分布特征，而碳排放强度则呈现相反的分布特征。Su 等（2017）[98]对中国 2007 年、2010 年和 2012 年省级尺度电力部门的碳排放量进行了计算，分析其演变特征，指出 2007—2012 年中国大部分省份电力生产和消费产生的碳排放呈上升趋势。Xu 等（2017）[99]估算了 2000—2014 年中国中部 18 个中心城市化石燃料燃烧和工业过程中产生的碳排放，指出这 18 个城市碳排放总量占全国的 13%，这 18 个城市的人均碳排放量从 2000 年的 6.14 吨增长到 2014 年的 15.87 吨，增长了 158.47%，得出人口和经济发展对碳排放的影响各不相同的结论。

总体来看，学者们多从国家、地区、省级和市级尺度来进行能源消费碳排放时空演变特征研究及分部门的碳排放研究，取得了一些成果，但在县级和栅格尺度上的研究较少，未来碳排放精准化时空演变特征分析将成为研究的重点。

1.2.4 碳排放影响因素研究

碳排放影响因素研究是了解碳排放变化内在机理、预测碳排放未来发展趋势、探究碳排放达峰路径及制定和实施差异化碳减排政策的基础工作。区域碳排放影响因素对碳排放具有正向或负向的影响，通过改变碳排放重要影响因素，可以在一定程度上控制碳排放演变趋势。因此，碳排放影响因素研究也是国内外学者研究的热点。

Saidi 和 Hammami（2015）[100]评估了碳排放和经济增长对 58 个国家能源消费的影响，指出碳排放对全球能源消耗具有显著的积极影响，同时经济增长对能源消费也具有正向影响；Wang 等（2016）[101]指出，1980—2009 年东南亚国家联盟（东盟）的城市化、能源消费和碳排放三者之间存在着长期均衡关系，城市人口每增加 1%，碳排放就增加 0.2%，三者之间存在单向短期因果关系。Shuai 等（2017）[102]结合 STIRPAT 模型分析 1990—2011 年 125 个不同收入水平国家的人口、富裕程度和技术对碳排放的影响，结果表明，全球范围内影响碳排放的首要因素是富裕水平，其次是技术和人口因素。在高收入国家，技术对碳排放的影响最大；而在低收入国家，富裕程度对碳排放的影响最大。Ramachandra 等（2017）[103]分析了印度班加罗尔地区能源碳排放与经济差距之间的关系，指出碳排放总量达到了每年 3350 千兆吨，人均能源消费与家庭收入成正比。这表明经济水平是印度能源消费和温室气体排放的重要影响因素。Wang 等（2018）[104]构建了 1980—2011 年全球 170 个国家关于城市化、经济发展、能源消耗和碳排放之间关系的面板模型，研究结果表明，一个国家的发展阶段和收入水平对碳排放存在显著的差异化影响。张庆宇等（2019）[105]运用 STIRPAT 模型对巴基斯坦 1971—2014 年碳排放的影响因素进行了分析，结果表明，化石燃料、人口总数和人均 GDP 是巴基斯坦碳排放的三大影响因素。Mardani 等（2019）[106]回顾了 175 篇关于碳排放和经济增长的文章，指出经济增长与碳排放趋势存在双向因果关系，经济增长的速度会在更高或更低的水平上刺激碳排放，因此潜在的减排措施会对经济增长产生不利影响。

众多学者对中国国家级和省级尺度碳排放进行了大量的研究。Chuai 等（2012）[107]对 1997—2009 年中国省级能源消费碳排放进行了空间分析，结果表明，碳排放与 GDP 和人口有着密切的关系，碳排放存在较强的溢出效应。Cheng 等（2014）[91]通过构建 1997—2010 年碳排放空间面板计量模型，指出能源强度、能源消费结构、产业布局和城镇化水平是影响中国能源消费碳排放强度时空格局的主要因素。Zhang 和 Da（2015）[108]采用 LMDI 方法分析中国 1996—2010 年碳排放影响因素并进行脱钩分析，结果表明，经济增长是过去几十年中国碳排放增加的主要驱动力，而能源强度的降低和能源消费结构的调整是降低碳排放的主要措施。Wang 等（2016）[109]探讨了中国不同省份城镇化水平对能源消费和碳排放的影响，指出中国的城镇化发展增加了能源消费和碳排放量，但它并不是影响二者最重要的因素。Xu 和 Lin（2016）[110]建立 1990—2014 年省级尺度面板模型进行碳排放影响因素研究，结果表明，由于固定资产投资和出口贸易规模巨大，经济增长对碳排放量的增长起着主导作用，并强调中国在进行碳减排时，需要考虑不同省份之间的异质性特征。Guo 和 Liu（2016）[111]建立了可计算一般均衡模型，分析了碳税政策对我国能源消费和碳排放的影响，指出随着碳减排力度的加大，碳税水平将逐步提高。孙叶飞和周敏（2017）[112]对中国 1996—2014 年能源消费碳排放与经济增长脱钩关系、碳排放影响因素进行了分析，指出能源强度和经济发展水平是影响

GDP 和碳排放脱钩的主要因素。Wang 等（2017）[113]通过构建 1990—2010 年碳排放 STIRPAT 模型，研究了社会经济因素、城市形态和交通网络对碳排放的影响，指出社会经济因素与碳排放显著相关，追求紧凑型的城市发展模式有助于减少碳排放，改善城市空间结构与交通组织的耦合程度可以降低碳排放。Li 等（2017）[114]指出，经济活动是中国各省碳排放量大幅增加的主要原因，技术变化和潜在能源强度变化对碳排放有相当大的影响。Chen 等（2019）[115]研究了 1980—2014 年中国人均碳排放、GDP、可再生能源、不可再生能源和对外贸易之间的 11 种关系，发现这些变量之间存在着长期关系，中国在没有经济增长、不可再生能源生产和对外贸易影响下的碳排放不存在 EKC 曲线，而加入可再生能源变量后，EKC 曲线是成立的。因此，可再生能源消费是减少碳排放的关键。Li 和 Zhou（2019）[116]对中国省级尺度碳排放进行异质性面板估计，探讨人口结构对碳排放的影响，指出抚养比率和平均住房面积对碳排放具有负向影响，而城镇化率对碳排放具有正向影响。于向宇等（2019）[117]利用省级面板数据验证在环境规制调节作用下能源禀赋与碳排放的关系，指出从全国视角看，能源禀赋与碳排放具有显著的正相关关系，其中中部地区最为显著，经济发展水平与环境领域存在“资源诅咒”现象和倒“U”形关系。

部分学者从部门视角分析碳排放的影响因素。Shao 等（2016）[118]研究了中国采矿业碳排放变化的驱动因素，对中国采矿业进行了情景分析，指出：产出规模和碳排放强度是影响碳排放变化的两个主要因素；除石油天然气开采行业外，各子行业均实现了 45%的碳强度减排目标。Xu 等（2014）[119]通过分析中国化石能源消费碳排放的影响因素，建立 LMDI 模型，并进一步分解出能源结构、能源强度、产业结构、经济产出和人口规模效应，指出电力生产、石油加工和炼焦是碳排放的主要来源。张艳平等（2018）[120]定量测度了 1995—2014 年中国居民碳排放的时空特征及影响因素，指出除吉林外，其余各省份居民碳排放均呈增加态势，人均碳排放效率提高是居民碳排放量增加的主要因素，人口规模效应对居民碳排放增加的贡献率呈下降趋势，人口城镇化变化对居民碳排放变化具有双向效应。

众多学者进一步从市级尺度和更为精细化的尺度研究碳排放影响因素。

Zhou 和 Wang（2017）[121]构建了中国 1992—2013 年城市尺度碳排放空间面板模型，指出城市碳排放存在空间集聚效应，人均 GDP、人口、工业化水平、资本投资和人口密度都会导致城市碳排放的增加，而道路密度和交通耦合因子均可降低城市碳排放量。陈占明等（2018）[122]基于城市尺度碳排放数据库 CHRED 和 STIRPAT 模型考察了 2005 年和 2012 年中国地级以上城市碳排放的影响因素，指出人口规模、第二产业产值占比和采暖需求的增长都会显著提高一个城市的碳排放量，部分城市会出现经济增长和碳排放的倒“U”形曲线关系。Wang 等（2019）[123]结合 DMSP-OLS 夜间灯光数据构建中国城市尺度碳排放地图，并构建地理加权回归模型进行影响因素分析，指出私家车拥有量、国民生产总值和能源消耗会对碳排放产生积极影响。

有些学者分区域进行了碳排放影响因素分析。陈江龙等（2016）[124]分析了 1990—2014 年中国泛长三角地区能源利用碳排放时空格局及关键影响因素，指出工业生产、城镇化水平及人口集聚是影响现阶段泛长三角地区碳排放的重要因素，固定资产与外商投资对区域碳排放的作用呈增强趋势，地区生产总值与碳排放影响存在倒“U”形关系，随着经济发展水平的提高，碳排放与经济发展有脱钩趋势。冯冬和李健（2018）[125]采用 STIRPAT 模型分析中国京津冀、长三角和珠三角三大城市群城镇化水平与碳排放之间的关系，指出三大城市群城镇化水平与碳排放之间呈现出先下降后上升的“U”形曲线关系，经济发展与碳排放之间呈现倒“U”形曲线关系，人口总量和能源强度对碳排放具有显著的正向影响。Wang 等（2017）[126]使用 STIRPAT 模型分析 1952—2012 年中国新疆能源碳排放的主要驱动因素，并将研究期间分为“改革开放前”（1952—1978）、“改革开放后”（1978—2000）和“西部大开发”（2000—2012）三个阶段，指出 2000 年以来固定资产投资和经济增长是新疆地区碳排放的重要贡献因素。Shen 等（2018）[127]采用对数平均分解指数 LMDI 方法，将排放因子分解为能源结构、能源强度、产业结构、经济产出和人口规模，结果表明，经济产出和人口规模是北京市碳排放量增加的主要驱动因素。

众多学者的研究结果表明，人口规模、经济增长、能源强度、产业结构、城镇化发展水平等因素均会对碳排放产生一定程度的影响。学者们大多采用

STIRPAT 模型、LMDI 方法、空间计量模型、地理加权回归模型等进行影响因素分析，研究主体多为全国、地区或省份，研究考虑到了影响因素对碳排放的共性影响，而多忽略影响因素对碳排放的差异化影响，容易影响精准减排的效果。这也是未来碳排放影响因素研究需要重点关注的方向。

1.2.5 碳排放达峰路径与减排策略研究

随着应对气候变化行动的不断深入，气候变暖引发的减排义务谈判已成为各国利益博弈的重要手段。2020 年《京都议定书》第二履约期期满，所有签约国都将全面参与减排。迫于国际社会的压力，中国亟须探索自己的碳排放达峰路径，制定和实施节能减排低碳发展政策。因此，科学预测碳排放情况、探讨能源消费碳达峰路径及各影响因素对达峰路径的影响、制定科学的减排策略具有重要意义，也是学者们未来研究的重点。

Agnolucci 等（2009）[128]设置低、高两种经济增长情景，讨论到 2050 年英国能源使用情况并预测碳排放未来发展趋势，指出这两种情景都会导致碳排放量减少 60%。Victor（2012）[129]讨论了加拿大温室气体排放的规模与强度之间的相互作用，并采用 LowGrowth 模型进行宏观经济情景分析，设置“基准情景”“选择性增长情景”“减少增长情景”，指出加拿大人均 GDP 减少情况符合世界应对环境变化的限制。Wang 和 Watson（2010）[130]进行了 21 世纪中国低碳转型排放路径情景分析。Schandl 等（2015）[131]结合经济和环境模型，使用生产和消费方法，评估 13 个世界区域和全球经济脱钩的可能性，讨论自然资源利用和碳排放的区域差异，并设置了“高效率”“中等效率”“不变效率”三种情景，指出到 2050 年，强有力的减排和资源效率政策对经济增长和就业的影响会很小。Yang 等（2015）[132]应用美国加州能源系统的 CA-TIMES优化模型估计加州 2050 年能否实现温室气体减排目标，设计低碳发电、替代燃料、先进交通工具、效率改进等情景，指出虽然需要进行重大能源转型，但以合理的平均碳减排成本来实现加州 80%的减排目标是可能的。Walmsley 等（2015）[133]采用碳排放夹点分析模型研究新西兰在 2050 年达到 1990 年交通排放水平的可行性，提出要采取建设电气化铁路、使用节能汽车、用生物质液体燃料替代化石燃料等减排措施。Lucena 等（2016）[134]评估市场机制和碳排放限制对巴西能源体系的影响，建立了 6 种不同的碳税和减排目标情景，指出减少碳排放的主要途径是降低能源消耗、提高可再生能源的普及率，并使用化石燃料的碳捕获和储存技术。

国内学者也纷纷针对碳排放达峰路径和减排策略进行情景分析[135-137]。Liu 等（2015）[138]采用系统动力学模型进行情景模拟，对中国 2008—2020 年的能源消耗和碳排放进行了预测，研究 2020 年中国碳排放强度能否达到 2005 年水平的 40%~45%。Liu 等（2015）[139]运用系统动力学方法建立了北京城市客运碳排放模型，包括经济子系统、人口子系统、交通子系统、能源消费和碳排放子系统，并基于北京市的管理经验构建政策情景，结果表明，优先发展公共交通有助于实现节能减排。Mi 等（2016）[140]指出，中国的碳排放量可能在 2026 年达到 11.2 亿吨的峰值，2015—2035 年中国将减排约 22 亿吨碳排放，碳排放强度将下降 45%，完成中国政府的承诺。Wang 和 Ye（2017）[141]采用非线性多变量灰色模型预测中国化石能源消费的碳排放，并在经济低速、中速和高速增长三种情景下预测 2014—2020 年中国化石能源消费碳排放量。杜祥琬等（2015）[142]提出中国未来发展的三种情景假设，即惯性情景、低碳情景和二度情景，进行分析后指出，惯性情景和二度情景的实现均有较大难度，我国应按照低碳情景模式发展。郝宇等（2016）[143]利用情景分析法预测 2030 年以前中国的能源消费、能源消耗强度和碳排放量，结果表明，在基准情景和节能减排政策措施严于预期的低碳发展情景下，碳排放峰值有望在 2030 年以前出现。何建坤等（2018）[144]明确指出，中国未来走上低碳发展之路的核心是大幅度降低碳排放强度，提升经济产出效益，促使二氧化碳排放早日达峰。

有些学者进一步从不同区域和不同部门进行碳排放达峰路径和减排策略分析。王勇等（2017）[145]运用 STIRPAT 模型对工业及其 9 个细分行业的碳排放峰值进行了情景预测，指出仅有低碳情景和抑制排放情景可以实现中国碳排放 2030 年达峰，建材和纺织制造业能够实现提前达峰，石油制造业和电力行业是减排潜力较大的行业。黄莹等（2019）[146]应用长期能源替代规划系统 LEAP 模型，通过设置政策情景、低碳情景和绿色低碳情景，模拟不同发展情景下中国广州交通领域未来的能源消费需求和碳排放趋势，指出低碳情景和绿色低碳情景下的碳排放达峰时间有望提前到 2025 年和 2023 年。王宪恩等(2014)[147]基于扩展 STIRPAT 模型，设定低碳情景、节能-低碳情景、节能情景和基准情景，对吉林能源消费碳排放情况进行预测，表明这四种情景的达峰时间分别为 2029 年、2036 年、2040 年和 2045 年。Tan 等（2016）[148]构建 GM（1，1）模型对重庆市碳减排潜力进行预测，结果表明，2020 年重庆市的碳排放强度将达到 1.58~1.75 吨/万元，具有较大的实现 2020 年碳强度减排目标的潜力。吴青龙等（2018）[149]运用 STIRPAT 模型和情景分析法预测中国山西省 2016—2040 年碳排放峰值情况，指出山西以节能或低碳情景相配合，可实现 2030 年之前达峰。李健等（2018）[150]构建京津冀能源系统仿真模型，探索 2020 年能源消费量，并设定基准情形和仿真情形，指出 GDP 增长对碳排放强度的抑制作用减弱，第二产业结构调整对能源消费的抑制作用减弱。董棒棒等（2019）[151]基于 STIRPAT 模型，运用情景分析法对中国西北地区 2017—2030 年能源消费碳排放情况进行分析预测，在高、中、低三种环境规制强度下设定 9 种发展模式，以分析环境规制与对外直接投资（Foreign Direct Investment，FDI）对能源消费碳排放峰值的影响，结果表明，仅在中低、低两种发展模式下能够如期实现西北地区碳排放峰值任务。

众多研究表明，随着经济转型和技术进步，我国未来有希望实现《巴黎协定》所要求的减排目标。在此过程中，我们应重视对整体和差异化碳排放达峰路径的研究及减排策略的制定和落实。目前，关于差异化碳排放达峰路径的研究较少，对于精准减排路径的研究也不多见。

1.2.6 文献评述

从前文的综合分析可以看出，学术界对基于夜间灯光数据的碳排放时空演变特征、达峰路径和减排策略进行了深入研究，在相关领域也取得了一些有价值的成果，但当前研究仍存在一些不足，以下三个方面的问题值得关注：

（1）关于能源消费碳排放时空演变特征的研究。众多学者已从世界、国家、地区尺度对能源消费碳排放时空演变特征进行了探索，具体到我国，多从全国、三大地区、省级、部分重点市级尺度展开研究，更加精准化的县级甚至栅格尺度的研究较少。多尺度、综合性能源消费碳排放时空演变特征的研究对于我国目前“共同但有区别的责任”和精准化的减排政策落实至关重要，但能源消费统计数据获取的局限性使该项研究的开展存在一定困难，需要另辟蹊径。

（2）关于能源消费碳排放影响因素的研究。学术界对能源消费碳排放影响因素的研究较多，但已有研究对于“共同但有区别”的影响因素的分析和识别不够深入。一些研究虽然考虑到了影响因素对碳排放的共性影响，但却忽略了由于地区经济差异、资源禀赋不同而造成的差异化影响，在制定减排政策时容易“一刀切”，从而导致政策执行效率低、效果有限。从研究方法上来看，常用的面板模型乃至空间面板模型均较少考虑碳排放的时滞性，即较少关注因变量自身的时空滞后性。事实上，碳排放存在一定的“路径依赖”，但相关研究尚不多见，需要在未来的研究中予以重视。

（3）关于碳排放达峰路径与减排策略的研究。当前有关我国能源消费碳排放达峰路径的研究多以全国、区域、部分省和重点城市为对象，通过情景设置进行碳排放达峰路径预测，而对于包含所有省市的分地区、分省市的整体研究较少，不同省市的差异化达峰路径的研究尚不够全面和深入。因此，整体和差异化的碳排放达峰路径与精准减排策略的研究有待深化和加强。

1.3 研究内容

基于对国内外研究现状的分析，确定本书重点研究以下内容：

（1）构建能源消费碳排放估算模型。融合校正 DMSP-OLS 数据和 NPP-VIIRS 数据，可得到 DMSP-OLS 尺度长时间序列夜间灯光数据集，进而可构建基于校正后夜间灯光数据集和省级统计碳排放数据的碳排放估算模型，并进行估算模型精度检验。

（2）多尺度能源消费碳排放时空演变特征研究。在对我国进行东部、中部和西部区域划分的基础上，采用省级尺度碳排放零误差方法得到碳排放1km×1km 空间分辨率栅格图，据此计算省级、市级和县级尺度碳排放量，分别进行时空演变特征和变化趋势研究。在省级、市级和县级尺度分别进行全局空间相关性和局部空间相关性研究，分析多尺度碳排放时空特征，为空间计量经济模型的应用奠定基础。

（3）能源消费碳排放影响因素研究。基于空间杜宾模型、地理加权回归模型和 STIRPAT 模型，考虑人口规模、人均 GDP、能源强度、城镇化水平和产业结构等影响因素，构建 SDM-STIRPAT 模型，分析碳排放影响因素的地区共同特征，构建 GWR-STIRPAT 模型分析碳排放影响因素的地区差异。

（4）碳排放达峰路径及减排策略研究。构建省级碳排放中长期预测模型，并分别设定基准、低碳和强化低碳三种情景，在此基础上设定人口规模、人均 GDP、能源强度、城镇化水平和产业结构等指标的未来变化率，分别从全国、三大地区和省级尺度进行情景分析，确定不同尺度碳排放的总体特征、达峰路径和减排目标落实情况，继而进行差异化减排策略研究。

1.4 技术路线与研究方法

1.4.1 技术路线

本书按照“提出问题—分析问题—解决问题”的路径展开研究，技术路线如图 1.1 所示。

1.4.2 研究方法

（1）文献研究法。通过对相关研究文献的搜集、整理和分析，全面掌握能源消费碳排放相关问题的研究现状，确定研究对象、内容和重点；依相关理论和前人研究成果，确定夜间灯光数据和碳排放之间的关系，厘清碳排放的影响因素，选择情景分析参数。

（2）多源数据融合方法。对遥感和非遥感等多源数据进行选择，并对这些数据进行预处理；采用像素级融合、特征级融合以及决策级融合等技术，进一步对经过预处理的多源数据进行融合，并对数据融合后得到的结果进行分析，给予客观的评价。

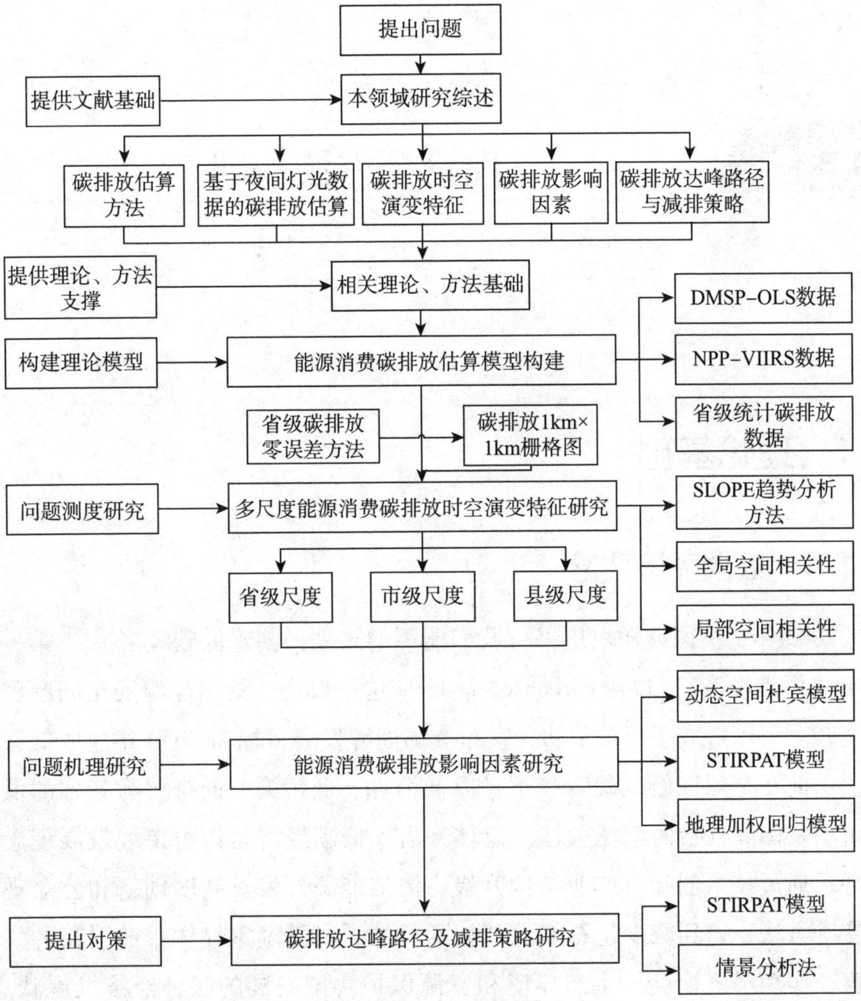

图 1.1　技术路线

（3）空间计量经济学方法。对多尺度能源消费碳排放进行空间探索性分析，计算和分析碳排放的空间相关性特征和空间异质性特征；利用空间计量模型从短期和长期视角对多尺度能源消费碳排放进行空间关系及溢出效应分析，进而分析碳排放影响因素的直接效应和间接效应，确定影响碳排放的关键因素。

（4）情景分析法。考虑影响多尺度能源消费碳排放的关键因素，构建碳排放预测模型；通过设定情景参数，确定不同情景下碳排放达峰路径和碳排放强度目标落实情况，依此制定差异化减排策略。

第2章 理论与方法基础

2.1 理论基础

2.1.1 低碳经济理论

2003 年，英国能源白皮书《我们能源的未来：创建低碳经济》[152]第一次提出“低碳经济”（Low-carbon economy）这一概念，指出能源安全问题和气候变暖对英国造成了严重威胁，宣布英国能源发展目标为 2050 年建成低碳国家。由此在全球气候变暖背景下，以低消耗、低污染、低排放为基础的低碳经济引发国际社会的广泛关注。总体来看，低碳经济是以可持续发展理念为指导，通过技术创新、产业结构升级、清洁能源开发、制度创新和公众观念转变等方法，达到减少化石能源消耗的目的，降低温室气体排放引起的气候灾害，实现经济社会、生态环境和资源保护协调发展的一种经济发展状态。总体来说，低碳经济包括低碳能源系统、低碳产业系统和低碳技术系统。低碳能源系统即通过发展可再生能源，包括太阳能、风能、核电、光伏、地热等清洁能源，对化石能源进行有效替代，以减少温室气体排放。低碳产业系统即制造业要加快淘汰高能耗、高污染的落后生产能力，大力发展高新技术产业，开发节能建筑，发展新能源汽车产业等。低碳技术系统包括清洁煤技术和二氧化碳捕捉及储存等提高化石能源利用效率、降低能耗水平的技术。

作为世界上最大的发展中国家，我国发展低碳经济面临机遇和挑战。我国能源消费结构以煤炭消费为主，能源整体利用效率偏低，经济增长方式以粗放增长为主，因此我国温室气体减排压力较大。但是，直面挑战也是我国经济发展转型的重要机遇。2006年底，我国科学技术部、中国气象局、中国科学院等12部委联合发布我国第一部《气候变化国家评估报告》[153]，这是我国气候变化领域的重要研究成果。2007年，在亚太经合组织第15次领导人会议上，我国明确主张发展低碳经济，强调要研发和推广"低碳能源技术""增加碳汇""促进碳吸收技术发展"，减缓气候变化。2009年，中科院发布《2009中国可持续发展战略报告》[154]，指出了我国低碳经济发展的战略目标，即到2020年我国单位GDP二氧化碳排放降低50%左右，为我国及全球的低碳目标和社会可持续发展作出自己的贡献。近年来，习近平总书记多次强调，"绿水青山就是金山银山"，这一新时代的绿色发展理念，本质就是实现经济、资源和环境的协调低碳发展。

目前，世界各国对低碳经济的衡量标准基本是在未来一定时间内达到较低的温室气体排放量。考虑到各个国家的经济发展水平和发展阶段的差异性，依靠单一评价指标可能并不能反映低碳经济发展的全部内涵，应考虑构建包含二氧化碳减排量、国家对实现低碳经济的投入力度、国家为实现低碳经济所做出的政策努力，以及公众参与的积极性、节能减排意识的增强和消费方式的转变等变量的综合性评价体系。总体的低碳经济理论框架如图2.1所示。

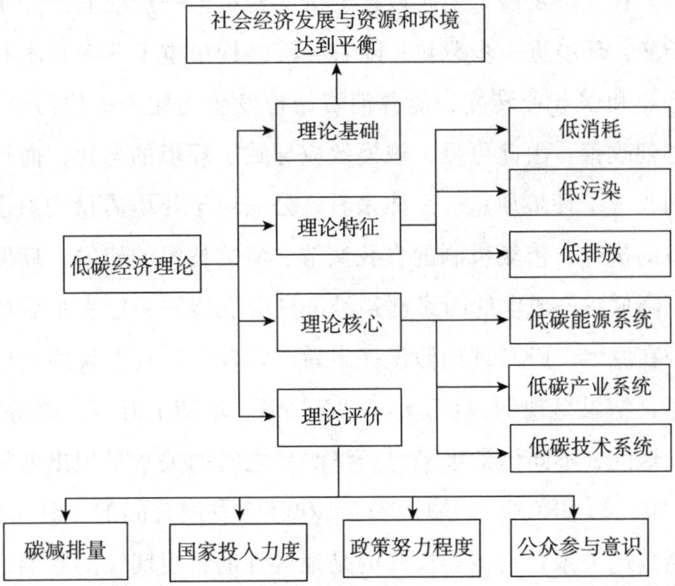

图2.1　低碳经济理论框架

2.1.2 环境库兹涅茨曲线理论

20世纪中期，经济学家库兹涅茨提出了一种关于人均收入水平和分配公平程度关系的演变学说，认为人均收入分配不均现象随着经济水平的增长呈现先升后降的倒“U”形曲线趋势，由此被命名为库兹涅茨曲线。美国经济学家Grossman和Krueger[155]首次证实了环境质量变化与人均收入水平之间存在倒“U”形曲线关系；Panayotou（1997）[156]将库兹涅茨曲线进一步扩展，首次将这种环境质量变化与人均收入水平之间的倒“U”形曲线称为环境库兹涅茨曲线（Environmental Kuznets Curve，EKC），从此环境库兹涅茨曲线理论经常被用于研究经济发展和环境污染之间的关系。该理论认为：当某一地区经济发展整体水平较低时，该地区的环境质量处于较高水平，随着经济水平的不断提高，环境会逐渐恶化；当经济发展到一定程度（临界点或拐点）后，随着经济水平的进一步提高，环境质量又会逐渐好转，总体得到改善。此后，关于环境和人均收入水平之间关系的研究不断深入。Grossman和Krueger（1995）[157]将经济增长对环境质量的影响分解为规模效应、技术效应和结构效应。在经济发展早期阶段，经济结构由第一产业农业为主向高耗能的重工业转变，环境进一步恶化；随着经济结构由重工业向技术和知识密集型的高新产业和服务业转变，能源消费结构发生变化，单位污染水平下降，环境质量得到改善。由此可见，规模效应导致了环境的恶化，而技术效应和结构效应则改善了环境质量。总体来看，公众对于环境质量的追求、政府环境规章政策的执行、市场机制的自我调节、清洁技术的研发、环保产品的投资等有助于降低污染成本的因素都是经济社会发展到一定水平后环境质量得到改善的内在原因。EKC理论假说提出后，学者们针对假说的实证研究得出多样化结论，结果呈现倒“U”形、“N”形、单调上升或下降等关系曲线，这表明不同地区、不同污染水平与经济水平之间的关系呈现出差异化。总体来说，倒“U”形EKC曲线是环境污染和经济发展之间的一种可能性关系，并不能概括其他关系，它更多反映的是地区性的、短期性的影响，在考察流量污染物的短期变化轨迹方面效果更好。倒“U”形EKC曲线如图2.2所示。

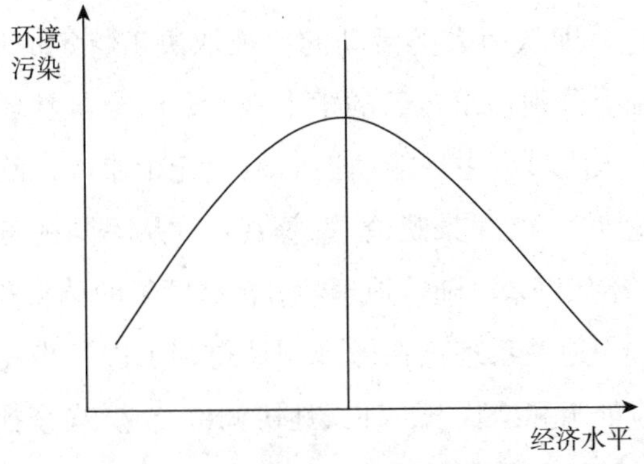

图 2.2 倒“U”形 EKC 曲线

近年来，关于碳排放和经济发展之间的环境库兹涅茨曲线成为研究的热点[158-160]，即验证在经济发展初期，碳排放量是否会随着经济发展水平的提高而增加；随着经济发展到一定水平，碳排放量是否会呈现降低趋势。国内外众多学者的研究结论表明，碳排放与经济发展之间存在 EKC 曲线[161,162]。另有一些学者进一步将研究视角放在碳排放与城镇化水平之间是否存在倒“U”形 EKC 曲线上[163,164]。总体来看，EKC 曲线为碳排放和经济发展之间关系的研究提供了参考。

2.1.3 人地关系理论

人地关系理论研究人文系统和自然环境系统之间的动态作用关系，阐述人类及其社会活动与自然地理环境之间的相互影响。自然地理环境为人类提供生存基础。人类及其社会活动会对自然地理环境产生影响，甚至进行局部改造，从而产生了不同的地域特征和地域差异。人地关系理论经历了漫长的发展过程[165]。

在古代，中国有着以“人定胜天，天定胜人”为代表的朴素的人地关系思想。随着近代地理学等学科的发展，人类对人地关系进行了较为系统的研究。近代地理学的奠基人洪堡和李特尔进一步推动了人地关系理论的发展，认为人类是地球的一部分，自然地理环境是人类及其社会活动的舞台。Farinelli（2000）[166]详细探讨了人类居住地区、人类迁移、人类活动等行为对自然地理环境的依赖性。John 和 Chappell（1970）[167]进一步将人地关系理论发展为环境决定论，即认为人类活动的特征取决于特定的地理环境。此后，众多学者在此基础上分别提出自己的学术观点，认为自然环境对人类没有必然的决定性影响，人类具有主观能动性。20 世纪上半叶，欧美地理学界分别出现了环境适应论[168]、文化景观论[169]等观点，从不同视角对人地关系进行研究。21 世纪 60 年代以来，随着地理学方法、手段的革新和数量化，以及可视化技术的发展，人地关系理论在微观领域得到了进一步发展。现代科学普遍认为人地关系应处于和谐状态，即人地协调论[170]。当今社会存在人口数量激增和能源消费持续增长等问题，人类社会面临地球资源短缺和环境污染问题，人与自然和谐相处是当前人类面临的最紧迫任务。20 世纪 80 年代以来，人地关系研究强调区域人口、资源、环境和发展的和谐，这也是人类社会可持续发展的基础。

2.1.4 “胡焕庸线”假说

1935 年，我国著名人口地理学家胡焕庸先生在《地理学报》发表《中国人口之分布》一文，首次以县级为单元统计人口密度情况，提出了从黑龙江瑷珲（黑河）到云南腾冲的人口地理分界线，即著名的“胡焕庸线”。“胡焕庸线”以东的面积约占全国的 36%，而当时当地人口占全国的 96%，“胡焕庸线”以西的面积约占全国的 64%，而当时当地人口占全国的 4%，这揭示了中国人口东西分布的巨大空间差异，并引起国内外学者的广泛关注。2009 年，“胡焕庸线”被《中国国家地理》杂志和中国地理学会评为仅次于“珠峰测量”的“中国地理百年大发现”。学术界普遍认为，“胡焕庸线”的形成与我国的自然环境、社会历史条件及东西部经济发展水平的差异有关。

改革开放以来，我国人口向京津冀、长三角和珠三角等东部城市群聚集，人口分布重心向东南沿海地区转移，更加验证了“胡焕庸线”的人口分布特征。2014 年，李克强总理在国家博物馆参观“人居科学研究展”时提出，要研究如何打破“胡焕庸线”，实现我国中部和西部地区经济发展、城镇化水平的整体提升。这充分体现出我国政府对东西部均衡发展问题的重视程度。学术界也掀起了关于“胡焕庸线”讨论和应用的热潮[171]。众多研究表明，“胡焕庸线”不仅展现了我国人口地理分布的东西差异[172,173]，也表现出我国的现代气候特征[174]，是我国重要的生态环境分界线[175]。此外，“胡焕庸线”还能表现出降雨量、富裕度[176]、经济发展[177]、城镇化水平[178]、碳排放[179]等的东西差异。众多研究表明，其稳定的东西格局是由一系列自然因素和社会经济因素造成的。因此，在宏观尺度上，“胡焕庸线”可以为国家针对东西部差异制定战略和政策提供参考。

2.2 相关方法基础

2.2.1 空间计量经济学方法

2.2.1.1 空间自相关分析

（1）全局空间相关性分析。

全局空间相关性是指某种现象在地理研究区域内的整体空间分布和依赖性特征[180]。衡量全局空间相关性的指标主要有全局 Moran's I 和 Geary's C 等。本书采用全局 Moran's I 指数计算和检验不同尺度碳排放的全局空间特征。全局 Moran's I 指数可以反映空间相邻区域属性值的相似程度，从而判断整个研究区域观测值的空间分布特征，具体计算公式如下：

$$I=\frac{S\sum_{k=1}^{s}\sum_{p=1}^{s}W_{kp}\left(x_k-\bar{x}\right)\left(x_p-\bar{x}\right)}{\left(\sum_{k=1}^{s}\sum_{p=1}^{s}W_{kp}\right)\sum_{k=1}^{s}\left(x_p-\bar{x}\right)^2} \tag{2.1}$$

$$\bar{x}=\frac{1}{S}\sum_{k=1}^{s}x_k \tag{2.2}$$

$$\begin{cases} W_{kp}=\dfrac{1}{d_{kp}},\ k\neq p \\ W_{kp}=0,\ k=p \end{cases} \tag{2.3}$$

式中，x_k 表示 k 区域观测值；x_p 表示 p 区域观测值；S 表示区域数量；W_{kp} 表示空间权重矩阵；d_{kp} 表示通过经纬度计算的地理单元间地表距离。I 的取值范围为[-1, 1]。$I>0$ 表示存在空间正相关，区域观测值呈现空间集聚态势；$I < 0$ 表示存在空间负相关，区域观测值存在显著差异；$I = 0$ 表示观测值不存在空间相关性，即在空间上呈现随机分布模式。当全局 Moran's I 接近期望值 $E(I) = -1/(n-1)$ 时，观测值在空间上随机分布。我们对全局 Moran's I 结果进行统计检验，具体公式如下：

$$Z(I) = \frac{(I-E(I))}{\sqrt{\mathrm{Var}(I)}} \tag{2.4}$$

式中，$\mathrm{Var}(I)$ 表示全局 Moran's I 的方差；$E(I)$ 表示全局 Moran's I 的期望值。在正态分布中，如果 $1.645 \leqslant |Z(I)| \leqslant 1.96$，$P < 0.1$，区域间观测值在10%的显著性水平上存在空间相关性；如果 $1.96 \leqslant |Z(I)| \leqslant 2.58$，$P < 0.05$，区域间观测值在5%的显著性水平上存在空间相关性；如果 $|Z(I)| \geqslant 2.58$，$P < 0.01$，区域间观测值在1%的显著性水平上存在空间相关性。当 $Z(I)$ 为正且达到显著性水平时，高值区域与高值区域相邻，低值区域与低值区域相邻，呈现集聚分布态势；当 $Z(I)$ 为负且达到显著性水平时，呈现高值区域与低值区域邻接或低值区域与高值区域邻接的集聚分布态势。

（2）局部空间相关性分析。

我们用局部空间相关性来识别不同区域的空间属性，通过揭示不同区域的空间聚集程度，反映局部观测值的空间异质性。常用的局部空间相关性统计指标包括局部 Moran's I_c 指数、局部 Geary's C 指数和局部 Geti's G 指数，可以衡量区域观测值与周边区域的集聚程度。局部 Moran's I_c 指数的计算公式为

$$I_c = \sum\nolimits_{w_{kp}}^{j} z_k z_p \tag{2.5}$$

式中，I_c 表示局部 Moran's I_c 指数；z_k 和 z_p 分别表示区域 k 和 p 标准化后的观测值；w_{kp} 为标准化后的空间权重；$\sum\nolimits_{w_{kp}}^{j} = 1$。我们进一步通过局部 Moran's I_c指数区分局部集聚模式，包括 HH 集聚（若 I_c 显著为正且 z_k 大于 0，高观测值地区被高观测值地区包围）、LL 集聚（若 I_c 显著为正且 z_k 小于 0，低观测值地区被低观测值地区包围）、LH 集聚（若 I_c 显著为负且 z_k 小于 0，低观测值地区被高观测值地区包围）和 HL 集聚（若 I_c 显著为负且 z_k 大于 0，高观测值地区被低观测值地区包围）。

2.2.1.2 空间计量经济学模型

空间计量经济学模型（Spatial Econometrics Model）是计量经济学的一个

分支，用来处理在横截面数据（Cross－sectional Data）和面板数据（Panel Data）的回归模型中不同地理单元之间的空间互动效应和空间结构特征。Cliff 和 Ord（1972）[181]对回归模型的残差进行了空间自相关检验，于 1975 年首先建立了空间自回归模型（Spatial Autoregressive Model）[182]。空间计量经济学（Spatial Econometrics）这一术语最早由 Paelinck J（1978）[183]提出；Anselin L（1988）[184]在深入探索后，将空间计量经济学定义为处理由科学统计分析模型中区域空间关系所带来的特殊性而采用的种种技术性方法，同时认为变量之间的空间关系应包括空间相关性和空间异质性。传统计量经济学模型适用于时间序列层面的回归，未考虑区域截面单元之间的空间联系，传统的 OLS 只是对参数进行了全域同质性的估计，没有考虑区域差异性。由此可见，引入空间交互效应是空间计量经济学模型区别于传统计量经济学模型的显著特征。此后，众多学者如 Cressie 和 Huang[185]、LeSage 等[186,187]对该领域进行了扩展性研究。

总体来看，空间计量经济学模型的演变包括三代。第一代为基于横截面数据的空间截面数据模型。2000 年以后，学者们逐渐展开对空间面板模型的探索。面板数据与截面数据相比，不仅存在个体差异，还存在时间维度的动态变化，具有较少的共线性及更多的自由度，可以增加估计的效用。第二代为基于面板数据的静态空间面板数据模型，即简单地将横截面数据的时间序列混合，设定固定或者随机的空间效应和时间效应模型，考虑区域的空间交互效应。随着空间计量经济学的进一步发展，学者们在空间交互效应的基础上，进一步纳入时间滞后项，空间计量经济学模型逐渐发展为第三代动态空间面板数据模型。

空间面板数据模型与传统面板数据模型的重要区别在于考虑了空间交互效应。在构建模型前，我们需要区分三种不同的空间交互效应，分别为被解释变量 y 之间的内生交互效应、解释变量 x 之间的外生交互效应和误差项 ε 之间的交互效应。内生交互效应是指特定单元 A 的被解释变量依赖于其他单元 B 的被解释变量，外生交互效应是指特定单元 A 的被解释变量取决于其他单元 B 的解释变量，误差项的交互效应是指单元 A 的误差项和单元 B 的误差项相互影响。

依据空间交互效应的类型，可以将空间计量经济学模型划分为不同的类型。

第一类为空间面板滞后模型（内生交互效应）、空间面板误差模型（误差项之间的交互效应）[188]和空间变系数回归模型。这些模型均基于稳健拉格朗日乘数检验。空间面板滞后模型的一般形式为

$$Y_{it}=\delta WY_{it}+X_{it}\beta+\mu_i+\varepsilon_{it} \tag{2.6}$$

式中，Y_{it}为截面 i 在 t 时刻的被解释变量矩阵；X_{it}为解释变量矩阵；δ 为空间自回归系数；矩阵 W 为非负常数矩阵，用来描述空间依赖关系，为空间权重矩阵；WY_{it}为被解释变量的内生交互效应；β 为解释变量 X_{it}的系数列向量；$i=1, 2, \cdots, N$，为截面维度；$t=1, 2, \cdots, T$，为时间维度；μ_i 为空间个体效应；ε_{it}为均值为零、方差为 σ^2 的误差项。

在空间面板误差模型中，空间自相关反映在误差项中，度量了相邻单元因变量的误差冲击对本单元的影响。空间面板误差模型的一般形式为

$$Y_{it}=X_{it}\beta+\mu_i+\nu_{it} \tag{2.7}$$

$$\nu_{it}=\lambda W\nu_{it}+\varepsilon_{it} \tag{2.8}$$

式中，λ 为空间自相关系数；$W\nu_{it}$ 为误差项的交互效应；ν_{it} 为空间误差项。

第二类为空间杜宾面板模型，由 LeSage 和 Pace（2009）[189]提出，考虑了外生交互效应及其相关的误差项，以及解释变量的空间滞后项。空间杜宾面板模型的一般形式为

$$Y_{it}=\delta WY_{it}+X_{it}\beta+WX_{it}\gamma+\mu_i+\varepsilon_{it} \tag{2.9}$$

式中，γ 和 β 为固定未知参数向量；WX_{it}为外生的交互效应。目前，空间计量经济学模型逐渐采用协方差矩阵估计量来处理空间自相关和异方差问题[190]。

第三类为动态空间面板模型。该类模型包括被解释变量在时间上、空间上及时间和空间上的滞后项，解释变量在时间上、空间上及时间和空间上的滞后项，序列误差自相关、空间误差自相关和特定的空间效应以及时间效应。Elhorst（2003）[191-193]首次较为深入地研究动态空间面板模型，并对该类模型进行了归纳总结。动态空间面板模型的一般形式为

$$Y_{it}=\tau Y_{it-1}+\delta WY_{it}+\eta WY_{it-1}+X_{it}\beta_1+WX_{it}\beta_2+X_{it-1}\beta_3+WX_{it-1}\beta_4+Z_{it}\pi+\nu_{it} \tag{2.10}$$

$$\nu_{it}=\rho\nu_{it-1}+\lambda W\nu_{it}+\mu+\xi_{it}\iota_N+\varepsilon_{it} \tag{2.11}$$

$$\mu=kW\mu+\xi \tag{2.12}$$

式中，X_{it}是 $N\times K$ 的外生解释变量矩阵；Z_{it}是 $N\times L$ 的内生解释变量矩阵；Y_{it-1}为被解释变量矩阵的时间滞后项；X_{it-1}为外生解释变量的时间滞后项；WY_{it}为被解释变量的内生交互效应；WX_{it}为解释变量的外生交互效应；WY_{it-1}为被解释变量的时间和空间滞后项；WX_{it-1}为解释变量的时间和空间滞后项；ν_{it}为空间误差项；ν_{it-1}为误差项的时间滞后项；$W\nu_{it}$为误差项的空间滞后项；ρ为序列相关的系数；λ 为空间自相关的系数；$\mu=(\mu_1, \cdots, \mu_N)^T$ 是特定的空间效应，控制所有特定空间效应和非时变变量；$\xi_{it}(t=1, \cdots, T)$ 是特定的时间效应；ι_N 是一个 $N\times 1$ 且元素值为 1 的向量，控制所有特定时间效应和非空间变化变量。

总体来看，动态空间面板模型因研究内容不同有多种形式，需要研究者依据研究问题选取合适的形式和估计方法。动态空间面板模型因其应用的广泛性而越来越受到学者的关注。

2.2.2 3S 集成技术

1993 年，美国政府推动信息高速公路计划（Information Super-Highway, ISH）。1994 年，美国正式批准国家空间数据基础设施计划（National Spatial Data Infrastructure, NSDI），由此开启全球化的电子信息技术浪潮[194]。1995 年，我国正式开启了中国信息高速公路计划（China ISH），将信息化建设作为社会发展的重点领域，3S 集成技术由此得到了高速发展[195]。3S 集成技术综合了地理信息系统（Geography Information Systems, GIS）、遥感技术（Remote Sensing, RS）和全球定位系统（Global Positioning Systems, GPS），对卫星传感技术、空间技术和计算机技术等学科进行交叉应用，可获取大量时空地理信息并进行可视化表达，是对空间信息进行收集、运算、处理、分析、展示和应用的现代化综合性技术平台。

GIS 可以分层、分级管理、处理和分析相关地理信息，通过对地理信息进行栅格化处理、输出包含时空信息的文件，提供可视化功能，进而表现时空信息的变化规律和处理结果，动态监测时空信息的变化和应用情况。GIS 已在区域规划[196]、土地利用[197]、污染物监测与预报[198]等方面得到了广泛应用。RS 技术是利用飞机、卫星等遥感技术平台，使用电子光学仪器设备接收地面物体反射的电磁波信号，以栅格图片形式或数据磁带形式将其记录下来，并进行信息处理、噪声去除等，实现对地表进行远距离客观测算和识别的现代综合技术。目前，RS 技术已广泛应用于植被资源调查[199]、环境质量监测[200]、交通情况识别[201]、气象观测[202]等领域。GPS 是 20 世纪 70 年代以来，美国政府研发的海陆空卫星导航定位系统，其特点在于可以快速、准确、高效识别三维坐标，同时全天候、自动化提供空间定位，目前已广泛应用于民用交通导航[203]、大地测量[204]、土地利用[205]等领域。目前，我国 GIS 技术和 GPS 技术的应用已进入民用和商用阶段，RS 技术则处于世界级先进水平。

随着地理信息系统、遥感技术和全球卫星定位系统的不断发展，将三者融合在一起的 3S 集成技术已显示出广阔的应用前景，在空间信息收集、地理时空信息分析、空间数据挖掘和决策管理方面具有显著的效果。目前，3S 集成技术已广泛应用于环境科学领域，实现了对大气污染物和温室气体的动态监测。

2. 2. 3 STIRPAT 模型

环境影响的 IPAT 模型最早由 Ehrlich 和 Holdren（1971）[206]构建。他们认为，环境所受的影响主要来自社会经济活动中的人口、人均财富和技术水平等因素。公式如下：

$$I=P\cdot A\cdot T \tag{2.13}$$

式中，I 为环境压力；P 为人口规模；A 为人均财富；T 为技术水平。IPAT 模型的意义在于从宏观尺度分析人类的社会经济活动对环境造成的影响，是判断社会经济因素对环境影响的有用工具。但是，IPAT 模型要求等式两侧的参数量纲统一，同时假设环境与各影响因素间为同比例线性变化，因此无法判断影响因素变化时对环境影响的变化程度，同时模型并没有进一步考虑其他影响因素，被认为是一个过度简化的理论框架。Dietz 和 Rosa（1997）[207]在基本的 IPAT 模型基础上提出构建 ImPACT 模型。York 等

(2003)[208]在此基础上又提出了 STIRPAT（Stochastic Impacts by Regression on Population，Affluence，and Technology）模型，在 IPAT 模型基础上增加了弹性参数，构建了随机可拓展性环境影响评估模型，可以用来对多影响因素的环境模型进行实证检验。公式如下：

$$I = aP^{b}A^{c}T^{d}e \tag{2.14}$$

式中，a 为常数项；b，c，d 为影响因素的待估计参数，可以反映影响因素的生态弹性，即环境对影响因素变化的敏感性；e 为误差项。

该模型具有较高的可拓展性，加入其他影响因素或者增加高阶项并不会影响环境影响模型的评估效果。为了降低非线性 STIRPAT 模型中变量间可能存在的异方差，我们直接计算影响因素的待估计参数，以便后续进行参数估计和假设检验。可对公式进行对数化处理，如下所示：

$$\ln I = \ln a + b\ln P + c\ln A + d\ln T + \ln e \tag{2.15}$$

式中，b，c，d 分别为影响因素的待估计参数。

2.3　本章小结

本章较为详细地介绍了低碳经济理论、环境库兹涅茨曲线理论、人地关系理论和“胡焕庸线”假说等本书依据的基础理论，以及空间自相关分析、空间计量经济学模型、3S 集成技术和 STIRPAT 模型等本书拟采用的研究方法。

第3章 能源消费碳排放估算模型构建

本章基于校正后的夜间灯光数据集，结合能源消费统计碳排放量构建省级尺度碳排放估算模型，并进行相应的精度检验。具体包括：融合校正DMSP-OLS数据和NPP-VIIRS数据，构建长时间序列夜间灯光数据集；基于统计数据，计算能源消费碳排放量；基于校正后DMSP-OLS尺度夜间灯光数据集和统计碳排放量，构建省级尺度碳排放估算模型；对碳排放估算模型进行精度检验。

3.1 数据来源

自20世纪70年代开始，美国开展了国防气象卫星计划（Defense Meteorological Satellite Program，DMSP）。DMSP系列卫星及其搭载的线性扫描业务系统传感器（Operational Linescan SFystem，OLS）可以获取无云遮挡情况下地表发出的包括城镇灯光、车流、渔火、森林火光和天然气燃烧等微弱光芒。近年来，夜间灯光遥感数据产品种类不断增加，包括DMSP-OLS夜间灯光影像，NPP-VIIRS、SAC-C-HSTC和SAC-D-HSC等多个观测平台及其搭载的对地观测传感器的遥感影像，不同夜间灯光遥感数据的基本参数见表3.1。新一代夜间灯光数据NPP-VIIRS（National Polar-Orbiting Partnership's Visible Infrared Imaging Radiometer Suite）的出现，有效地弥补了DMSP-OLS数据在空间分辨率和时间分辨率等方面的短板，极大地拓宽了夜间灯光数据的研究和应用领域。

表 3.1 不同夜间灯光遥感数据的基本参数

观测平台	传感器	空间分辨率（m）	数据存档年份	数据的可获取性
DMSP 卫星	OLS	约 2700	1992—2013 年	年度数据免费获取
NPP 卫星	VIIRS	约 740	2012 年至今	2012 年至今月平均数据免费获取（2015 年和 2016 年具有年度数据）
SAC-C 卫星	HSTC	200~300	2001 年至今	数据不对普通用户开放
SAC-D 卫星	HSC	约 200	2012 年至今	数据不对普通用户开放

与传统的遥感卫星数据相比，夜间灯光遥感数据反映了由人类夜间社会活动所引起的地球表面夜间亮度变化特征，可以作为人类经济活动的有效代理指标，同时因其具有全球开放性和可获取性等优点，可以成为监测人类活动的数据来源。能源消费碳排放与能源消费状况密切相关，考虑到夜间灯光数据可以很好地反映经济活动和能源消费的空间特征，可以尝试将其应用于能源消费碳排放的估算。

3.1.1 DMSP-OLS 数据

DMSP 卫星运行在太阳同步轨道，距离地面约 830km，运行周期约 101min，为三轴姿态稳定卫星。DMSP 卫星采用双星运行体制，两颗业务卫星同时运行，平均 6 小时提供一次全球云图，全球地面分辨率为 2700m，扫描条带宽度为 3000km，覆盖包括纬度 75°N~65°S、经度 0°~180°在内的空间区域。从 1976 年 9 月起，DMSP 卫星观测平台搭载可见红外成像线性扫描业务系统 OLS 传感器，该传感器使用的光学倍增管具有极强的光电放大能力，可以实现微光、水体、云图、强风和海况的监测。美国国家海洋和大气管理局（National Oceanic and Atmospheric Administration，NOAA）的美国国家地理数据中心（National Geophysical Data Center，NGDC）官方网站，可以免费下载 DMSP-OLS 夜间灯光数据，包含了 1992—2013 年可以探测到的 6 代卫星数据。DMSP-OLS 不同年份的卫星数据见表 3.2。

目前，DMSP-OLS 数据主要包含非辐射定标和辐射定标两种类型产品的数据，其中非辐射定标夜间灯光数据包含三种类型，分别为平均夜间灯光强度数据、无云观测频次数据和夜间稳定灯光数据。平均夜间灯光强度数据 DN

表 3.2　DMSP-OLS 不同年份的卫星数据

年份	卫星					
	F10	F12	F14	F15	F16	F18
1992	F101992					
1993	F101993					
1994	F101994	F121994				
1995		F121995				
1996		F121996				
1997		F121997	F141997			
1998		F121998	F141998			
1999		F121999	F141999			
2000			F142000	F152000		
2001			F142001	F152001		
2002			F142002	F152002		
2003			F142003	F152003		
2004				F152004	F162004	
2005				F152005	F162005	
2006				F152006	F162006	
2007				F152007	F162007	
2008					F162008	
2009					F162009	
2010						F182010
2011						F182011
2012						F182012
2013						F182013

(Digital Number) 值为没有经过太多过滤处理的较为原始的数据；无云观测频次数据 DN 值用来识别全年观测的次数；夜间稳定灯光数据 DN 值则是经过严格筛选和去云处理，将 DMSP-OLS 数据合成得到 1km×1km 空间分辨率的时间序列数据集，包含区位相对稳定的灯光信息，并已去除突发性和短暂性事件造成的背景噪声，数据的取值范围为 1~63。本书以 DMSP-OLS 夜间稳定灯光数据为研究基础。

3.1.2 NPP-VIIRS 数据

自 2011 年起，美国新一代 NPP（NPOESS Preparatory Project）卫星及其搭载的可见光红外成像辐射仪（Visible and Infrared Imager/Radiometer Suite，VIIRS）传感器，是中分辨率成像光谱仪（Moderate-resolution Imaging Spectro-radiometer，MODIS）系列的拓展和改进，可以收集陆地、海洋和大气的辐射影像，敏感捕捉包括城市、油田、渔船和道路等处的夜间亮光，数据覆盖范围为纬度 75°N～65°S，经度-180°～180°，覆盖全球主要区域。传感器可扫描幅宽 3040km，平均 4 小时经过赤道一次，空间分辨率为 400m×400m，以单位为 $nWcm^{-2}sr^{-1}$的数值来记录夜间灯光强度。该仪器的光谱通道包括高分辨率图像波段、中等分辨率波段和 DNB 波段，中心波长从 412nm 到 12050nm 不等。NPP-VIIRS 卫星光谱通道见表 3. 3。

NPP-VIIRS 卫星传感器在轨运行时间较短，影像数据质量较高，记录了从 2012 年开始的月度夜间灯光影像。我们从 NOAA 和 NGDC 官方网站免费下载了 2012—2018 年的月度合成夜间灯光数据，其中 2015 年、2016 年的数据还包括年度合成数据。NPP-VIIRS 数据包括两种类型，分别为 VCMCFG 云掩膜处理数据和 VCMSLCFG 云掩膜散光校正数据，考虑到可获取数据的连续性，本书选用 VCMCFG 类型夜间灯光影像数据。

总体来看，NPP-VIIRS 夜间灯光数据在兼具 DMSP-OLS 稳定夜间灯光数据基本特征的同时，还具有以下优势：①DMSP-OLS 稳定夜间灯光遥感数据的空间分辨率为 1km×1km，而 NPP-VIIRS 月度合成数据的空间分辨率提高了将近 1 倍（原始数据空间分辨率为 750m），空间分辨率显著提高；②NPP-VIIRS 夜间灯光数据是 2012—2018 年的月度合成数据，与 DMSP-OLS 数据（1992—2013 年的年度合成数据）相比，在时间分辨率和时效性上有了较大提升；③NPP-VIIRS 夜间灯光数据的记录采用的是浮点型格式，辐射分辨率大大提高，相较于灯光亮度值为 0～63 的整型 DMSP-OLS 稳定灯光数据，可以解决城市建成区出现的中心“饱和效应”问题。

表 3.3　NPP-VIIRS 卫星光谱通道

波段	中心波长	波长范围	说明	空间分辨率
I1	0.640	0.600~0.680	可见光	375m
I2	0.865	0.850~0.880	近红外	
I3	1.610	1.580~1.640	短波红外	
I4	3.740	3.550~3.930	中波红外	375m
I5	11.45	10.50~12.40	长波红外	
M1	0.412	0.402~0.422	可见光	750m
M2	0.445	0.436~0.454		
M3	0.488	0.478~0.488		
M4	0.555	0.545~0.565		
M5	0.672	0.662~0.682		
M6	0.746	0.739~0.754	近红外	
M7	0.865	0.846~0.885		
M8	1.240	1.230~1.250	短波红外	
M9	1.378	1.371~1.386		
M10	1.610	1.580~1.640		
M11	2.250	2.230~2.280	中波红外	
M12	3.700	3.610~3.790		
M13	4.050	3.970~4.130	长波红外	
M14	8.550	8.400~8.700		
M15	10.763	10.260~11.260		
M16	12.013	11.540~12.490		
DNB	0.700	0.500~0.900	可见光	全扫描范围 750m

由此可见，NPP-VIIRS 夜间灯光数据在空间分辨率和时效性上具有较大优势，可以将其与 DMSP-OLS 稳定夜间灯光数据相结合，构建长时间序列夜间灯光数据集，并用于长时间跨度、多尺度能源消费碳排放的估算。

3.1.3　社会经济数据

在碳排放测算及其影响因素分析和情景预测中，需要使用能源消费统计数据和社会经济统计数据。用于计算 1995—2016 年省级（因数据缺失，不包含西藏及香港、澳门和台湾地区的数据）碳排放量的能源消费统计数据来源于《中国能源统计年鉴》（1996—2017）分地区能源消费平衡表中的一次能源终端消费量，其中缺失的部分能源消费统计数据（包括重庆市 1995 年和 1996 年的数据，海南省 2002 年的数据，宁夏回族自治区 2000—2002 年的数据）采用推测插值方法确定。这些能源消费统计数据涉及原煤、原油、汽油、洗精煤、焦炭、煤油、柴油、燃料油、液化石油气、天然气、焦炉煤气和炼厂干气 12 种主要化石能源，化石能源折算标准煤系数来自《中国能源统计年鉴》中的附表，碳排放系数来源于《IPCC 国家温室气体排放清单指南 2006》中的缺省值。

社会经济数据来源于《中国统计年鉴》（1996—2017），部分城镇人口数据来自《新中国六十年统计资料汇编》[209]和各省市统计年鉴，1∶400 万比例尺的各行政单元矢量界线来自我国国家基础地理信息中心。社会经济数据基本信息见表 3.4。

表 3.4　社会经济数据基本信息

数据名称	数据描述	时间	来源
终端能源消费量	30 个省市能源统计数据	1995—2016 年	《中国能源统计年鉴》
人口	30 个省市人口统计数据	1995—2016 年	《中国统计年鉴》
人均 GDP	30 个省市人均 GDP 统计数据	1995—2016 年	《中国统计年鉴》
能源强度	30 个省市能源强度数据	1995—2016 年	《中国能源统计年鉴》《中国统计年鉴》
城镇化水平	30 个省市城镇化率数据	1995—2016 年	《中国统计年鉴》、各省市统计年鉴、《新中国六十年统计资料汇编》
产业结构	30 个省市产业结构数据	1995—2016 年	《中国统计年鉴》
行政单元矢量图	省级、市级和县级行政区	2009 年	国家基础地理信息中心

3.2　长时间序列夜间灯光数据集构建

本书使用 DMSP-OLS 与 NPP-VIIRS 两种夜间灯光遥感数据来构建 1992—2016 年长时间序列夜间灯光数据集。

DMSP-OLS 数据具有覆盖范围广、时间跨度大等优点，已在多个研究领域得到广泛应用，但该数据存在两个方面的问题：①城市中心像元饱和的问题。由于 OLS 传感器的低光谱分辨率（6bit），当像元 DN 值达到特定值 63 后，就将其统一设置为 63，假设它不会继续增大，从而会掩盖城市中心像元饱和区域内部灯光强度的差异性。②DMSP-OLS 夜间灯光数据像元之间缺少可比性。OLS 传感器没有进行星上辐射定标的特征，使得不同年份由同一卫星所获取的影像像元之间具有异常波动，同时不同卫星所获取的同一年份影像像元也存在差异性。

与 DMSP-OLS 数据相比，NPP-VIIRS 传感器能够探测到更加微弱的灯光，具有更高的时间和空间分辨率，因此敏感性高。相比 DMSP-OLS 数据存在的像元饱和问题，NPP-VIIRS 数据并不存在像元天花板现象，但由于没有去除火光等零星微弱灯光，会导致较高的图像噪声；NPP-VIIRS 数据虽然为时效性更强的月度合成数据，但数据时间跨度较小，它从 2012 年开始保存灯光影像数据，且仅 2015 年和 2016 年提供年合成数据，其余年份均提供月度数据。因此，为了提高精度，对 NPP-VIIRS 数据进行年度合成后，需要进行降噪声处理，并将分辨率重采样为 1km，以便可以和 DMSP-OLS 夜间灯光数据进行融合，构建时间跨度大和时效性强的夜间灯光数据集。

我们将分别对 DMSP-OLS 数据和 NPP-VIIRS 数据进行预处理，以DMSP-OLS 数据为参考标准，利用 NPP-VIIRS 数据拟合生成对应年份的 DMSP-OLS 尺度数据，完成 1992—2016 年 DMSP-OLS 尺度夜间灯光数据集的校正工作。

3.2.1 DMSP-OLS 数据预处理

DMSP-OLS 数据预处理按以下四个步骤进行：

第一步，影像重投影、重采样与裁剪。

为了保证 DMSP-OLS 数据每个栅格单元大小的一致性[210]，我们对 1992—2013 年全球 DMSP-OLS 影像进行重投影，将其转换为兰伯特等角圆锥投影（Lambert Azimuthal Equal Area Projection），并用最邻近法重采样为 1km×1km 空间分辨率，然后裁剪得出中国行政边界图范围的 DMSP-OLS 非辐射定标稳定夜间灯光数据。初始 DN 值总和如图 3.1 所示，从中可以发现数据之间存在异常波动，不具有可比性，需要进行相互校正。

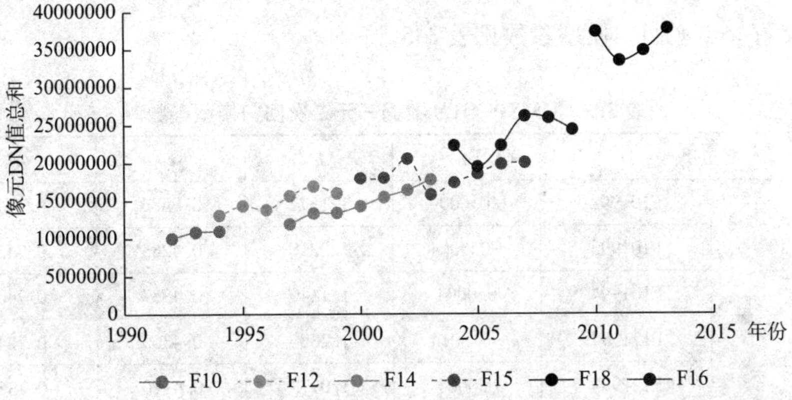

图 3.1　DMSP-OLS 数据像元 DN 值总和

第二步，相互校正。

为解决 DMSP-OLS 传感器的固有差异和探测衰减造成的数据可比性较差问题，需要有效降低全球夜间灯光数据集 DN 值的差异。Elvidge 等(2009)[211]提出了 DMSP-OLS 数据的相互校正方法：①确定 DN 值稳定且整体年际变化小的区域为参考区；②选取累计像元值最高的数据集为参考数据集；③将参考区中参考数据的 DN 值与其他年份进行比较得到经验参数；④依据经验参数建立回归模型。回归模型如下：

$$DN_{correct}=a\times DN^2+b\times DN+c \tag{3.1}$$

式中，DN 和 $DN_{correct}$ 分别为相互校正前后的 DN 值；a、b、c 为回归系数。

中国城镇化发展水平的区域差异性导致我国灯光影像具有自身特征，因此 Liu 等（2012）[212]在 Elvidge 等（2009）[211]研究的基础上，提出了适合中国的 DMSP-OLS 数据不变区域相互校正方法：①在对我国城镇 GDP 统计数据和城镇建成区面积进行比较分析后，选取整体社会经济和 DN 值较为稳定的黑龙江省鸡西市作为不变目标区域；②参考数据集选取 F162007 数据集；③将其他年份鸡西市的夜间灯光数据集 DN 值与 F162007 鸡西数据集按照式（3.1）建立一元二次回归模型进行饱和像元校正；④利用一元二次回归模型对长时间灯光数据进行连续性校正，在一定程度上解决了中心像元饱和问题和不同卫星间的差异性问题。

我们所建立的一元二次回归模型的拟合优度 R^2 均在 0.7 以上，回归模型拟合良好。二次回归模型参数见表 3.5。

表 3.5　DMSP-OLS 数据一元二次回归模型参数

卫星		a	b	c	R^2
F10	F101992	-0.0009	1.1572	0.4586	0.7345
	F101993	-0.0004	1.2318	0.4283	0.7450
	F101994	0.0004	1.1140	0.4357	0.7408
F12	F121994	-0.0014	1.2085	0.4365	0.7242
	F121995	0.0004	1.0173	0.4110	0.7361
	F121996	0.0015	0.9812	0.4084	0.7248
	F121997	0.0012	0.8887	0.4102	0.7227
	F121998	0.0020	0.8215	0.3818	0.7509
	F121999	0.0012	0.9133	0.3279	0.8094
F14	F141997	-0.004	1.2981	0.3940	0.7421
	F141998	-0.0004	1.1401	0.3553	0.7792
	F141999	-0.0047	1.3457	0.3196	0.8256
	F142000	-0.0005	1.0452	0.2962	0.8329
	F142001	-0.0022	1.1251	0.2800	0.8509
	F142002	0.0063	1.2699	0.2759	0.8079
	F142003	-0.0087	1.4441	0.2303	0.8623
F15	F152000	0.0003	0.9026	0.3079	0.7879
	F152001	-0.0005	1.0505	0.2710	0.8145
	F152002	-0.0002	1.0029	0.245	0.8532
	F152003	-0.0117	1.6462	0.2348	0.8316
	F152004	-0.0101	1.5466	0.1597	0.8831
	F152005	-0.0060	1.3811	0.1437	0.8889
	F152006	-0.0059	1.3538	0.1400	0.9443
	F152007	-0.0049	1.3212	0.0129	0.9806

续表

卫星		a	b	c	R^2
F16	F162004	-0.0035	1.1431	0.1557	0.8659
	F162005	-0.003	1.2592	0.1130	0.9323
	F162006	-0.0030	1.2270	0.0932	0.9533
	F162007	0.0000	1.0000	0.0000	1.0000
	F162008	0.0013	0.9110	0.0092	0.9636
	F162009	0.0034	0.6636	0.0082	0.9224
F18	F182010	0.0053	0.4801	-0.0029	0.8784
	F182011	0.0013	0.7108	0.0057	0.8703
	F182012	0.0031	0.5776	0.0051	0.8954
	F182013	0.0057	0.3876	-0.1051	0.8593

第三步，年内融合。

年内融合可以充分利用不同卫星所获取的同一年的不同影像数据，解决影像之间不可比较的问题。依次对比两个卫星同一年产生的不同影像，将仅在一幅影像中具有亮度的不稳定像元 DN 值替代为 0，稳定像元 DN 值则替代为两幅影像的平均值。融合过程如式（3.2）所示：

$$\begin{cases} DN_{(n,\ i)} = 0,\ DN^{a}_{(n,\ i)} = 0 \text{ 或者 } DN^{b}_{(n,\ i)} = 0 \\ DN_{(n,i)} = \dfrac{DN^{a}_{(n,i)} + DN^{b}_{(n,i)}}{2},\ \text{其他} \end{cases} \tag{3.2}$$

式中，$n = 1994$，1997，1998，…，2007；$DN^{a}_{(n,i)}$ 和 $DN^{b}_{(n,i)}$ 分别是 n 年 a 卫星和 b 卫星像元 i 的 DN 值；$DN_{(n,i)}$ 是 n 年像元 i 年内融合后的 DN 值。

第四步，时间序列校正。

时间序列校正的基本假设为夜间灯光处于不断扩散和增强的状态，这与我国近几十年来的社会经济高速发展相符合。因此，时间序列校正要保证较早影像 DN 值小于较后影像 DN 值，而对于在部分影像中存在缺失的不稳定像元，将其 DN 值替代为 0。校正过程如式（3.3）所示：

$$\begin{cases} DN_{(n,\ i)} = 0,\ DN_{(n+1,\ i)} = 0 \\ DN_{(n,\ i)} = DN_{(n-1,\ i)},\ DN_{(n+1,\ i)} > 0 \text{ 且 } DN_{(n-1,\ i)} > DN_{(n,\ i)} \\ DN_{(n,\ i)} = DN_{(n,\ i)},\ \text{其他} \end{cases} \tag{3.3}$$

式中，$n = 1992, 1993, 1994, 1995, \cdots, 2013$；$DN_{(n-1,\ i)}$、$DN_{(n,\ i)}$ 及 $DN_{(n+1,\ i)}$ 分别是 $n-1$ 年、n 年及 $n+1$ 年像元 i 的 DN 值。

通过上述数据校正，可得到校正后的 DMSP-OLS 夜间灯光数据集。

3.2.2 NPP-VIIRS 数据预处理

NPP-VIIRS 数据预处理按以下三个步骤进行：

第一步，影像年度合成、重投影、重采样与裁剪。

将 2012—2016 年全球 NPP-VIIRS 夜间灯光数据各年月度数据按平均值进行年合成，重投影转换为兰伯特等角圆锥投影，并重采样为 1km×1km 空间分辨率，裁剪得出中国行政边界的 NPP-VIIRS 年合成夜间平均灯光强度数据，可以实现与 DMSP-OLS 数据空间分辨率的匹配。初始 DN 值总和如图 3.2 所示，从中可以发现数据之间存在异常波动，需要校正不变区域稳定性及剔除异常值。

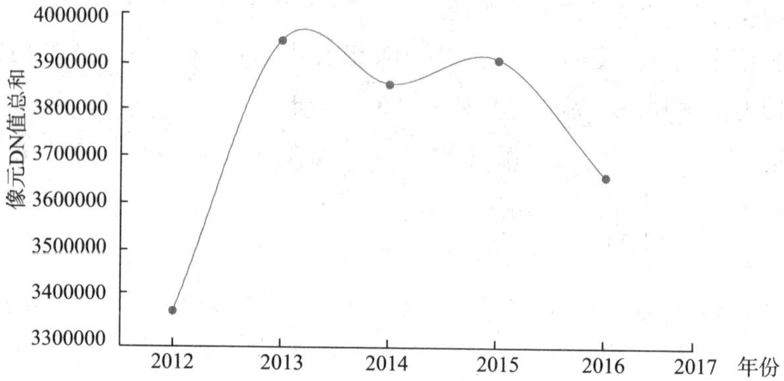

图 3.2　NPP-VIIRS 数据像元 DN 值总和

第二步，不变区域稳定性校正及异常值剔除。

NPP-VIIRS 夜间灯光数据中的 DNB（Day Night Band）数据存在一定的背景噪声，限制了数据的应用范围。为了降低噪声影响，本书以 2016 年年合成数据的稳定亮元区域为不变区域，对 2012—2016 年数据做稳定性校正。校正公式如下：

$$DN_{(n,\ i*)} = DN_{(2016,\ i>0)} \times DN_{(n,\ i)} \tag{3.4}$$

式中，$n=2012$，2013，2014，2015；$DN_{(n,\ i)}$ 为 n 年第 i 个像元的 DN 值；$DN_{(n,\ i*)}$ 为 n 年稳定性校正后的 DN 值；$DN_{(2016,\ i>0)}$ 为 2016 年的年合成稳定亮元区域。若最低值存在负值，需要进行负值归 0 处理，如式（3.5）所示：

$$DN_{(n,\ i*)}=0，当 DN_{(n,\ i*)}<0 \tag{3.5}$$

第三步，时间序列校正。

时间序列的校正与 DMSP-OLS 时间序列校正一致，要保证较早影像 DN 值小于较晚影像 DN 值，而对于在部分影像中存在缺失的不稳定像元，将其 DN 值替代为 0。以 2015 年和 2016 年的 NPP-VIIRS 年合成数据为参考，校正公式如下：

$$\begin{cases} DN_{(n,\ i)}=0，DN_{(n+1,\ i)}=0 \\ DN_{(n,\ i)}=DN_{(n-1,\ i)}，DN_{(n+1,\ i)}>0 且 DN_{(n-1,\ i)}>DN_{(n,\ i)} \\ DN_{(n,\ i)}=DN_{(n,\ i)}，其他 \end{cases} \tag{3.6}$$

式中，$n=2012$，2013，2014，2015；$DN_{(n-1,\ i)}$、$DN_{(n,\ i)}$ 及 $DN_{(n+1,\ i)}$ 分别为 $n-1$ 年、n 年及 $n+1$ 年经时间序列校正后像元 i 的 DN 值。

通过上述一系列的数据校正，可得到中国 2012—2016 年校正后的 NPP-VIIRS夜间灯光数据集。

3.2.3 DMSP-OLS 与 NPP-VIIRS 数据融合处理

DMSP-OLS 数据为非辐射定标的稳定灯光影像，NPP-VIIRS 是经过辐射定标的灯光影像，前者时间跨度为 1992—2013 年，后者时间跨度为 2012—2018 年。可见，DMSP-OLS 数据覆盖范围较广，但受时效性限制，无法作为 2013 年以后的社会经济代理指标；NPP-VIIRS 数据则具有时效性良好的特征，但时间跨度较小，无法实现对社会经济演变特征和政策实施后效果的长期和全面评价。这两种数据均难以直接应用于相关研究。

为了能够使用连续长时间跨度夜间灯光数据，在参考 Zhao 等（2019）[213]、Li 等（2017）[214]关于 DMSP-OLS 和 NPP-VIIRS 数据融合方法的基础上，本书提出了基于 DMSP-OLS 与 NPP-VIIRS 两种数据源的校正融合方法，具体包括以下四个步骤：

第一步，鉴于我国行政区划是当前应用最为广泛的空间单元，县级尺度是我国数据完整的最小行政单元，因此本书首先对 2012 年和 2013 年的 DMSP-OLS 和 NPP-VIIRS 县级尺度的灯光数据进行统计，得到两种灯光数据集。

第二步，建立 2012 年、2013 年 DMSP-OLS 与 NPP-VIIRS 两种数据集县级尺度的回归关系。两种数据集回归的各项参数及拟合优度见表 3.6。

表 3.6　2012 年和 2013 年 DMSP-OLS 与 NPP-VIIRS 数据集的各项参数及拟合优度

模型	拟合函数	*a*	*b*	*c*	*d*	*e*	R^2
(1)	$f(x)=ax+b$	5.2948	2415.9	—	—	—	0.7701
(2)	$f(x)=ax^2+bx+c$	0.00003	2.6539	4726.5	—	—	0.8354
(3)	$f(x)=ae^{bx}$	4067.3	0.00009	—	—	—	0.0336
(4)	$f(x)=ax^b$	62.695	0.6738	—	—	—	0.2847

从表 3.6 中可看出，模型（2）的拟合优度为 0.8354，高于其他模型，因此选择模型（2）作为两个数据集的拟合方程。两种数据集的回归关系如图 3.3所示。

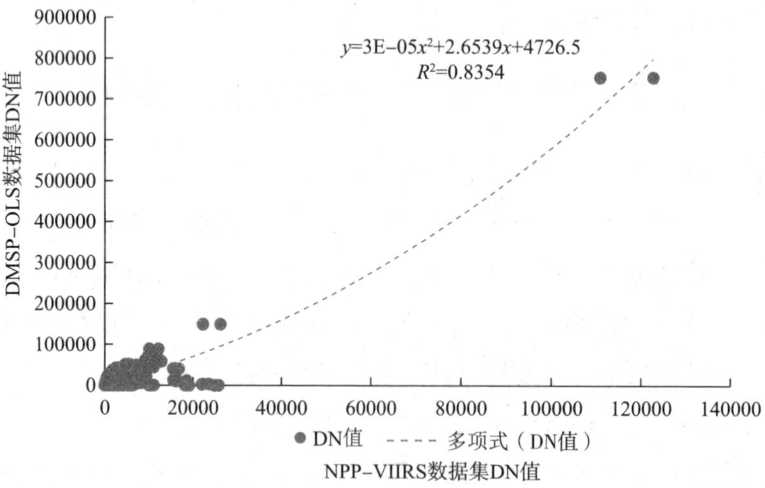

图 3.3　2012 年和 2013 年 DMSP-OLS 和 NPP-VIIRS 数据集的回归关系

结合拟合结果和对应参数，参考 Zhao 等（2019）[213]的拟合公式，本书的校正公式如下：

$$f(x)=0.00003x^2+2.6539x+4726.5 \tag{3.7}$$

式中，$f(x)$ 为 2012—2013 年 DMSP-OLS 夜间灯光数据；x 为 2012—2013 年 NPP-VIIRS 夜间灯光数据。

依据上述公式，可以在栅格尺度反演出 2013 年 NPP-VIIRS 数据的 DMSP-OLS 尺度夜间灯光数据，这是后续进行 NPP-VIIRS 夜间灯光数据连续性校正的基础。

第三步，利用所建立的回归方程对 2014—2016 年 NPP-VIIRS 数据（见表 3-7）进行 DMSP-OLS 尺度时间序列连续性校正。

表 3.7　2014—2016 年 NPP-VIIRS 拟合参数

年份	拟合函数	a	R^2
2014	$f(x)=ax$	1.0600	0.9994
2015	$f(x)=ax$	1.2636	0.9949
2016	$f(x)=ax$	1.3272	0.9898

三个方程的拟合优度分别为 0.9994、0.9949、0.9898，模型估算精度良好，可以利用上述公式拟合 2014 年、2015 年和 2016 年 NPP-VIIRS 数据的 DMSP-OLS 尺度灯光值。2014—2016 年 NPP-VIIRS 数据与 2013 年该数据的拟合关系如图 3.4 至图 3.6 所示。

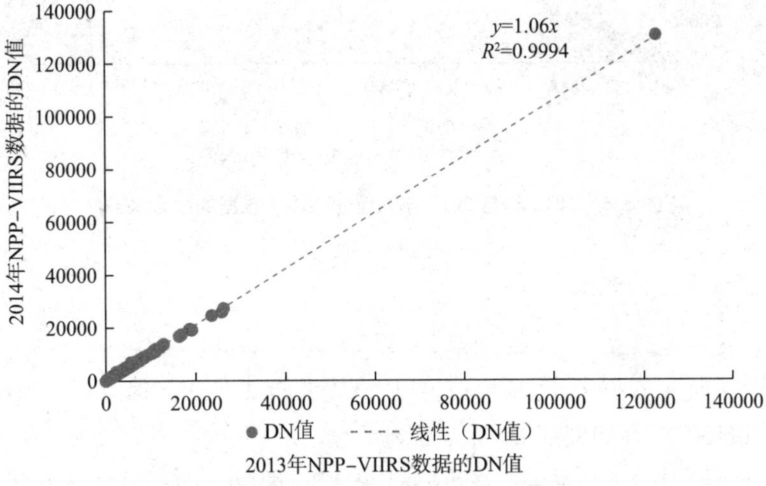

图 3.4　2014 年与 2013 年 NPP-VIIRS 数据的拟合关系

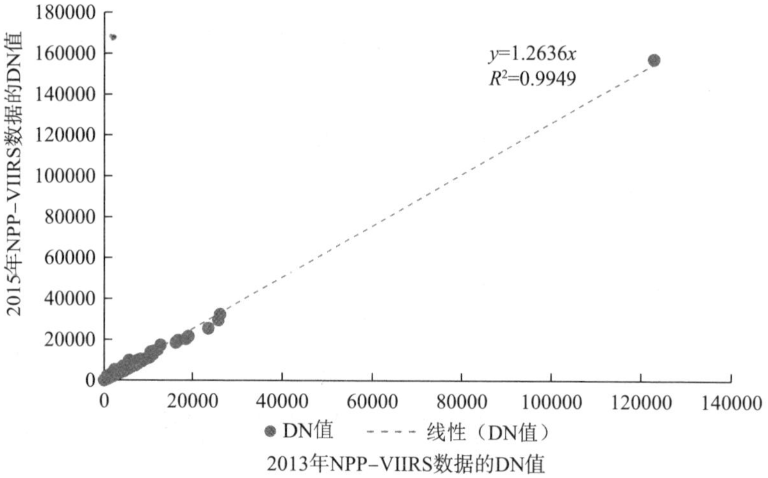

图 3.5　2015 年与 2013 年 NPP-VIIRS 数据的拟合关系

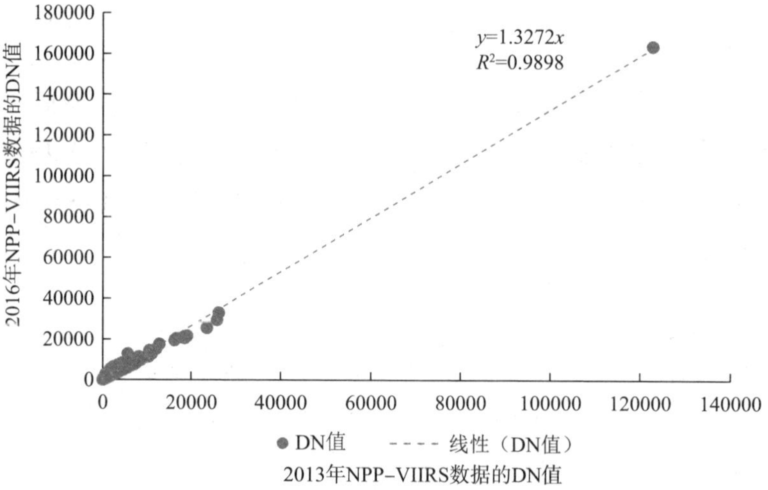

图 3.6　2016 年与 2013 年 NPP-VIIRS 数据的拟合关系

综合性拟合公式如下：

$$DN_n = a \times DN_0 \tag{3.8}$$

式中，DN_0 表示 2013 年以后 NPP-VIIRS 数据的 DN 值；DN_n 表示 2013 年以后 DMSP-OLS 尺度的 DN 值；a 为系数。

第四步，依据式（3.6）对 2014—2016 年 DMSP-OLS 尺度数据进行时间序列校正，最终得到 DMSP-OLS 尺度的 1992—2016 年夜间灯光数据集。融合后的夜间灯光数据集 DN 总值如图 3.7 所示。结果表明，两种夜间灯光数据的校正融合有效，1992—2016 年校正后的夜间灯光数据集整体精确度良好。

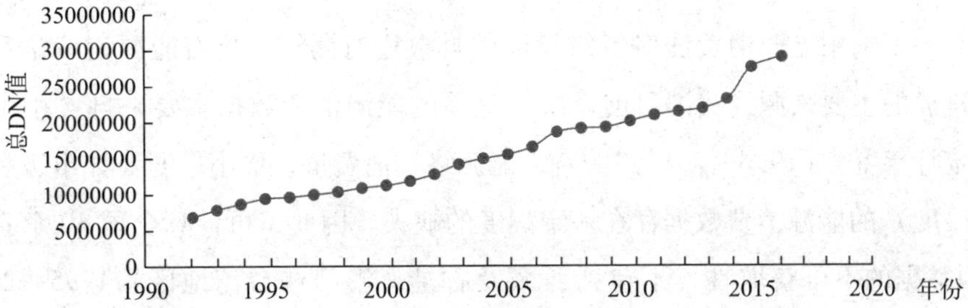

图 3.7　1992—2016 年校正后的夜间灯光数据集 DN 总值

相关研究发现，夜间灯光数据集的 DN 值整体由弱变强，空间上表现为由 1992 年的星点状到 2016 年的线状连片式分布，表明融合校正后的夜间灯光数据集与我国社会经济发展的客观规律相符。

3.3　基于校正后夜间灯光数据集的碳排放估算模型构建

3.3.1　前提假设

施开放（2017）[215]等认为，基于校正后的夜间灯光数据集可以对能源消费碳排放进行估算，其前提假设为夜间灯光数据集 DN 值与碳排放量之间存在同向的线性相关性，其关系如下：

$$NC_c = aD_c + b \tag{3.9}$$

式中，NC_c表示 c 像元的能源消费碳排放量；D_c 表示 c 像元的 DN 值；a 和 b 分别表示模型的参数。

在进行能源消费碳排放估算时，需要注意估算尺度的一致性。由于缺少在具体像元尺度上的碳排放量数据，假设 DN 值和碳排放之间的关系在省级尺度和像元尺度上是一致的。我们依据省级尺度统计碳排放量和省级尺度 DN 值总和进行线性回归，确定参数 a 和 b 的值，然后反演估算栅格尺度能源消费的碳排放量。

3.3.2 基于统计数据的碳排放量测算

本书采用能源消费法对省级尺度碳排放进行测算。化石能源消费是我国碳排放的主要来源，我国目前系统、完整的能源消费数据主要来自《中国能源统计年鉴》（1996—2017）的省级能源终端消费量，更小尺度（如市级和县级尺度）的能源消费数据存在一定程度的缺失。因此，可计算全国 30 个省市（因数据的不可获取性，不包括西藏及香港、澳门和台湾地区）1995—2016 年的碳排放量。测算时需要注意以下三点：①依据能源终端消费量计算碳排放量；②测算的能源消费量不包含加工转换、运输和输配过程中损失的部分；③考虑到电力和热力主要来源于火力发电和供热，这部分产生的碳排放量不计入能源终端消费部门的碳排放量。采用能源消费法测算碳排放量的公式如下：

$$A = \frac{44}{12}\sum_{i=1}^{12} K_i E_i \tag{3.10}$$

式中，A 为碳排放量，单位为万吨；E_i 为能源 i 的消费量，按标准煤计，单位为万吨，本书选取原煤、原油、汽油、洗精煤、焦炭、煤油、柴油、燃料油、液化石油气、大然气、焦炉煤气和炼厂干气 12 种主要化石能源；K_i 为能源 i 的碳排放系数，单位为万吨碳排放/万吨标准煤。具体的能源折算标准煤系数和碳排放系数见表 3.8。

表 3.8 能源折算标准煤系数和碳排放系数

能源种类	折算标准煤系数	碳排放系数
原煤	0.7143	0.7559
洗精煤	0.9000	0.7559
焦炭	0.9714	0.855
原油	1.4286	0.5857
汽油	1.4714	0.5538
煤油	1.4714	0.5714

续表

能源种类	折算标准煤系数	碳排放系数
柴油	1.4571	0.5921
燃料油	1.4286	0.6185
液化石油气	1.7143	0.5042
天然气	1.1~1.33	0.4483
焦炉煤气	0.5714~0.6143	0.3548
炼厂干气	1.5714	0.4602

注：天然气、焦炉煤气折算标准煤系数单位为千克标准煤/立方米。

利用式（3.10）测算的部分年份（1995年、2000年、2005年、2010年、2016年）的能源消费碳排放量见表3.9。一方面，基于省级尺度能源消费数据，可以较为准确地测度省级尺度能源消费碳排放量，对于更精细尺度，如市级和县级尺度，由于能源消费数据难以获取，较难测度其碳排放量。另一方面，目前能源消费统计量尚处于行政单元级别，缺少地区空间分异信息，导致从1km×1km空间分辨率的栅格尺度进行碳排放时空分布特征研究还存在一定困难，亟须通过更为精准的代理指标对能源消费碳排放量进行精细化尺度的估算。校正后的夜间灯光数据集可以克服不同行政单元之间统计数据口径不一致的问题，并可以在栅格尺度揭示碳排放的时空演变规律，因此众多学者和研究机构将夜间灯光数据应用到能源消费碳排放的模拟中[216-218]。

表3.9 基于统计数据的能源消费碳排放量 单位：万吨

省份	1995年	2000年	2005年	2010年	2016年
北京	4907.6999	5158.4758	5509.2576	6375.8156	5252.0349
天津	4166.0662	4109.3690	4877.5898	6634.3229	7130.7640
河北	14134.1756	14405.3078	30166.8994	40936.1526	44895.4110
山西	10307.2812	10403.2532	15275.3684	20018.9713	21108.9898
内蒙古	4421.8247	5081.0672	11985.9813	17245.7438	22205.8044
辽宁	5511.6731	11853.8559	13513.5754	25048.1769	22426.5126
吉林	6623.3348	5101.1618	8508.5279	11740.6744	9962.2808
黑龙江	6204.9442	5828.8060	6904.9440	9813.7134	14916.8659

续表

省份	1995 年	2000 年	2005 年	2010 年	2016 年
上海	5914.6684	7070.3663	9064.9564	11669.9131	11441.0003
江苏	11762.9534	9619.0294	18151.5580	25249.3821	28092.7542
浙江	6587.3140	6887.3804	12291.3159	13994.0275	14072.1518
安徽	6881.7993	8307.9303	8228.6436	13384.7468	16312.2888
福建	3136.1202	3801.4765	8461.8400	12158.2623	11497.4165
江西	4227.9900	3220.0755	4683.2409	8311.8867	11621.3269
山东	11321.7575	11724.9049	32065.8434	41868.2669	32184.3432
河南	9763.2949	9736.1455	19447.2102	26944.7645	21138.3573
湖北	9918.8895	11050.5898	14591.1998	23909.1060	21822.9186
湖南	9569.2301	5679.4390	15334.7050	16616.1099	20450.5238
广东	9545.0834	10388.1798	17358.2635	24954.5303	23146.3503
广西	4220.5669	4154.1698	6261.4261	10289.3937	12325.2830
海南	347.3697	554.6552	732.4456	1452.2053	1713.2729
重庆	1833.3333	5620.6104	5481.0233	9399.9451	8506.9635
四川	11990.4316	7030.1641	10348.4556	18425.4689	17380.4322
贵州	5711.6697	6416.2019	10178.6959	10979.4039	13734.7006
云南	4156.7273	4022.8254	9845.9901	12744.8402	13945.6922
陕西	5312.2260	3288.5657	7948.7229	11798.3131	12668.5864
甘肃	4081.9485	3869.6760	4979.7943	6083.9496	7198.5979
青海	801.4977	883.4365	937.0041	1866.4765	2970.9908
宁夏	899.7676	1912.1683	2783.0832	3650.5445	5581.2927
新疆	4671.7652	4582.2963	5495.4084	8789.4664	12627.7473

3.3.3 碳排放估算模型构建

依据前文能源消费碳排放估算模型的假设，对省级尺度校正后的夜间灯光数据集和能源消费统计碳排放进行拟合。主要步骤如下：

第一步，利用省级行政边界掩膜提取 1995—2016 年校正后的夜间灯光数据集，获取省级行政单元夜间灯光数据 DN 值总和，以及逐年逐省份统计校正后的夜间灯光数据 DN 总值。

第二步，将统计的1995—2016年省级夜间灯光DN总值与能源消费统计的碳排放量进行时间序列拟合分析，拟合结果如图3.8所示。

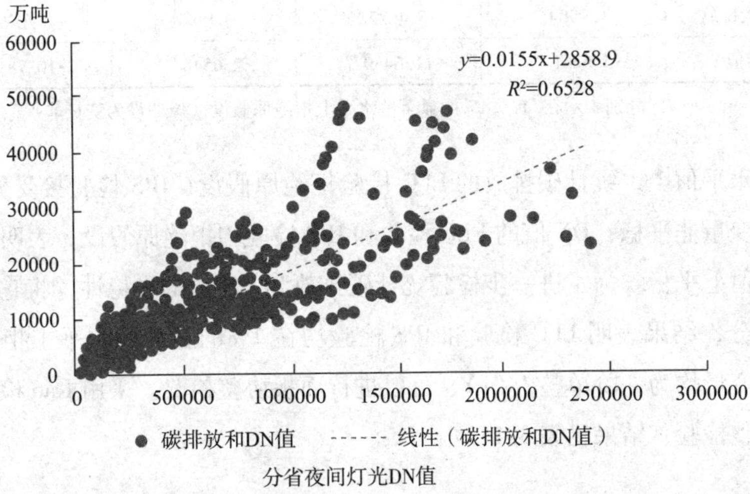

图3.8 统计碳排放量和夜间灯光数据DN总值线性拟合

从图3.8中可以看出，夜间灯光数据DN总值和能源消费碳排放统计值具有较好的线性相关关系（$R^2=0.6528$），拟合公式如下：

$$NC_c=0.0155D_c+2858.9 \tag{3.11}$$

式中，NC_c 表示 c 省份的碳排放量；D_c 表示 c 省份的DN值；拟合公式 R^2 达到0.6528，表明碳排放估算模型的假设是成立的，二者之间存在正向线性相关，可以使用校正后的夜间灯光数据集估算能源消费碳排放量。

第三步，考虑到1995—2016年各省能源消费统计碳排放数据和各省夜间灯光数据DN总值具有面板模型的特征，在时间序列线性回归的基础上，构建碳排放估算面板模型。为了消除数据的不稳定性和异方差现象，原始数据采用对数形式。为了防止非平稳时间序列数据可能出现的伪回归现象，采用LLC（Levin-Lin-Chu）检验和IPS（Im，Pesaran and Shin）检验对面板数据进行单位根检验，检验结果见表3.10。

表 3.10 面板数据单位根检验结果

变量	LLC 检验		IPS 检验	
	水平值	一阶差分	水平值	一阶差分
统计碳排放	-1.9984 **	-5.4622 ***	4.9620	-10.0997 ***
DN 值	-5.5261 ***	-11.6439 ***	-2.6548 ***	-10.7814 ***

注：**、***分别表示在5%、1%的显著性水平上拒绝原假设（原假设为变量非平稳）。

在水平值上，统计碳排放的 LLC 检验拒绝原假设，IPS 检验接受原假设，表明该变量非平稳；DN 值的 LLC 检验和 IPS 检验均拒绝原假设，表明该变量在水平值上平稳。为了进一步检验统计碳排放和 DN 值的平稳性，将它们进行一阶差分，结果表明 LLC 检验和 IPS 检验均在 1%的显著性水平上拒绝原假设，两变量均为一阶单整 *I*（1），可以进行面板协整检验。采用 Kao 检验进行面板协整检验，结果见表 3.11。

表 3.11 面板协整检验结果

	Modified Dickey-Fuller t	Dickey-Fuller t	Augmented Dickey-Fuller t	Unadjusted modified Dickey-Fuller t	Unadjusted Dickey-Fuller t
统计量	-2.2801 **	-3.2187 ***	-2.9047 ***	-3.3493 ***	-3.7457 ***
P 值	0.0113	0.0006	0.0018	0.0004	0.0001

注：**、***分别表示在5%、1%的显著性水平上拒绝原假设（原假设为不存在协整关系）。

从表 3.11 中可以看出，五种不同的检验 *P* 值均小于 0.05，在 5%的显著性水平上拒绝原假设，均通过协整检验，表明变量之间存在一种长期均衡关系。由此可见，对于有单位根的变量，通过一阶差分可以得到平稳序列。鉴于变量之间存在长期均衡关系，依然可以采用原序列对期望的变量进行回归。基于此，我们构建了省级尺度统计碳排放与 DN 值的面板回归模型。依据 Hausman 检验，chi2（1）= 0.65，Prob>chi2 = 0.4209，原假设为随机效应和固定效应无差异，*P* 值在 10%的显著性水平上并不显著，因此接受原假设，选取随机效应模型，估算结果见表 3.12。

表 3.12 碳排放面板模型估算结果

	a	b	R^2
随机效应	0.8781*** (45.61)	−2.2594*** (−8.74)	0.7138 (0.0000)

注：***表示在1%的显著性水平上拒绝原假设，括号内为 t 值。

随机效应面板模型的拟合精度达到了0.7138，面板模型如下：

$$\ln NC_c = 0.8781 \ln D_c - 2.2594 \tag{3.12}$$

式中，NC_c 表示 c 省份的碳排放量；D_c 表示 c 省份的DN值。

第四步，依据碳排放估算面板模型，可得到省级尺度1995—2016年碳排放量预测结果，见表3.13。从分年度分省域的碳排放估算结果来看，基于校正后的夜间灯光数据集估算省级尺度碳排放时空模拟效果良好，估算快速、准确，总体可行。

表 3.13 省级尺度碳排放量部分预测结果

单位：万吨

省份	1995年	2000年	2005年	2010年	2016年
北京	4980.1724	5268.4663	6316.2412	6813.1031	8826.6876
天津	4087.3572	4441.7743	5391.0969	6064.9279	7985.4725
河北	15072.6809	16503.2690	20060.6979	23267.9831	30929.6970
山西	10979.9721	11839.6679	14374.0076	17033.8877	23297.0182
内蒙古	4323.5014	5189.3642	8241.8944	12763.8189	19289.4894
辽宁	8776.4390	9905.1074	11967.4226	15411.9782	20950.4694
吉林	4471.1588	5244.3207	6617.5954	9038.8871	12703.4801
黑龙江	7521.9289	8902.6837	12080.2251	16265.1664	23107.8905
上海	4633.9830	5069.8798	6177.0316	6590.6032	8515.8288
江苏	14324.2920	16270.2190	23158.1041	28340.9638	38358.8575
浙江	8703.7422	10883.6751	16821.1823	19728.5013	26208.1998
安徽	4901.3250	6139.3905	8640.1800	12812.4194	18522.5738
福建	5504.0380	7003.7011	8781.0378	11919.2798	16749.3349
江西	2520.3787	3143.7044	5750.0202	7700.8546	10835.7345
山东	17552.8492	19878.5467	26342.2576	31112.0283	41334.8240
河南	11498.7840	13538.8438	17751.3133	21965.2876	29449.0109

续表

省份	1995 年	2000 年	2005 年	2010 年	2016 年
湖北	5054. 5918	5976. 4684	7449. 2302	10435. 7556	14776. 2711
湖南	3274. 7910	4355. 2651	6557. 7750	9093. 3983	12849. 2870
广东	20562. 8200	23133. 2275	28057. 0976	31514. 3465	42521. 4812
广西	4344. 7135	5379. 2158	7588. 7360	10799. 1532	14995. 5327
海南	1794. 9624	2251. 2431	3131. 5623	4154. 7928	6008. 4331
重庆	1426. 6544	2180. 3200	3685. 4050	4871. 7631	6897. 9024
四川	3805. 8842	5394. 2417	8804. 6635	12057. 7783	16640. 9426
贵州	1759. 8010	2579. 3990	4054. 6548	5500. 9209	8135. 1616
云南	4210. 6544	5983. 4316	8671. 1493	12434. 4630	17633. 1532
陕西	5404. 7004	6510. 4946	9351. 3757	13229. 8287	18656. 4612
甘肃	2555. 4467	3080. 0514	4435. 2416	6433. 3920	10062. 3940
青海	693. 5676	928. 3484	1504. 9669	2201. 0895	3309. 5699
宁夏	1498. 0941	1728. 6775	2584. 8645	3603. 6217	5224. 2012
新疆	3871. 3677	5225. 3334	7268. 8909	11457. 3859	18087. 5192

3.3.4 碳排放估算模型精度检验

精度检验是衡量模型构建合理性和应用有效性的重要环节，也是进行深入分析的可靠保证。通过进一步对我国碳排放估算模型的相对误差进行计算，并对不同误差范围内省份的占比进行统计，得出各年各省份碳排放估算的相对误差，部分年份数据见表 3. 14。

表 3. 14　部分年份各省份碳排放估算的相对误差　(%)

省份	1995 年	2000 年	2005 年	2010 年	2016 年	平均相对误差
北京	1. 48	2. 13	14. 65	6. 86	68. 06	14. 92
天津	-1. 89	8. 09	10. 53	-8. 58	11. 99	3. 78
河北	6. 64	14. 56	-33. 50	-43. 16	-31. 11	-18. 70
山西	6. 53	13. 81	-5. 90	-14. 91	10. 37	-5. 67
内蒙古	-2. 22	2. 13	-31. 24	-25. 99	-13. 13	-16. 45
辽宁	59. 23	-16. 44	-11. 44	-38. 47	-6. 58	-14. 85

续表

省份	1995 年	2000 年	2005 年	2010 年	2016 年	平均相对误差
吉林	-32.49	2.81	-22.22	-23.01	27.52	-11.75
黑龙江	21.22	52.74	74.95	65.74	54.91	50.88
上海	-21.65	-28.29	-31.86	-43.52	-25.57	-31.88
江苏	21.77	69.15	27.58	12.24	36.54	38.83
浙江	32.13	58.02	36.85	40.98	86.24	49.64
安徽	-28.78	-26.10	5.00	-4.28	13.55	-9.55
福建	75.50	84.24	3.77	-1.97	45.68	41.58
江西	-40.39	-2.37	22.78	-7.35	-6.76	-4.69
山东	55.04	69.54	-17.85	-25.69	28.43	16.19
河南	17.78	39.06	-8.72	-18.48	39.32	14.27
湖北	-49.04	-45.92	-48.95	-56.35	-32.29	-47.78
湖南	-65.78	-23.32	-57.24	-45.27	-37.17	-43.76
广东	115.43	122.69	61.64	26.29	83.71	76.39
广西	2.94	29.49	21.20	4.95	21.66	17.72
海南	416.73	305.88	327.55	186.10	250.70	275.08
重庆	-22.18	-61.21	-32.76	-48.17	-18.91	-40.01
四川	-68.26	-23.27	-14.92	-34.56	-4.25	-30.47
贵州	-69.19	-59.80	-60.17	-49.90	-40.77	-56.23
云南	1.30	48.74	-11.93	-2.44	26.44	16.32
陕西	1.74	97.97	17.65	12.13	47.27	33.26
甘肃	-37.40	-20.41	-10.94	5.74	39.78	-5.01
青海	-13.47	5.08	60.61	17.93	11.40	15.35
宁夏	66.50	-9.60	-7.12	-1.29	-6.40	7.71
新疆	-17.13	14.03	32.27	30.35	43.24	22.49

由表 3.14 可知，1995—2016 年，北京、天津、河北、山西、内蒙古、辽宁、吉林、安徽、江西、山东、河南、广西、云南、甘肃、青海、宁夏和新疆 17 个省份的平均相对误差均小于 25%（±），符合估算精度要求；海南的平均相对误差为 275.08%，表明海南的碳排放量被严重高估。整体省份精度占比见表 3.15。

表 3.15　不同相对误差范围内的省份数量及精度百分比

年份	省份数量			精度百分比（%）		
	相对误差 <25%（±）	相对误差 25%~50%	相对误差 >50%	高精度	中精度	低精度
1995	15	6	9	50.00	20.00	30.00
1996	14	7	9	46.67	23.33	30.00
1997	13	7	10	43.33	23.33	33.33
1998	11	11	8	36.67	36.67	26.67
1999	10	10	10	33.33	33.33	33.33
2000	14	6	10	46.67	20.00	33.33
2001	12	8	10	40.00	26.67	33.33
2002	12	8	10	40.00	26.67	33.33
2003	13	6	11	43.33	20.00	36.67
2004	12	8	10	40.00	26.67	33.33
2005	16	8	6	53.33	26.67	20.00
2006	17	8	5	56.67	26.67	16.67
2007	17	10	3	56.67	33.33	10.00
2008	17	11	2	56.67	36.67	6.67
2009	17	10	3	56.67	33.33	10.00
2010	15	12	3	50.00	40.00	10.00
2011	15	11	4	50.00	36.67	13.33
2012	15	11	4	50.00	36.67	13.33
2013	16	12	2	53.33	40.00	6.67
2014	16	13	1	53.33	43.33	3.33
2015	12	12	6	40.00	40.00	20.00
2016	11	14	5	36.67	46.67	16.67

由表 3.15 可知，1995—2016 年，有 11 年 50%以上的省份碳排放估算为高精度，有 12 年 30%以上的省份碳排放估算为中精度。这表明，平均而言，50%以上的省份碳排放估算精度较高，可见使用校正后的夜间灯光数据集估算省级尺度碳排放量的精度可以达到要求。进一步选取 1995 年、2000 年、2005 年、2010 年和 2016 年的数据对比分析面板数据估算模型与传统线性回

归模型的精度，检验结果见表 3.16。

表 3.16　碳排放估算模型精度检验

年份	面板数据估算模型			传统线性回归模型		
	a	*b*	R^2	*a*	*b*	R^2
1995	1.0062	-0.086	0.5108	0.8063	2304.8	0.4941
2000	1.2285	-388.66	0.5873	1.0053	1857.6	0.5701
2005	0.7757	1743.1	0.6798	0.665	3316.7	0.6724
2010	0.6535	2967.4	0.6811	0.5736	4158.7	0.6754
2016	0.9028	3668	0.6204	0.8222	4416.3	0.6097

由表 3.16 可知，1995 年、2000 年、2005 年、2010 年和 2016 年的面板数据估算模型的 R^2 分别为 0.5108、0.5873、0.6798、0.6811、0.6204，传统线性回归模型的 R^2 分别为 0.4941、0.5701、0.6724、0.6754、0.6097。通过比较可以发现，面板估算模型总体精度均高于同年传统线性回归模型，这与前文的结论一致。因此，采用面板数据估算模型进行碳排放估算更为合理。

3.4　本章小结

本章在对 1992—2013 年 DMSP-OLS 数据和 2012—2016 年 NPP-VIIRS 数据分别进行校正的基础上进行融合校正，构建 1992—2016 年 DMSP-OLS 尺度长时间序列夜间灯光数据集。结合能源消费统计碳排放量和校正后的夜间灯光数据集，构建了省级尺度碳排放估算模型，估算了 1995—2016 年省级尺度碳排放量，并进行了精度检验。

（1）对 DMSP-OLS 数据进行影像重投影、重采样与裁剪，对未做辐射定标的原始影像进行互相校正，对系列影像进行年内融合和年际校正。对 NPP-VIIRS 数据进行影像年度合成、重投影、重采样与裁剪，不变区域稳定性校正及异常值剔除和年份之间连续性校正三个步骤的预处理。以上步骤分别得到校正后的 1992—2013 年 DMSP-OLS 数据和 2012—2016 年NPP-VIIRS 数据。

（2）建立了 2012 年、2013 年 DMSP-OLS 和 NPP-VIIRS 两种数据县级尺

度的回归关系，回归方程拟合优度为 0.8354，拟合精度良好。在此基础上，反演出 2014—2016 年 DMSP-OLS 尺度的夜间灯光数据值，并进行连续性校正，最终得到 DMSP-OLS 尺度下的 1992—2016 年校正后的夜间灯光数据集。

（3）采用能源消费法对省级尺度统计碳排放进行测算。选取原煤、原油、汽油、洗精煤、焦炭、煤油、柴油、燃料油、液化石油气、天然气、焦炉煤气和炼厂干气 12 种主要化石能源，计算全国 30 个省份 1995—2016 年的能源消费碳排放量。

（4）基于校正后的夜间灯光数据集和能源消费统计碳排放，构建了 1995—2016 年省级尺度的碳排放估算模型。结果表明：省级尺度夜间灯光数据 DN 总值和能源消费碳排放统计值具有较好的线性相关关系（$R^2=0.6528$），符合模型估算假设。统计碳排放和 DN 值均为一阶单整 $I(1)$，通过了协整检验，它们之间存在长期均衡关系。建立了碳排放面板模型，由 Hausman 检验结果选取随机效应模型，拟合精度达到 0.7138，估计效果良好，可以进行省级尺度碳排放量预测。

（5）对碳排放估算模型进行精度检验，17 个省份 1995—2016 年的平均相对误差均小于 25%，符合估算精度要求。1995—2016 年，有 11 年 50%以上的省份碳排放估算为高精度，有 12 年 30%以上的省份碳排放估算为中精度。平均而言，50%以上的省份碳排放估算精度较高。由此可见，使用校正后的夜间灯光数据集估算省级尺度碳排放量总体精度达到要求。

第4章 多尺度能源消费碳排放时空演变特征

本章利用构建的能源消费碳排放估算模型，对栅格、省级、市级和县级尺度能源消费碳排放量进行估算，并对碳排放的时空分布和变化趋势进行分析。通过对不同尺度碳排放全局空间相关性和局部空间相关性的研究，进一步分析能源消费碳排放的时空演变特征。

4.1 区域划分和研究方法

4.1.1 区域划分

我国不同地区之间存在着资源禀赋和社会经济发展水平的巨大差异，这直接导致了能源消费碳排放的区域不均衡。国家在制定碳减排政策时，需要充分考虑不同地区的特点，因地制宜，精准施策。为了提高碳排放估算的精确度，从整体上把握区域特征，本章按照我国社会经济发展的总体态势，参考刘海滨等（2010）[219]、张红梅等（2019）[220]、Shi 等（2016）[51]的研究成果，将我国大陆 30 个省份划分为东部地区、中部地区和西部地区。其中，东部地区包括 13 个省份，分别为黑龙江、吉林、辽宁、北京、天津、河北、山东、上海、江苏、浙江、福建、广东和海南；中部地区包括 6 个省份，分别为山西、河南、安徽、江西、湖北和湖南；西部地区包括 11 个省份，分别为内蒙古、陕西、甘肃、宁夏、青海、新疆、四川、重庆、贵州、云南和广西。在上述区域划分基础上，本章从栅格、省级、市级和县级等尺度分析我国能源消费碳排放的时空演变特征。栅格尺度为 1km×1km 空间分辨率，省级尺度包含30个省份，市级尺度包含331个地级市，县级尺度包含2795个县。

4.1.2 研究方法

苏泳娴（2015）[218]、李海萍等（2018）[221]等利用线性倾向估计进行碳排放时间趋势分析。在时空视角下，随着时间的推移，不同区域能源消费碳排放会表现出序列整体的明显上升、明显下降或变化不明显等趋势。通过建立能源消费碳排放与时间的一元线性回归模型，可以计算出1995—2016年碳排放倾向值（SLOPE），进而分析不同尺度能源消费碳排放的线性倾向。线性倾向值用最小二乘法估计，具体为：

$$\text{SLOPE}=\frac{n\times\sum_{i=1}^{n}x_i C_i-\sum_{i=1}^{n}x_i\sum_{i=1}^{n}C_i}{n\times\sum_{i=1}^{n}x_i^2-\left(\sum_{i=1}^{n}x_i\right)^2} \tag{4.1}$$

式中，n 为总年份数，在本书中，其值为22；x_i 为 i 年（1995为第1年）；C_i 为第 i 年对应的能源消费碳排放量。当SLOPE>0时，表示随着时间的推移，碳排放呈上升趋势；当SLOPE<0时，表示随着时间的推移，碳排放呈下降趋势。SLOPE值的大小反映了碳排放上升或下降的变化速率，可以据此划分碳排放的变化类型。为进一步划分能源消费碳排放变化类型，我们制定了碳排放倾向值等级划分标准，见表4.1。

表4.1 碳排放倾向值（SLOPE）等级划分标准

	缓慢增长型	较慢增长型	中速增长型	较快增长型	迅猛增长型
SLOPE值	$<x-0.5s$	$x-0.5s\sim x+0.5s$	$x+0.5s\sim x+1.5s$	$x+1.5s\sim x+2.5s$	$>x+2.5s$

注：x 为SLOPE平均值，s 为SLOPE标准差。

4.2 栅格尺度下能源消费碳排放时空演变特征

基于前文构建的能源消费碳排放估算模型，结合省级尺度碳排放量和DN值总和之间的线性关系，可以反演计算栅格尺度能源消费碳排放量。但反演后计算得出的省级尺度碳排放量与能源消费统计碳排放量并不完全相同，两者之间存在一定范围内可接受的误差。为了保证空间统计单元碳排放量的一致性，需要进一步修正，提高碳排放估算精度。参照施开放（2017）[215]、李海萍等（2018）[72]的研究方法，本章利用省级能源消费统计碳排放量对初步反演出的栅格尺度碳排放量进行线性调整，进而生成省级尺度碳排放零误差的全国能源消费碳排放栅格图（1km×1km 空间分辨率）。具体来说，就是通过构建模型调整系数 k 进行省级尺度修正更新，将初步反演计算得出的栅格尺度碳排放量与 k 相乘，得到省级尺度碳排放零误差的栅格尺度能源消费碳排放估算值，计算公式如下：

$$K_i = \frac{CO_{2_i}}{CO_{2_0}} \tag{4.2}$$

$$CO_{2grid_i} = CO_{2grid_0} \cdot K_i \tag{4.3}$$

式中，K_i 表示 i 省的调整系数；CO_{2_i} 和 CO_{2_0} 分别表示 i 省碳排放统计值和反演值；CO_{2grid_i} 和 CO_{2grid_0} 分别表示 i 省调整后的栅格尺度碳排放估算值和栅格尺度碳排放反演值。

依据式（4.2）和式（4.3），可以得出 1995—2016 年栅格尺度能源消费碳排放分布情况（因数据缺失，不包括西藏及香港、澳门和台湾地区），并为后续市级和县级尺度碳排放量的估算提供数据支撑。

通过比较分析可知，1995—2016 年我国能源消费碳排放的时空演变规律显著：①我国能源消费碳排放总量持续增长，且高碳排放地区呈现出逐渐扩大趋势。空间分布从离散零星点状分布向连片扩展分布转变。②京津冀、长三角和珠三角这三大城市群能源消费碳排放扩张最为显著，尤其京津冀和长三角地区，由点状分布扩张连接为线状布局，且周边城市呈现出由零星分布向外扩散的态势，使我国中部地区和东部沿海地区连成碳排放密集区域。东北地区、新疆和西北大部分地区则呈现点状不明显扩张趋势，中西部广大农村地区是低碳排放的主要分布地区。③能源消费碳排放量的时空分布特征与“胡焕庸线”呈现出较为一致的分布特征。高碳排放区域主要集中在“胡焕庸线”东侧，即我国东南部沿海地区；而低碳排放区域主要集中在“胡焕庸线”西侧，即我国西北大部分地区，这与“胡焕庸线”揭示的“东密西疏”格局高度一致，表明我国能源消费碳排放也存在“胡焕庸线”现象。

4.3 省级尺度能源消费碳排放时空演变特征及变化趋势

4.3.1 三大地区能源消费碳排放时空分布特征

总体而言，1995　2016 年我国能源消费碳排放总量呈现快速增长趋势，由 1995 年的 18.89 亿吨增长到 2016 年的 46.83 亿吨，年均增速为 6.72%。能源消费碳排放总量大体经历了三个阶段：第一阶段，从 1995 年到 2000 年，能源消费碳排放呈小幅波动变化，年均增长率仅为 0.25%；第二阶段，从 2001 年到 2012 年，能源消费碳排放呈现持续快速增长趋势，年均增长率为 12.81%，2012 年能源消费碳排放量达到 51.13 亿吨；第三阶段，从 2012 年到 2016 年，能源消费碳排放量由 2012 年的 51.13 亿吨降低到 2016 年的 46.83 亿吨。2012 年以来，我国经济增速开始放缓，经济发展步入“新常态”，能源需求增长动力减弱，加之能源结构优化调整和“十二五”节能减排目标的落实，我国能源消费碳排放量呈现出波动下降趋势。我国能源消费碳排放的总体特征如图 4.1 所示。

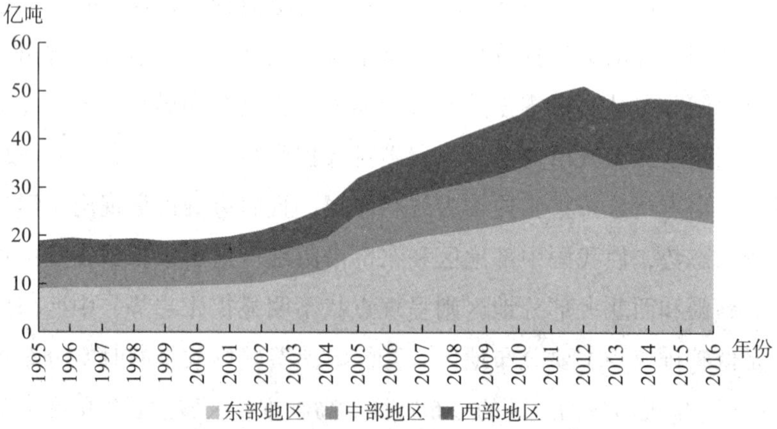

图 4.1　1995—2016 年我国能源消费碳排放的总体特征

分地区来看，1995—2012 年，我国东部、中部和西部地区能源消费碳排放量均呈现持续增长趋势，东部地区由 9.01 亿吨增长到 25.57 亿吨，中部地区由 5.06 亿吨增长到 12.07 亿吨，西部地区由 4.81 亿吨增长到 13.47 亿吨。2013—2016 年，这三大地区的碳排放量均呈现波动调整趋势，东部、中部和西部地区 2016 年的碳排放量分别为 22.67 亿吨、11.24 亿吨和 12.91 亿吨。由此可见，不同地区的能源消费碳排放都经历了三个阶段：东部地区 1995—2000 年呈小幅波动，年均增长率为 1.17%；2001—2012 年呈现持续快速增长趋势，年均增长率为 13.23%；2013—2016 年呈现波动下降趋势。中部地区 1995—2001 年呈小幅波动，年均增长率为 0.59%；2002—2012 年呈现持续快速增长趋势，年均增长率为 10.2%；2013—2016 年呈现波动下降趋势。西部地区 1995—2002 年呈现平稳增长态势，年均增长率为 0.68%；2003—2012 年呈现持续增长趋势，年均增长率为 13.81%；2013—2016 年呈现波动下降趋势。

从三大地区能源消费碳排放占比来看，1995 年东部、中部和西部地区占比分别为 47.72%、26.82%和 25.46%，东部地区占比最高，中部地区次之，西部地区最低；2000 年三者占比分别为 50.32%、25.24%和 24.44%，东部地区占比较 1995 年有所提高，中部地区和西部地区占比均有所下降；2005 年三者占比分别为 52.15%、24.13%和 23.72%，东部地区占比进一步提高，中部地区和西部地区占比进一步下降；2010 年三者占比分别为 51.26%、24.14%和 24.6%，东部地区占比较 2005 年有所降低，中部地区和西部地区则呈现上升趋势，西部地区占比超过中部地区；2016 年三者占比分别为 48.41%、24.01%和 27.58%，东部地区占比进一步下降，西部地区占比进一步上升，甚至超过中部地区。由此可见，西部地区大量承接来自东部地区和中部地区的高耗能产业，加之自身经济发展需求，未来能源消费需求呈现增长趋势，碳排放呈现进一步增加态势；东部地区不断淘汰落后产能，发展知识密集型产业，对碳排放增长有一定的抑制作用。

4.3.2　省级尺度能源消费碳排放时空演变特征

我们对栅格化的能源消费碳排放数据进行空间分区统计，将结果与省级尺度的矢量行政单元相对应，并采用自然断点法将其分为五种类型。

1995 年，我国能源消费碳排放量最高的省份为河北、山东、江苏和四川；较高的省份为山西、河南、湖北、湖南和广东；最低的省份为宁夏、青海、重庆和海南。2000 年，我国能源消费碳排放量最高的省份为河北、山东和辽宁；较高的省份为山西、河南、湖北、安徽和江苏；最低的省份为青海、宁夏和海南。2005 年，我国能源消费碳排放量最高的省份为河北和山东；较高的省份为辽宁、江苏、山西、河南、湖北、湖南和广东；最低的省份为青海、宁夏和海南。2010 年，我国能源消费碳排放量最高的省份为河北和山东；较高的省份为辽宁、河南、湖北和江苏；最低的省份为青海、甘肃、宁夏和海南。2016 年，我国能源消费碳排放量最高的省份为河北和山东；较高的省份为内蒙古、辽宁、山西、河南、湖北、湖南、江苏和广东；最低的省份为青海、甘肃、宁夏和海南。由此可见，1995—2016 年，我国省级尺度能源消费碳排放量高的地区呈现“T”字形分布，多集中在环渤海地区（不包括北京和天津）、煤炭主产区（包括山西、内蒙古和河南等）和第二产业较为集中的地区（包括江苏、广东、湖南、湖北等）。在环渤海地区，北京和天津因能源消费结构和产业结构较为合理，碳排放量较低，与河北存在较大差异，该区域是协同减排的难点区域；位于煤炭主产区和第二产业集中地区的省份同样是节能减排的重点区域。西部的青海、甘肃、宁夏等省份以及海南一直是低碳排放区域，该区域资源禀赋较差，经济较为落后，能源消费相对较少，在全国省级尺度能源消费碳排放排位中长期处于低位。

值得注意的是，省级尺度能源消费碳排放同样存在“胡焕庸线”现象。1995—2016 年，高碳排放省份集中在“胡焕庸线”以东，呈现聚集态势；“胡焕庸线”以西的高碳排放区域只有四川和内蒙古，大部分省份属于低碳排放区域。结合栅格尺度能源消费碳排放时空演变规律，各省份内部的能源消费碳排放情况存在差异性，需要因地制宜，实施精准的节能减排策略。

4.3.3 省级尺度能源消费碳排放变化趋势

我们采用线性倾向估计方法，计算得出各省份的 SLOPE 值。河北省和山东省的 SLOPE 值分别为 2044.05 和 1847.50，明显高于排名第三的江苏省（SLOPE 值为 1117.81）。河北和山东的能源消费碳排放量在 1995—2016 年持续保持高速增长，这与两省的产业结构和能源结构密切相关，这两省也是我国节能减排关注的重点省份。海南和北京的 SLOPE 值分别为 73.07 和 39.63，这两省份的能源消费碳排放长期保持低位且总体增长缓慢，这与它们的产业结构均以第三产业为主有关。进一步采用自然断点法，可以得到 1995—2016 年省级尺度能源消费碳排放总量增长类型，分析可得：能源消费碳排放在全国有两个省份属于迅猛增长型，分别为河北和山东；5 个省份属于中速增长型，分别为内蒙古、辽宁、河南、江苏和广东；14 个省份属于较慢增长型，分别为黑龙江、新疆、山西、陕西、湖北、安徽、浙江、福建、江西、湖南、广西、贵州、四川和云南；9 个省份属于缓慢增长型，分别为吉林、甘肃、宁夏、青海、重庆、北京、天津、上海和海南。可见，能源消费碳排放各增长较快地区主要分布在环渤海地区、煤炭主产区（内蒙古、河南），以及经济发达的珠三角地区；能源消费碳排放增长较慢区域主要集中在东北、中西部等经济欠发达地区，以及已实现产业转型且以第三产业为主的北京、天津和上海 3 个直辖市。由此可见，全国省级尺度能源消费碳排放的时间变化趋势与地区之间的经济发展、产业布局和资源禀赋有密切的关系。省级尺度能源消费碳排放总量增长类型中的迅猛增长型和中速增长型除内蒙古外均分布在“胡焕庸线”的东南侧，说明我国东南部省份能源消费碳排放总量大且增长较快。省级尺度能源消费碳排放各增长类型的省份数量和面积占比如图 4.2 所示。

从图 4.2 中可以看出，不同省份能源消费碳排放的增长类型不同。从省份数量占比来看，30.00%省份的能源消费碳排放为缓慢增长型，46.67%省份的能源消费碳排放为较慢增长型，16.67%省份的能源消费碳排放为中速增长型，6.67%省份的能源消费碳排放为迅猛增长型。从省份面积占比来看，18.26%省份能源消费碳排放为缓慢增长型，56.47%省份能源消费碳排放为较慢增长型，21.11%省份能源消费碳排放为中速增长型，4.16%省份能源消费碳排放为迅猛增长型。以上数据表明，全国大部分省份及土地面积能源消费碳排放为较慢增长型。

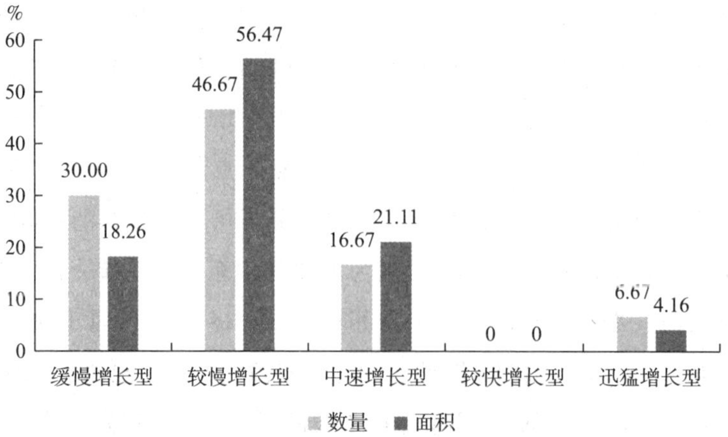

图 4.2　省级尺度能源消费碳排放各增长类型的省份数量和面积占比

从省份数量占比（如图 4.3 所示）来看，东部地区在五种增长类型中的占比分别为 55. 56%、21. 43%、60. 00%、0、100. 00%；中部地区在五种增长类型中的占比分别为 0、35. 71%、20. 00%、0、0；西部地区在五种增长类型中的占比分别为 44. 44%、42. 86%、20. 00%、0、0。中部地区在五种增长类型中占比均较低，这与中部地区本身规模较小（6 省份）有关。可见，除较慢增长型外，东部地区在其他增长类型中所占比例均为最大，尤其是碳排放迅猛增长型，东部地区占比为 100%。以上数据表明，我国能源消费碳排放增长迅猛的省份集中在东部地区。

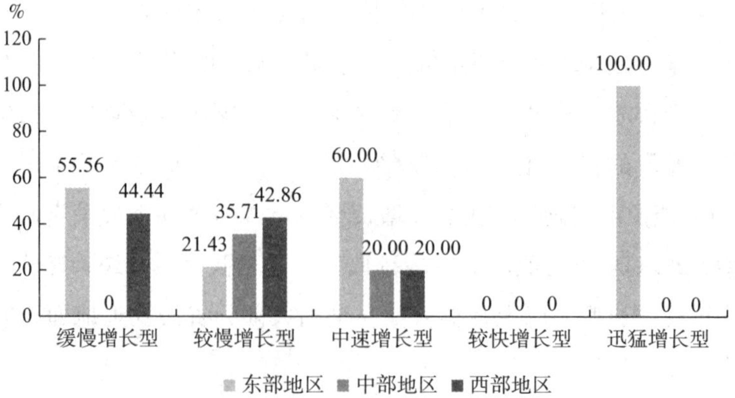

图 4.3　碳排放增长类型中三大地区省份数量占比

从省份面积占比（如图 4.4 所示）来看，东部地区在五种增长类型中的占比分别为 17.34%、14.59%、24.47%、0、100.00%，中部地区在五种增长类型中的占比分别为 0、18.55%、9.54%、0、0，西部地区在五种增长类型中的占比分别为 82.66%、66.85%、65.99%、0、0。中部地区在五种增长类型中的占比均较低。由此可见，能源消费碳排放迅猛增长的地区集中在东部，能源消费碳排放增长较慢的地区集中在西部。相比数量百分比，因西部地区国土面积最大，除了迅猛增长型外，西部地区在其他增长类型中所占比重均为最大。

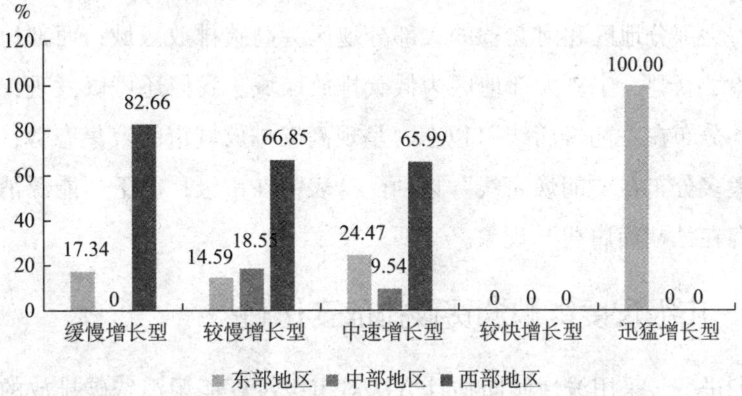

图 4.4 碳排放增长类型中三大地区面积占比

4.4 市级尺度能源消费碳排放时空演变特征及变化趋势

4.4.1 市级尺度能源消费碳排放时空演变特征

本节对栅格化的碳排放数据进行空间分区统计，将结果映射到市级尺度下的矢量行政单元，并采用自然断点法将其分为五种类型。

市级尺度能源消费碳排放量高的城市 1995—2010 年呈现持续增长趋势，最高值由 1995 年的 5914.66 万吨增长到 2010 年的 11669.91 万吨，2011—2016 年则呈现波动变化，2016 年最高值降为 11441.00 万吨，这与我国碳排放的总体特征相符。从时空特征角度看，能源消费碳排放呈现由东向西逐层递减趋势。能源消费高碳排放区域主要集中在以下地区：华北地区的北京、天津、石家庄、唐山、邯郸、沧州和保定；山东半岛的烟台、青岛、潍坊和临沂；中部地区的郑州和武汉；东北地区的大连、沈阳、长春和哈尔滨；西部地区的延安、榆林、临汾和吕梁；东部沿海的上海、苏州、南通和无锡；东南沿海地区的泉州、广州、佛山、东莞和惠州，以及西南的重庆。通过对市级尺度能源消费碳排放的时空分布特征进行分析可以发现，省级尺度内部的各地级市能源消费碳排放同样存在区域不均衡现象，如：内蒙古的鄂尔多斯、呼伦贝尔为高碳区域，而其他区域碳排放量较低；山西、陕西大部分地区、东南沿海大部分地区和河北省的大部分地区为高碳排放区域；西部地区的青海、甘肃、新疆、宁夏大部地区为低碳排放区域。我们还可以发现：高碳排放城市均分布在“胡焕庸线”以东，呈现高碳排放城市的聚集态势；低碳排放城市大多分布在“胡焕庸线”以西。这表明在市级尺度下，能源消费碳排放同样存在“胡焕庸线”现象。

4.4.2 市级尺度能源消费碳排放变化趋势

我们进一步采用线性倾向估计方法对市级尺度能源消费碳排放的时间变化趋势进行分析。

通过分析我们发现，全国有 11 个城市属于迅猛增长型，14 个城市属于较快增长型，31 个城市属于中速增长型，169 个城市属于较慢增长型，106 个城市属于缓慢增长型。

进一步分析可知，缓慢增长型城市分布广泛，在东部、中部和西部地区均有分布：在东部地区，分布在吉林的白山市、辽源市和白城市，黑龙江的大部分城市，浙江的舟山市、衢州市和丽水市，山东的莱芜市，广东的大部分城市；在中部地区，分布在安徽的大部分城市，江西的萍乡市、新余市、鹰潭市和景德镇市，河南的大部分城市，湖北的鄂州市，湖南的大部分城市，山西的阳泉市；在西部地区，分布在内蒙古的乌海市，广西的大部分城市，四川的大部分城市，云南的大部分城市，陕西的汉中市、商洛市、铜川市和安康市，甘肃的大部分城市，青海的大部分城市，宁夏的固原市和石嘴山市，新疆的大部分城市。全国大部分地区属于较慢增长型。中速增长型在东部、中部和西部地区均有分布：在东部地区，分布在河北的衡水市、秦皇岛市和承德市，辽宁的朝阳市，吉林的长春市，黑龙江的哈尔滨市，江苏的所有城市，福建的福州市，山东的所有城市，广东的广州市；在中部地区，分布在河南的郑州市，湖北的黄冈市，湖南的长沙市，山西的吕梁市，河南的南阳市；在西部地区，分布在内蒙古的呼和浩特市、赤峰市、通辽市，四川的成都市，云南的昆明市，宁夏的银川市。较快增长型和迅猛增长型呈现聚集态势，主要分布在京津冀地区的唐山、天津、沧州、保定、石家庄、邯郸等市，山东半岛的潍坊、烟台、青岛、临沂、济宁等市，内蒙古的鄂尔多斯、呼伦贝尔等市，以及长三角的上海和苏州、重庆、榆林、延安和武汉等市。

这与省级尺度能源消费碳排放时空变化趋势基本一致，表明省份内部碳排放具有一定的差异性，在制定政策建议时，需要考虑城市之间的差异性。我们还发现，市级尺度碳排放迅猛增长型和较快增长型分布在“胡焕庸线”东侧，只有内蒙古自治区碳排放增长快速的部分城市分布在“胡焕庸线”西侧。可见在市级尺度上，同样存在碳排放的“胡焕庸线”现象。碳排放增长类型的具体城市数量和面积占比如图 4.5 所示。

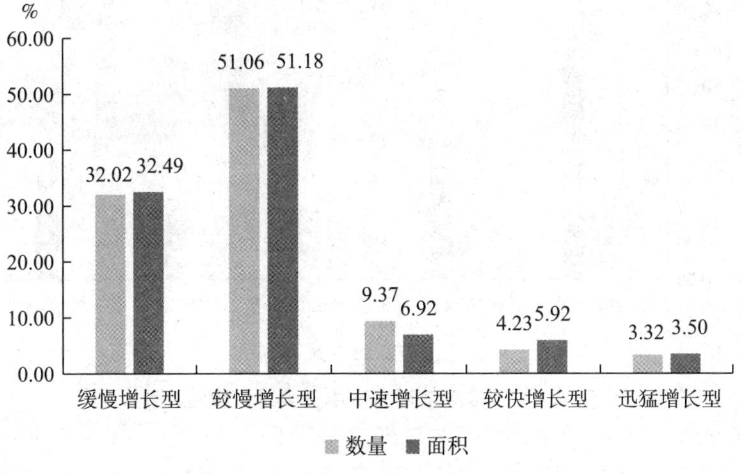

图 4.5　市级尺度碳排放增长类型的数量和面积占比

从图 4.5 中可以看出，不同城市能源消费碳排放增长类型不同。从城市数量占比来看，32.02%的城市为缓慢增长型，51.06%的城市为较慢增长型，9.37%的城市为中速增长型，4.23%的城市为较快增长型，3.32%的城市为迅猛增长型。从城市面积占比来看，32.49%的城市为缓慢增长型，51.18%的城市为较慢增长型，6.92%的城市为中速增长型，5.92%的城市为较快增长型，3.5%的城市为迅猛增长型。以上数据表明，全国大部分城市及国土面积属于能源消费碳排放较慢增长型，占比次高的为碳排放缓慢增长型。

从城市数量占比（如图4.6所示）来看，东部地区在五种增长类型中的占比分别为19.81%、36.69%、64.52%、71.43%、81.82%，中部地区在五种增长类型中的占比分别为19.81%、33.73%、16.13%、7.14%、0，西部地区在五种增长类型中的占比分别为60.38%、29.59%、19.35%、21.43%、18.18%。除缓慢增长型外，东部地区在四种增长类型中的占比均为最高，尤其是迅猛增长型，东部地区占比高达81.82%。由此可见，碳排放增长越快，东部地区占比越高；碳排放增长越慢，西部地区占比越高；中部地区在五种增长类型中的占比均不高，碳排放增长越快，其占比越低。

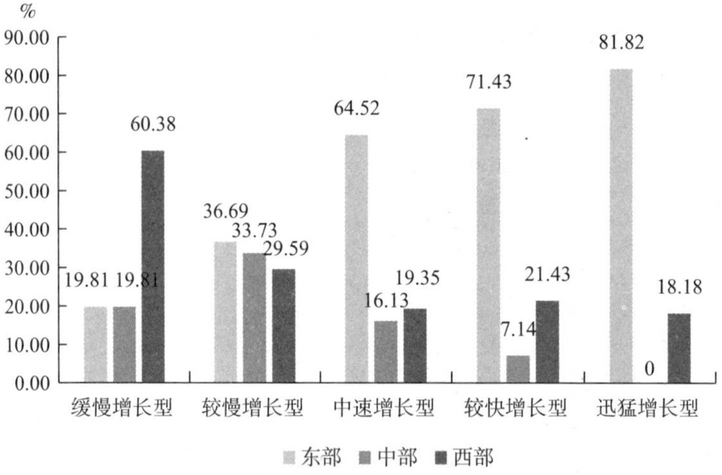

图4.6 碳排放增长类型中三大地区数量占比

从城市面积占比（如图4.7所示）来看，东部地区在五种增长类型中的占比分别为13.59%、19.21%、47.43%、29.82%、41.28%，中部地区在五种增长类型中的占比分别为4.26%、19.49%、14.87%、1.76%、0，西部地区在五种增长类型中的占比分别为 82.16%、61.3%、37.70%、68.42%、58.72%。由此可见，除中速增长型的东部地区土地面积占比最高外，其他增长类型的西部地区土地面积占比均最高，而中部地区在五种增长类型中的占比均较低。

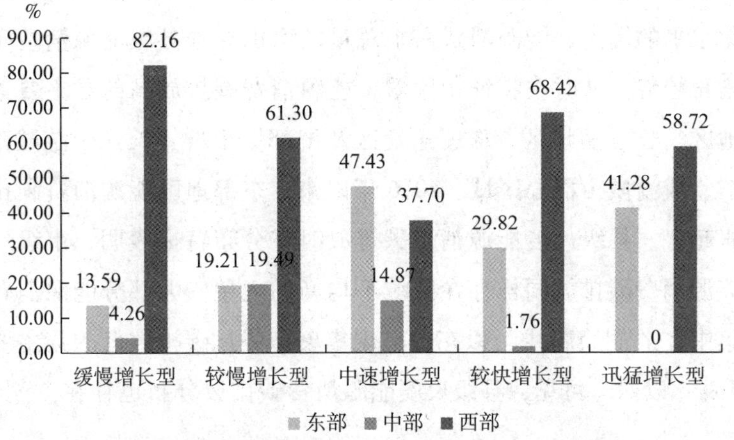

图 4.7　碳排放增长类型中三大地区面积占比

总之，全国大部分城市及地域能源消费碳排放属于缓慢增长型和较慢增长型，主要分布在城市化水平相对较低的西部地区，该地区经济发展水平和工业基础设施建设相对落后，能源需求和消费水平较低，能源消费碳排放呈现较慢增长趋势；能源消费碳排放迅猛增长型城市主要分布在东部地区，该地区经济发展水平和城镇化水平均较高，能源需求和消耗总量大，同时人口和产业均呈现区域聚集态势，使得东部地区能源消费碳排放呈现迅猛增长态势。研究结果表明，天津市、邯郸市、石家庄市、沧州市、保定市、唐山市、鄂尔多斯市、上海市、苏州市、潍坊市和重庆市是重点减排城市。

4.5　县级尺度能源消费碳排放时空演变特征及变化趋势

4.5.1　县级尺度能源消费碳排放时空演变特征

本节对栅格化的能源消费碳排放数据进行空间分区统计，将结果映射到县级尺度下的矢量行政单元，并按照自然断点法将其分为五种类型。

通过分析可以看出，县级尺度能源消费碳排放高的县1995—2016年呈现持续增长趋势，碳排放最高值由1995年的1048.26万吨增长到2016年的1884.48万吨，这与我国能源消费碳排放的总体特征相符。县域整体经济水平和城镇化水平的提高、能源消费需求总量的增加导致县级能源消费碳排放呈现不断增长趋势。从时空特征角度看，能源消费碳排放高的县主要集中在环渤海湾地区、长三角地区、珠三角地区及中部城市群、长江中游城市群、关中城市群、成渝城市群等区域。2016年以来，东部地区能源消费碳排放高的县呈扩张趋势。县级尺度能源消费碳排放时空分布特征表明，市级尺度内部的各县能源消费碳排放同样存在区域不均衡的现象。大部分能源消费碳排放高的县集中在“胡焕庸线”以东，呈现集聚态势；碳排放低的县主要分布在“胡焕庸线”以西。可见，县级尺度能源消费碳排放分布也存在“胡焕庸线”现象。

4.5.2 县级尺度能源消费碳排放变化趋势

本节采用线性倾向估计方法对能源消费碳排放的时间趋势进行分析。全国有77个县（市、区）能源消费碳排放属于迅猛增长型，主要集中在以下地区：东部地区的环渤海地区，长三角地区，珠三角地区，以及福建的晋江市和南安市；中部地区的湖北，湖南的望城区、浏阳市和长沙县；西部地区的广西的兴宾区，重庆，四川的双流区，贵州的兴义市，陕西，宁夏的灵武市，新疆的库车县等。全国118个县（市、区）能源消费碳排放属于较快增长型，主要集中在能源消费碳排放迅猛增长型区域的周边，如环渤海地区，长三角地区，珠三角地区，福建，广西，重庆，陕西的宝塔区、安塞县、榆阳区，宁夏的沙坡头区、西夏区，江西的新建县，河南的中牟县，湖北，湖南的耒阳市、宁乡县，总体呈现区域聚集、点状零星分布态势。全国383个县（市、区）能源消费碳排放属于中速增长型，主要分布在京津冀地区、东北三省、长三角地区、珠三角地区、山东半岛，中部地区的安徽、江西、河南、湖北、湖南、山西，西南地区的广西、重庆、四川、贵州、云南，以及内蒙古、陕西、甘肃、宁夏、新疆等地。全国1234个县（市、区）能源消费碳排放属于较慢增长型，除在西部地区分布较为广泛，在全国大部分地区均呈现零星分布。全国983个县（市、区）能源消费碳排放属于缓慢增长型，主要集中在青海、新疆、云南、贵州等西部地区，黑龙江、江西等地区呈零星分布态势。

县级尺度能源消费碳排放的增长类型分布与“胡焕庸线”基本呈现一致趋势，除内蒙古、新疆等能源大省的县分布在“胡焕庸线”以西外，中速增长型、较快增长型和迅猛增长型的县主要分布在“胡焕庸线”以东，呈现聚集态势。结果表明，能源消费碳排放快速增长的县主要集中在我国的东南部地区。

从图4.8中可以看出，县级尺度能源消费碳排放的增长类型不同。从县级数量统计可以看出，35.17%的县为缓慢增长型，44.15%的县为较慢增长型，13.70%的县为中速增长型，4.22%的县为较快增长型，2.75%的县为迅猛增长型。从县域面积统计可以看出，36.08%的县为缓慢增长型，43.12%的县为较慢增长型，14.63%的县为中速增长型，2.89%的县为较快增长型，3.28%的县为迅猛增长型。综合分析结果表明，全国79%以上的县及其面积能源消费碳排放为较慢增长型和缓慢增长型。

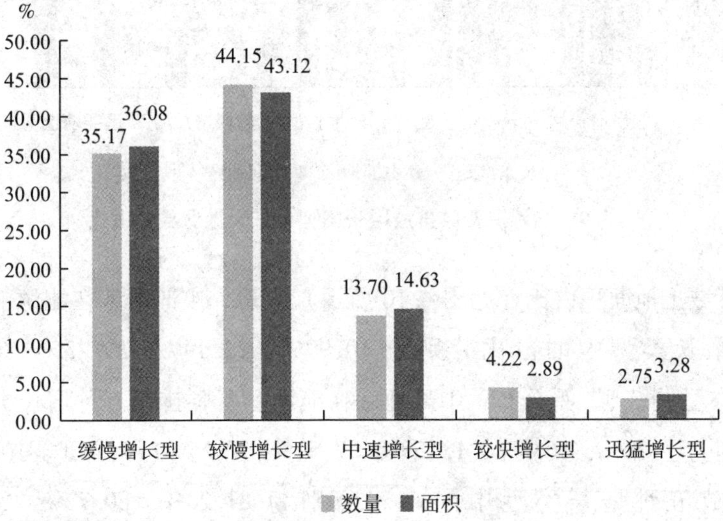

图4.8　县级尺度能源消费碳排放增长类型的数量和面积占比

从县域数量占比（如图4.9所示）来看，东部地区在能源消费碳排放五种增长类型中的占比分别为 26.65%、36.79%、57.44%、78.81%、70.13%，中部地区在能源消费碳排放五种增长类型中的占比分别为 23.40%、30.79%、21.15%、7.63%、7.79%，西部地区在能源消费碳排放五种增长类型中的占比分别为 49.95%、32.41%、21.41%、13.56%、22.08%。除缓慢增长型外，东部地区在四种增长类型中的占比均最大，尤其是较快增长型，东部地区占比达到 78.81%，大部分碳排放高的县集中在东部地区。由此可见，碳排放增长越快的区域，东部地区的占比越高；碳排放增长越慢的区域，西部地区的占比越高；中部地区在五种增长类型中的占比均较低。

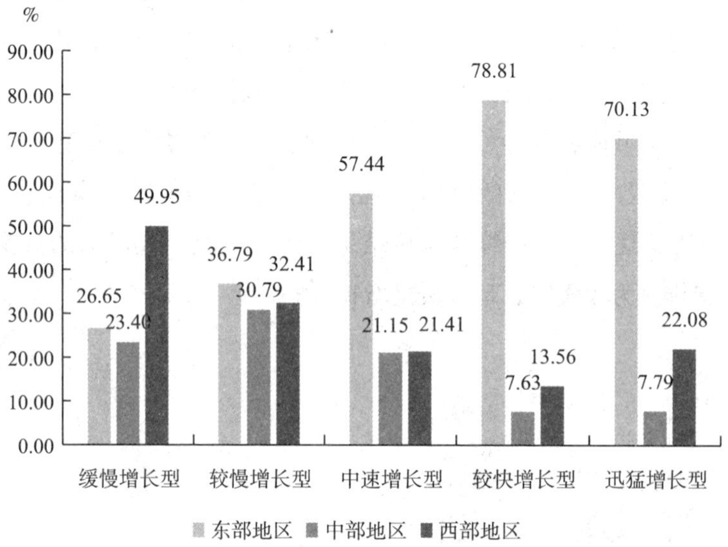

图 4.9　能源消费碳排放增长类型中三大地区数量占比

从县域土地面积占比（如图 4.10 所示）来看，东部地区在能源消费碳排放五种增长类型中的占比分别为 10.99%、22.49%、29.23%、59.53%、32.76%，呈倒“U”形分布；中部地区在能源消费碳排放五种增长类型中的占比分别为 7.78%、16.8%、13.59%、7.51%、7.25%；西部地区在能源消费碳排放五种增长类型中的占比分别为 81.23%、60.72%、57.19%、32.96%、59.99%，呈现“U”形分布。除较快增长型中东部地区土地面积占比最高外，其他增长类型中均为西部地区土地面积占比最高。

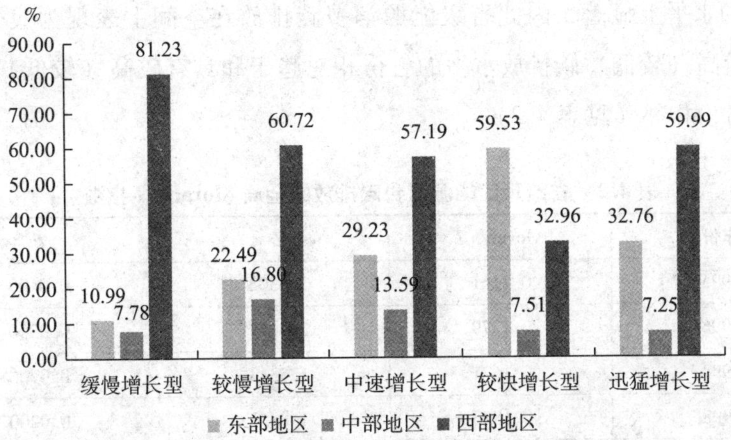

图 4.10　碳排放增长类型中三大地区面积占比

总之，全国大部分县及其土地面积能源消费碳排放为缓慢增长型和较慢增长型，主要分布在城市化水平相对较低的西部地区，西部地区经济发展水平和工业基础设施建设相对落后，能源需求和消费水平较低，使得碳排放呈现较慢增长趋势。在 77 个能源消费碳排放为迅猛增长型的县中，绝大多数县地处东部地区，东部地区经济发展和城镇化水平均较高，能源需求和消耗总量大，人口和产业均呈现区域聚集态势，导致其能源消费碳排放呈现迅猛增长态势。西部地区虽然能源消费碳排放高的县较少，但其国土面积较大，单位国土面积碳排放量比东部地区低。因此，在制定温室气体减排政策和策略时，重点应放在东部地区，同时考虑适度将高耗能产业向中西部地区转移。

4.6　能源消费碳排放全局空间相关性分析

4.6.1　省级尺度能源消费碳排放全局相关性分析

从全局空间相关性分析可知，省级尺度能源消费碳排放的全局 Moran's *I* 指数呈现倒“W”形增长态势，由 1995 年的 0.1161 增长到 2007 年的 0.2551，之后逐渐降低到 2016 年的 0.1621，表明我国省级尺度能源消费碳排放存在空间正相关性，且呈现增大趋势。Z 值在［1.96，2.58］区间，*P* 值均在10%的水平上显著，因此省级能源消费碳排放在空间上表现为集聚分布，即具有较高（较低）碳排放水平的省份相对趋于和具有较高（较低）碳排放水平的省份相邻（见表4.2）。

表4.2　省级尺度能源消费碳排放的全局 Moran's *I* 指数

年份	Moran's *I*	*Z*	*P*
1995	0.1161	2.4302	0.0100
1996	0.1279	2.6164	0.0300
1997	0.1671	1.5343	0.0700
1998	0.1873	1.8857	0.0200
1999	0.1917	2.5440	0.0200
2000	0.1899	1.9218	0.0600
2001	0.2134	2.0661	0.0400
2002	0.2019	1.8546	0.0500
2003	0.1473	1.5867	0.0700
2004	0.2099	1.8867	0.0500
2005	0.2435	2.4023	0.0300
2006	0.2504	2.1923	0.0500
2007	0.2551	2.3165	0.0300
2008	0.2251	2.4765	0.0300
2009	0.2111	2.1413	0.0500
2010	0.2214	2.2848	0.0400
2011	0.2185	2.3037	0.0300
2012	0.1864	2.2848	0.0200
2013	0.1824	1.9003	0.0400
2014	0.1963	1.9994	0.0500
2015	0.1842	1.7262	0.0700
2016	0.1621	1.6705	0.0400

4.6.2　市级尺度能源消费碳排放全局相关性分析

从全局空间相关性分析可知，市级尺度能源消费碳排放的全局 Moran's *I*

指数呈现大幅增长趋势，由 1995 年的 0. 1565 增长到 2016 年的 0. 2082，表明我国市级尺度碳排放总体存在空间正相关性，且呈现增大趋势。*Z* 值均大于 2. 58，*P* 值均在 1%的水平上显著，表明我国市级尺度能源消费碳排放存在极为显著的空间集聚分布特征，即具有较高（较低）碳排放水平的城市相对趋于和具有较高（较低）碳排放水平的城市相邻（见表 4. 3）。

表 4. 3　市级尺度能源消费碳排放的全局 Moran’s *I* 指数

年份	Moran's *I*	*Z*	*P*
1995	0. 1565	7. 5466	0. 0000
1996	0. 1363	6. 5708	0. 0000
1997	0. 1298	6. 3133	0. 0000
1998	0. 1296	6. 3269	0. 0000
1999	0. 1287	6. 3219	0. 0000
2000	0. 1283	6. 3236	0. 0000
2001	0. 1540	7. 5485	0. 0000
2002	0. 1627	7. 9003	0. 0000
2003	0. 1935	9. 2853	0. 0000
2004	0. 2120	10. 1703	0. 0000
2005	0. 2526	11. 9126	0. 0000
2006	0. 2509	11. 8413	0. 0000
2007	0. 2668	12. 6352	0. 0000
2008	0. 2540	11. 9970	0. 0000
2009	0. 2366	11. 1849	0. 0000
2010	0. 2368	11. 1930	0. 0000
2011	0. 2311	10. 8824	0. 0000
2012	0. 2311	10. 8824	0. 0000
2013	0. 2478	11. 6567	0. 0000
2014	0. 2362	11. 1307	0. 0000
2015	0. 2182	10. 3104	0. 0000
2016	0. 2082	9. 8523	0. 0000

4.6.3 县级尺度能源消费碳排放全局相关性分析

从全局空间相关性分析可知，县级尺度能源消费碳排放的全局 Moran's *I* 指数呈现小幅增长趋势，由 1995 年的 0.0922 增长到 2016 年的 0.1202，1995—2016 年的整体指数水平低于省级和市级尺度的指数水平。我国县级尺度碳排放总体呈现空间正相关性，且呈现增大趋势。*Z* 值均大于 2.58，*P* 值均在 1%的水平上显著，表明我国县级尺度能源消费碳排放存在极为显著的空间集聚分布特征，相邻县在碳排放上高度相关，即具有较高（较低）碳排放水平的县相对趋于和具有较高（较低）碳排放水平的县相邻（见表 4.4）。

表 4.4　县级尺度能源消费碳排放的全局 Moran's *I* 指数

年份	Moran's *I*	*Z*	*P*
1995	0.0922	52.1752	0.0000
1996	0.0874	49.4434	0.0000
1997	0.0926	52.4030	0.0000
1998	0.0974	55.1383	0.0000
1999	0.1029	58.3010	0.0000
2000	0.1082	61.2717	0.0000
2001	0.1133	64.2137	0.0000
2002	0.1116	63.1539	0.0000
2003	0.1135	64.2819	0.0000
2004	0.1282	72.4765	0.0000
2005	0.1438	81.2190	0.0000
2006	0.1413	79.8117	0.0000
2007	0.1570	88.6722	0.0000
2008	0.1535	86.7011	0.0000
2009	0.1453	82.0245	0.0000
2010	0.1486	83.8960	0.0000
2011	0.1500	84.6045	0.0000
2012	0.1383	78.0413	0.0000
2013	0.1439	81.1634	0.0000

续表

年份	Moran's *I*	Z	P
2014	0. 1400	78. 9720	0. 0000
2015	0. 1294	73. 0267	0. 0000
2016	0. 1202	67. 8863	0. 0000

从图 4. 11 中可以看出，省级、市级和县级三种尺度的能源消费碳排放的全局 Moran's *I* 指数呈现出不同程度的增长态势。整体而言，市级尺度能源消费碳排放的全局相关性增长幅度最大，其次为省级尺度和县级尺度。与增长幅度类似，市级尺度能源消费碳排放的 Moran's *I* 指数最大，其次为省级尺度和县级尺度。上述结果表明，我国区域能源消费碳排放在较小的空间尺度上更容易呈现较强的空间集聚特征，具有显著的空间相关性。从计算结果可以看出：市级和省级尺度的能源消费碳排放的全局空间相关性最大，是模拟能源消费碳排放的有效行政单元；县级尺度同样具有显著的空间相关性，可以为快速有效测度碳排放演变规律、制定精准化减排策略提供依据。从变化趋势来看，三种尺度的能源消费碳排放的全局 Moran's *I* 指数演变曲线形状不尽相同，表明不同尺度的能源消费区域碳排放具有差异性，分析结果会因尺度的差异而出现较大的差别。因此，在制定减排策略时，需要考虑不同尺度下能源消费碳排放演变格局的差异性。

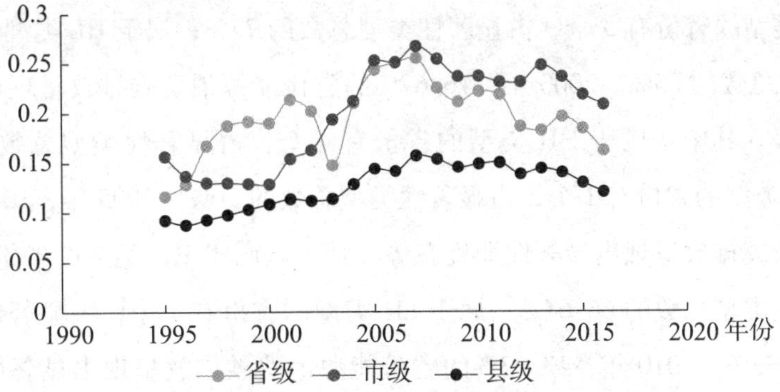

图 4. 11　三种尺度下的 Moran's *I* 指数

4.7 能源消费碳排放局部空间相关性分析

4.7.1 省级尺度能源消费碳排放局部相关性分析

通过计算 1995—2016 年省级尺度能源消费碳排放局部 Moran's I_c 指数，可以分析省级尺度能源消费碳排放的空间 LISA 集聚格局，结果见表 4.5。从整体趋势来看，1995—2016 年，省级尺度能源消费碳排放的空间自相关性呈现扩大趋势，显著性空间类型以正相关集聚分布形式为主，主要表现为 HH 类型。

表 4.5 省级尺度能源消费碳排放的局部 LISA 集聚格局

类型	1995 年	2000 年	2005 年	2010 年	2016 年
HH	山东、河南、江苏	山西、山东、河南、江苏	山东、河南	山东、河南	山东
LL		青海			
LH			天津	北京、天津	北京、天津
HL	四川				河北

1995 年，13.33%的省份能源消费碳排放呈现显著性集聚态势。其中：属于 HH 类型的省份有 3 个，占显著性类型总数的 75%；属于 HL 类型的省份有 1 个，占总数的 25%。2000 年，16.67%的省份能源消费碳排放呈现出显著性聚集态势。其中：属于 HH 类型的省份有 4 个，占显著性类型总数的 80%；属于 LL 类型的省份有 1 个，占显著性类型总数的 20%。2005 年，10%的省份能源消费碳排放呈现出显著性聚集态势。其中：属于 HH 类型的省份有 2 个，占显著性类型总数的 66.67%；属于 LH 类型的省份有 1 个，占显著性类型总数的 33.33%。2010 年，13.33%的省份能源消费碳排放呈现出显著性聚集态势。其中：属于 HH 类型的省份有 2 个，占显著性类型总数的 50%；属于 LH 类型的省份有 2 个，占显著性类型总数的 50%。2016 年，13.33%的省份能源消费碳排放呈现出显著性聚集态势。其中：属于 HH 类型的省份有 1 个，占

显著性类型总数的25%；属于LH和HL类型的省份分别有2个和1个，占显著性类型总数的50%和25%。

1995年，HH类型省份主要是山东、江苏和河南。这三个省份与相邻省份呈现出高碳排放的趋同效应，高耗能行业使其碳排放量居高不下，呈现碳排放的HH集聚特征。HL类型省份为四川，四川的碳排放水平明显高于周边地区，被碳排放低的省份包围，对周围省份具有碳排放的溢出效应。

2000年，HH类型省份在山东、江苏、河南三省的基础上增加了山西省，表明HH类型省份呈现扩大趋势，且山西省作为中部能源大省，随着能源开发和工业化进程的加快，碳排放量增长较快；LL类型省份为青海，青海及其周边省份为低碳排放聚集区。

2005年，HH类型省份为山东和河南两省，高碳排放聚集区呈现减少趋势；LH类型省份为天津市，随着产业结构转型和经济发展，天津市逐渐过渡为低碳排放区域，而其周边的河北、山东两省则仍为传统的高碳排放区域，对天津市具有碳排放溢出效应。

2010年，HH类型省份仍为山东和河南两省，高碳排放区域呈现区域固化现象；LH类型省份在天津市的基础上增加了北京市，这与现实相符，周围的河北省对二者具有碳排放溢出效应。

2016年，HH类型省份仅为山东省，LH类型省份为北京和天津两市，HL类型省份为河北省，可见各显著性类型均聚集在环渤海地区，呈现显著性聚集态势。总体而言，我国省级尺度能源消费碳排放空间格局由分散式分布逐渐聚集到环渤海地区，这一区域应是节能减排调控的重点区域。

4.7.2　市级尺度能源消费碳排放局部相关性分析

通过计算市级尺度能源消费碳排放局部 Moran's I_c 指数，可以分析碳排放的空间LISA集聚格局，结果见表4.6。

从表4.6中可以看出，1995—2016年，市级尺度能源消费碳排放的空间自相关性呈现扩大趋势，显著性空间类型以正相关集聚分布形式为主，具体表现为HH类型和LL类型。这表明我国市级尺度能源消费碳排放存在与全局一致的空间正相关性。

表 4.6　市级尺度能源消费碳排放的局部 LISA 集聚格局

类型	1995 年	2000 年	2005 年	2010 年	2016 年
HH	北京市、天津市、邯郸市、邢台市、石家庄市、沧州市、保定市、廊坊市、唐山市、上海市、苏州市、无锡市、南通市、临汾市、晋中市、吕梁市、太原市、大同市	北京市、天津市、邯郸市、邢台市、石家庄市、沧州市、保定市、廊坊市、唐山市、上海市、苏州市、南通市、临汾市、晋中市、吕梁市、大同市	北京市、天津市、邯郸市、邢台市、衡水市、石家庄市、沧州市、保定市、廊坊市、唐山市、张家口市、上海市、苏州市、无锡市、南通市、宁波市、临沂市、济宁市、济南市、青岛市、淄博市、莱芜市、潍坊市、德州市、滨州市、东营市、烟台市、郑州市、临汾市、晋中市、吕梁市	北京市、天津市、邯郸市、邢台市、衡水市、石家庄市、沧州市、保定市、廊坊市、唐山市、张家口市、大连市、上海市、苏州市、南通市、临沂市、济宁市、聊城市、济南市、青岛市、淄博市、潍坊市、德州市、滨州市、东营市、烟台市、郑州市、临汾市、吕梁市	北京市、天津市、邯郸市、邢台市、衡水市、石家庄市、沧州市、保定市、廊坊市、唐山市、张家口市、秦皇岛市、承德市、上海市、苏州市、无锡市、南通市、济南市、青岛市、潍坊市、烟台市、临汾市、吕梁市
LL			陇南市、甘南藏族自治州、定西市、果洛藏族自治州、黄南藏族自治州、海东地区、海南藏族自治州、海北藏族自治州	陇南市、甘南藏族自治州、定西市、临夏回族自治州、武威市、金昌市、果洛藏族自治州、黄南藏族自治州、海东地区、海南藏族自治州、海北藏族自治州	陇南市、甘南藏族自治州、临夏回族自治州、武威市、金昌市、果洛藏族自治州、黄南藏族自治州、海南藏族自治州、海北藏族自治州
LH	承德市、舟山市	承德市、舟山市	舟山市、阳泉市、莱芜市	舟山市、阳泉市、莱芜市	舟山市、莱芜市、阳泉市
HL	重庆市、成都市、兰州市	重庆市、成都市	武汉市、重庆市、成都市	武汉市、重庆市、成都市	武汉市、重庆市、成都市

1995 年，我国共有 6.94%的城市能源消费碳排放呈现出显著性聚集态势。其中：属于 HH 类型的城市有 18 个，占显著性类型总数的 78.26%；属于 LH 类型和 HL 类型的城市分别为 2 个和 3 个，占显著性类型总数的 8.7%和 13.04%。2000 年，共有 6.04%的城市能源消费碳排放呈现出显著性聚集态势。其中：属于 HH 类型的城市有 16 个，占显著性类型总数的 80%；属于 LH 类型和 HL 类型的城市均为 2 个，占总数的比例均为 10%。2005 年，共有 13.29%的城市能源消费碳排放呈现出显著性聚集态势。其中：属于 HH 类型

和LL类型的城市分别为31个和8个，占显著性类型总数的68.18%和18.18%；属于LH类型和HL类型的城市均为3个，占显著性类型总数的比例均为6.82%。2010年，共有13.89%的城市能源消费碳排放呈现出显著性聚集态势。其中：属于HH类型和LL类型的城市分别为29个和11个，占显著性类型总数的63.04%和23.91%；属于LH类型和HL类型的城市均为3个，占显著性类型总数的比例均为6.52%。2016年，共有11.48%的城市能源消费碳排放呈现出显著性聚集态势。其中：属于HH类型和LL类型的城市分别为23个和9个，占显著性类型总数的60.52%和23.68%；属于LH类型和HL类型的城市均为3个，占显著性类型总数的比例均为7.89%。结果表明，市级尺度能源消费碳排放的局部空间相关性以HH类型和LL类型为主，且聚集态势呈逐年扩大趋势，具体表现为西部地区的LL聚集区以及东部地区HH聚集区范围的扩大。

1995年，能源消费碳排放属于HH类型的城市主要集中在环渤海地区和长三角地区，呈现聚集态势，并与其周边城市呈现出高碳排放的趋同效应；属于LH类型的城市为承德市和舟山市，呈现零星分布态势，表明这两个城市能源消费碳排放虽然较低，但分别地处高碳排放的河北省和高碳排放的长三角地区，高碳排放地区对这两个城市具有溢出效应；属于HL类型的城市主要包括重庆、成都和兰州等中西部城市，呈现零星分布特征，这几个城市是中西部地区的省会城市，能源消费碳排放较高，对周围城市具有碳排放的溢出效应。

2000年，与1995年相比，属于HH类型的城市减少了无锡市和太原市，仍然集中在环渤海地区和长三角地区；属于LH类型的城市仍然是承德市和舟山市，继续受到周围高碳排放城市溢出效应的影响。属于HL类型的城市为重庆市和成都市，对周边碳排放较低地区产生溢出效应。

2005年，属于HH类型的城市主要集中在京津冀地区、长三角地区、山东半岛、山西省和中原城市群。与2000年相比，2005年高碳排放聚集地区呈现进一步扩大态势。属于LL类型的城市主要集中在甘肃省和青海省，这两个区域能源消费碳排放量较低，且被低碳排放区域包围，呈现低碳排放城市聚集趋势。属于LH类型的城市为舟山市、阳泉市和莱芜市，呈现零星分布态势，这三座城市的碳排放虽然低，但位于浙江、山西和山东等高碳排放省份，被其他高碳排放城市所包围。属于HL类型的城市为武汉市、重庆市和成都市，武汉市作为我国重工业城市，与重庆市和成都市一样，对周围低碳排放城市具有溢出效应。

2010年，属于HH类型的城市仍然集中在京津冀地区、长三角地区、山东半岛、山西省和中原城市群，呈现进一步扩大态势；属于LL类型的城市仍主要集中在甘肃省和青海省，呈现进一步扩大态势；属于LH类型的城市为舟山市、阳泉市和莱芜市，位于高碳排放地区浙江和山西，呈现零星分布态势；属于HL类型的城市仍然为武汉市、重庆市和成都市。

2016年，属于HH类型的城市仍然集中在环渤海地区和长三角地区，高碳排放区域继续呈聚集趋势；属于LL类型的城市仍然集中在甘肃省和青海省，呈现进一步缩小趋势；属于LH类型的城市为舟山市、阳泉市和莱芜市；属于HL类型的城市仍然为武汉市、重庆市和成都市，这些城市本身的碳排放量较高，被我国中西部低碳排放区域包围。可见，中西部地区高碳排放和低碳排放的城市出现分化趋势。

通过分析我国市级尺度碳排放的空间格局，可以发现我国高碳排放聚集区域主要集中在京津冀地区和长三角地区，并且呈现逐步扩大趋势，而低碳排放聚集区域主要集中在甘肃和青海等西部地区。

4.7.3 县级尺度能源消费碳排放局部相关性分析

通过计算县级尺度能源消费碳排放局部Moran's I_c 指数，可以分析碳排放的空间LISA集聚格局。

从整体趋势来看，1995—2016年，县级尺度能源消费碳排放的空间自相关性呈现扩大趋势，显著性空间类型以正相关集聚分布形式为主，主要表现为HH类型和LL类型，以LL类型为主。

1995年，33.35%的县呈现出显著性聚集态势。其中：属于HH类型和LL类型的县分别为380个和373个，占显著性类型总数的40.77%和40.02%；属于LH类型和HL类型的县分别为145个和34个，占总数的15.56%和3.65%。

2000 年，39.21%的县呈现出显著性聚集态势。其中：属于 HH 类型和 LL 类型的县分别为 380 个和 515 个，占显著性类型总数的 34.67%和 46.99%；属于 LH 类型和 HL 类型的县分别为 154 个和 47 个，占总数的 14.05%和 4.29%。

2005 年，51.16%的县呈现出显著性聚集态势。其中：属于 HH 类型和 LL 类型的县分别为 479 个和 645 个，占显著性类型总数的 33.5%和 45.10%；属于 LH 类型和 HL 类型的县分别为 231 个和 75 个，占总数的 16.15%和 5.24%。

2010 年，51.99%的县呈现出显著性聚集态势。其中：属于 HH 类型和 LL 类型的县分别为 503 个和 652 个，占显著性类型总数的 34.62%和 44.87%；属于 LH 类型和 HL 类型的县分别为 219 个和 79 个，占总数的 15.07%和 5.44%。

2016 年，45.15%的县呈现出显著性聚集态势。其中：属于 HH 类型和 LL 类型的县分别为 446 个和 557 个，占显著性类型总数的 35.34%和 44.13%；属于 LH 类型和 HL 类型的县分别为 180 个和 79 个，占总数的 14.26%和 6.25%。

由此可见，能源消费碳排放属于 HH 类型和 LL 类型的县呈现扩大聚集态势，且占比远大于省级和市级尺度，表明能源消费碳排放在精细化尺度上呈现出更强的空间集聚特征，对于制定精细化的碳减排政策具有参考价值。

1995 年，属于 HH 类型的县（旗）主要集中在环渤海地区、长三角地区和珠三角地区，东北的零星县，内蒙古的松山区和昆都仑区，中部的安徽、河南、湖北、湖南，以及西部的贵州、四川、陕西、山西和新疆零星区域，呈现“C”形聚集态势，与周边县呈现出高碳排放趋同效应特征。属于 LL 类型的县（旗）主要集中在内蒙古的阿拉善右旗、黑龙江的部分县，中部的江西、湖北、湖南，东部的福建、广东、海南，西部的大部分县，呈现出从西向东 45°方向连片聚集态势。这些区域碳排放量较低，且被低碳区域包围，呈现出低碳聚集趋势。属于 LH 类型的县主要集中在京津冀地区、内蒙古、辽宁和吉林的铁东区，呈现连片分布，在长三角地区、安徽、山东半岛、河南、湖北和山西呈现零星点状分布。这些县的碳排放虽然较低，但被高碳区域所包围，高碳区域对这些地区具有溢出效应。属于 HL 类型的县主要集中在内蒙古的阿拉善左旗、江西的章贡区、湖南的冷水滩区和鹤城区，以及广西、四川、贵州、云南、甘肃和青海的格尔木市，整体呈现零星分布态势。这些县多处于中西部地区，具有能源资源优势，碳排放量较高，而周边地区碳排放量较低，对周边区域具有碳排放溢出效应。

2000 年，属于 HH 类型的县在已有基础上呈现整体集聚扩张趋势；属于 LL 类型的县在已有基础上呈现整体向东部集聚扩张趋势；属于 LH 类型和 HL 类型的县均在原有基础上扩大集聚；属于 HL 类型的县同样呈现零星分布态势。

2005 年，属于 HH 类型的县呈现进一步扩大趋势，珠三角地区也呈现整体集聚扩大趋势；属于 LL 类型的县在已有基础上进一步向西部的新疆、青海、宁夏等地区扩张，呈现 45°方向连片聚集态势；属于 HL 类型的县呈现零星分布态势；属于 LH 类型的县在原有基础上进一步扩大。

2010 年，属于 HH 类型的县在原有“C”形分布基础上呈现扩大态势；属于 LL 类型的县呈现进一步扩大态势；属于 HL 类型的县呈现零星分布态势；属于 LH 类型的县呈现整体缩小态势，部分转变为 HH 类型区域。

2016 年，属于 HH、LL、LH 和 HL 类型的县均在延续原有格局的基础上呈现减少趋势。其中：属于 LH 类型的县减少表明低碳排放的县逐渐与周围高碳排放的县趋同；属于 HL 类型的县减少表明西部高碳排放的县逐渐与周围低碳排放的县趋同。

比较 1995—2016 年显著性空间类型的变化可以发现：高碳排放聚集区域主要集中在环渤海地区、长三角地区和珠三角地区；低碳排放区域主要集中在西南地区、西北地区，呈现连片聚集态势，且整体呈现扩大趋势。

由省级、市级和县级尺度能源消费碳排放的局部相关性分析可知，三种尺度下的能源消费碳排放均存在空间异质性。在不同尺度下，高碳排放聚集区均主要分布在环渤海地区、长三角地区和珠三角地区，并呈现进一步扩大趋势；低碳排放聚集区均主要分布在甘肃、青海和西南地区，其中县级尺度碳排放具有更显著的异质性。

4.8 本章小结

本章基于构建的能源消费碳排放估算模型，反演计算出我国 1995—2016 年栅格、省级、市级和县级尺度的能源消费碳排放量，进而对我国能源消费碳排放的时空演变特征进行了深入分析。

（1）依据我国不同地区社会经济发展水平的差异性，将我国 30 个省份划分为东部、中部和西部三个地区。采用趋势分析法、全局空间相关性和局部空间相关性分析方法进行碳排放时空演变格局分析。通过构建省级尺度碳排放零误差栅格图，进一步完成了省级、市级和县级尺度能源消费碳排放量的估算。

（2）1995—2016 年，我国能源消费碳排放总量呈现快速增长趋势，由 1995 年的 18.89 亿吨增长到 2016 年的 46.83 亿吨，年均增速为 6.72%。能源消费碳排放总量增长共经历三个阶段，分别为 1995—2000 年的小幅波动阶段、2001—2012 年的持续快速增长阶段和 2012—2016 年的波动阶段。三大地区呈现出与总体一致的增长趋势，其中东部地区能源消费碳排放占比最高，中部地区最低。

（3）在省级尺度上，高碳排放的省份主要包括河北、山东、山西、内蒙古、河南、江苏、广东、湖南、湖北等，其中碳排放迅猛增长型的省份为河北和山东；在市级尺度上，高碳排放的市主要包括北京、天津、石家庄、唐山、邯郸、沧州、保定、烟台、青岛、潍坊、临沂、郑州、武汉、大连、沈阳、长春、哈尔滨、延安、榆林、临汾、吕梁、上海、苏州、南通、无锡、泉州、广州、佛山、东莞、惠州和重庆，其中碳排放较快增长型和迅猛增长型的市主要包括唐山、天津、沧州、保定、石家庄、邯郸、潍坊、烟台、青岛、临沂、济宁、鄂尔多斯、呼伦贝尔、上海、苏州、重庆、榆林、延安和武汉；在县级尺度上，高碳排放的县主要集中在环渤海地区、长三角地区、珠三角地区、中部城市群、长江中游城市群、关中城市群、成渝城市群等，其中碳排放迅猛增长型的县主要集中在环渤海地区、长三角地区和珠三角地区等。不同尺度能源消费碳排放和增长类型均存在“胡焕庸线”现象。

（4）省级、市级和县级三种尺度的全局 Moran's *I* 指数呈现出不同程度的增长态势。近年来，市级尺度能源消费碳排放的全局空间相关性最强，其次为省级尺度能源消费碳排放。从整体趋势来看，省级、市级和县级尺度能源消费碳排放的局部自相关性呈现扩大趋势，显著性类型以正相关集聚分布形式为主。省级尺度能源消费碳排放以 HH 型为主，各显著性类型均聚集在环渤海地区。市级尺度能源消费碳排放主要表现为 HH 类型和 LL 类型。高碳排放聚集区域主要集中在京津冀地区和长三角地区。县级尺度能源消费碳排放以 LL 类型为主，高碳排放区域主要集中在环渤海地区、长三角地区和珠三角地区。不同尺度能源消费碳排放显著性类型聚集区域均呈现逐步扩大趋势。

第5章 能源消费碳排放影响因素分析

本章以多尺度能源消费碳排放为研究基础，依据动态空间杜宾模型、地理加权回归模型和 STIRPAT 模型构建 SDM-STIRPAT 模型和 GWR-STIRPAT 模型，分别分析全国、东部地区、中部地区和西部地区重要影响因素对能源消费碳排放的地区共同特征，以及重要影响因素对省级尺度能源消费碳排放影响的地区差异性，旨在“共同但有差别”地探析能源消费碳排放的影响机理；动态空间杜宾模型增加了因变量时空滞后项，用以研究能源消费碳排放是否存在路径依赖。

5.1 模型和指标选取

5.1.1 动态空间杜宾模型

依据确定的研究目标，考虑到空间计量模型的内生交互效应、外生交互效应、联立和滞后内生交互效应，选取动态空间杜宾模型[222]构建空间计量经济模型。公式如下：

$$Y_{it} = \alpha + \tau Y_{it-1} + \delta W Y_{it} + \eta W Y_{it-1} + X_{it}\beta_1 + W X_{it}\beta_2 + \mu_i + \gamma_i + \varepsilon_{it} \tag{5.1}$$

式中，Y_{it}为截面 i 在 t 时刻的被解释变量矩阵；X_{it}为解释变量矩阵；α 为常数项；W 为空间权重；Y_{it-1}为被解释变量矩阵的时间滞后项；WY_{it}为被解释变量的内生交互效应；WY_{it-1}为被解释变量的时间和空间滞后项；WX_{it}为解释变量的外生交互效应；μ_i 和 γ_i 为空间和时间固定效应；ε_{it}为误差项；τ、δ、

η、β_1 和 β_2 为估计系数。

动态空间杜宾模型可以用于确定短期和长期的直接效应，以及短期和长期的间接效应（空间溢出效应）。Pace 和 LeSage[223][224]、Elhorst（2010）[225]、Debarsy（2012）[226] 给出了检验空间溢出效应的公式，将动态空间杜宾模型改写为

$$Y_{it} = (I - \delta W)^{-1}(\tau I + \eta W) Y_{it-1} + (I - \delta W)^{-1}(X_{it}\beta_1 + W X_{it}\beta_2) + (I - \delta W)^{-1}\nu_t \tag{5.2}$$

式中，$(I-\delta W)^{-1}\nu_t$ 为截距项和误差项的剩余项。在特定时间节点，第 k 个解释变量对应的被解释变量期望值的偏导数矩阵为

$$\left[\frac{\partial\ E(Y)}{\partial\ x_{1k}} \cdots \frac{\partial\ E(Y)}{\partial\ x_{Nk}}\right]_t = (I - \delta W)^{-1}[\beta_{1k} I_N + \beta_{2k} W] \tag{5.3}$$

这些偏导数表示一个固定空间单元的特定解释变量单位变化时，在短时间内对其他空间单元的被解释变量的影响，则长期效应的公式为

$$\left[\frac{\partial\ E(Y)}{\partial\ x_{1k}} \cdots \frac{\partial\ E(Y)}{\partial\ x_{Nk}}\right] = [(1 - \tau) I - (\delta + \eta) W]^{-1}[\beta_{1k} I_N + \beta_{2k} W] \tag{5.4}$$

5.1.2 地理加权回归模型

地理加权回归模型（Geographically Weighted Regression，GWR）是对普通线性回归模型的扩展，将样本点数据的地理位置信息嵌入回归参数，考虑了解释变量的空间异质性，可以有效探测研究对象的空间非平稳性。通过对相邻样本点数据进行区域局部回归分析，可获得回归参数，不再以全部样本点数据值进行均值估计，因此估计值随着位置的变化而变化。由此可以反映出，解释变量对被解释变量的影响随着空间位置的变化而变化。公式如下：

$$y_i = \beta_0(u_i,\ v_i) + \sum_{j=1}^{n} \beta_j(u_i,\ v_i)\, x_{ij} + \varepsilon_i \tag{5.5}$$

式中，y_i 为被解释变量；x_{ij} 为第 i 位置第 j 个解释变量；β_0 为常数项；$(u_i,\ v_i)$ 为第 i 个位置坐标（经纬度）；$\beta_j(u_i,\ v_i)$ 为第 i 个位置的第 j 个回归参数；ε_i 为满足同方差、零均值和相互独立等球形扰动假设的第 i 个样本点的随机误差。

依据 Tobler（1979）[227] 地理学第一定律，参考 Goodchild M. F.（1987）[228] 地理学第二定律，可知接近位置 i 的观察值比距离 i 更远的观察值对 i 的估计影响更大。参考 Brunsdon 等（1996）[229] 提出的偏差和方差折中方法，利用局部加权最小二乘法对参数进行估计，公式如下：

$$\hat{\beta}(u_i, v_i) = (X^T W(u_i, v_i) X)^{-1} X^T W(u_i, v_i) Y \tag{5.6}$$

其中：

$$X = \begin{bmatrix} 1 & X_{11} & \cdots & X_{1j} \\ 1 & X_{21} & \cdots & X_{2j} \\ \vdots & \vdots & & \vdots \\ 1 & X_{n1} & \cdots & X_{nj} \end{bmatrix} \tag{5.7}$$

$$W(u_i, v_i) = \begin{bmatrix} W_n & 0 & \cdots & 0 \\ 0 & W_{i2} & \cdots & 0 \\ \vdots & \vdots & & \vdots \\ 0 & 0 & \cdots & W_{in} \end{bmatrix} \tag{5.8}$$

$$\beta = \begin{bmatrix} \beta_0(u_1, v_1) & \beta_1(u_1, v_1) & \cdots & \beta_j(u_1, v_1) \\ \beta_0(u_2, v_2) & \beta_1(u_2, v_2) & \cdots & \beta_j(u_2, v_2) \\ \vdots & \vdots & & \vdots \\ \beta_0(u_n, v_n) & \beta_0(u_n, v_n) & \cdots & \beta_j(u_n, v_n) \end{bmatrix} \tag{5.9}$$

$$Y = \begin{bmatrix} y_1 \\ y_2 \\ y_3 \\ y_4 \end{bmatrix} \tag{5.10}$$

式中，$\hat{\beta}$ 为 β 的估计值；n 为空间样本点数；j 为解释变量的个数；W_{in} 为对 i 位置 n 数据的权重。

空间权重矩阵 W 的选取是地理加权回归模型的关键，不同空间权重函数对空间关系的认识不同，主要包含距离阈值法、距离反比法、高斯核函数法、截尾型函数法等。本章选取目前最常用的高斯核函数作为空间权重矩阵。

高斯核函数采用连续单调衰减函数表示权重 W_{ij} 和距离 d_{ij} 之间的连续单调递减关系，公式如下：

$$W_{ij} = \exp(-(d_{ij}/h)^2) \tag{5.11}$$

式中，d_{ij} 为 i 和 j 之间的空间距离；h 为带宽（Band Width），带宽越大，权重 W 随距离增加而衰减减慢，带宽越小，权重 W 随距离增加而衰减加快。由此可见，带宽的确定是地理加权回归的重点。通常采用交叉验证方法和 Akaike 信息量准则（Akaike Information Criterion，AIC）来确定带宽。

AIC 准则由 Akaike H.（1974）[230] 提出，对极大似然原理的估计参数方法进行修正，Brunsdon 等（1998）[231]、Brunsdon（1999）[232] 和 Fotheringham 等（2001）[233] 将其进一步用于地理加权回归分析，公式如下：

$$AIC_c = 2n\ln(\hat{\sigma}) + n\ln(2\pi) + n\frac{n + \mathrm{tr}(S)}{n - 2 - \mathrm{tr}(S)} \tag{5.12}$$

式中，AIC_c 表示修正后的 AIC 估计值；n 为样本点大小；$\hat{\sigma}$ 为误差项估计的标准离差；tr (S) 为带宽函数。

5.1.3 指标选取

区域能源消费碳排放受人口规模、技术水平、能源结构、城市化水平、经济发展水平等因素影响，结合 STIRPAT 模型特征、指标数据的可获取性和前人的研究成果[234-236]，选取的影响因素指标见表 5.1。

表 5.1 模型指标选取

指标	指标值计算	指标意义	单位	时间	数据来源
人口规模	常住人口总数	人口效应	万人	1995—2016 年	《中国统计年鉴》
人均 GDP	GDP/总人口	财富效应	元	1995—2016 年	《中国统计年鉴》
能源强度	能源消费总量/GDP	技术效应	吨标准煤/万元	1995—2016 年	《中国能源统计年鉴》《中国统计年鉴》
城镇化率	城镇人口占比	城镇化水平	%	1995—2016 年	《中国统计年鉴》、各省市统计年鉴、《新中国 60 年统计资料汇编》
产业结构	第二产业占比	技术效应	%	1995—2016 年	《中国统计年鉴》

本章研究的人口规模为30个省份年末总人口数，人均GDP为30个省份年末人均GDP。为了实现数据可比性，以1990年不变价指数进行平减折算；能源强度采用30个省份能源消费总量（吨标准煤）和各年各省GDP的比值计算所得；城镇化率为30个省份年末城镇人口占总人口比重；产业结构的变迁代表了经济的发展和技术的革新，以第二产业总值占GDP的比例表示。

5.2　能源消费碳排放影响因素的共同特征分析

5.2.1　SDM-STIRPAT模型构建

与面板模型相比，动态空间杜宾模型考虑了能源消费碳排放的时滞性，有利于探究能源消费碳排放的演变规律，预测碳排放未来的变化趋势。本节将动态空间杜宾模型和STIRPAT模型结合，构建SDM-STIRPAT模型，从全国、东部地区、中部地区和西部地区四个尺度分析影响因素对能源消费碳排放产生影响的共同特征。

首先，对面板数据进行单位根检验，结果见表5.2。

表5.2　面板数据单位根检验结果

变量	LLC检验		IPS检验	
	水平值	一阶差分	水平值	一阶差分
人口	-3.3641***	-5.5117***	-3.4649***	-10.5769***
人均GDP	-3.4268***	-6.7231***	4.8021	-6.3371***
人均GDP二次项	-4.9260***	-5.9435***	1.3619	-5.6512***
能源强度	-4.5578***	-7.2863***	-2.6970***	-10.4655***
城镇化率	-1.7894**	-7.3302***	-0.6790	-10.0889***
城镇化率二次项	-1.9523**	-7.7320***	3.3045	-10.3682***
产业结构	8.4098	-9.1158***	6.0600	-8.6434***

注：*、**、***分别表示在10%、5%、1%的显著性水平上拒绝原假设（原假设为变量非平稳）。

由第3章的研究可知，能源消费碳排放量一阶差分平稳。在水平值上，人口和能源强度的 LLC 检验和 IPS 检验均拒绝原假设，说明这两个变量在水平值上平稳。人均 GDP、人均 GDP 二次项、城镇化率、城镇化率二次项的 LLC 检验均拒绝原假设，而 IPS 检验均接受原假设，说明这四个变量在水平值上非平稳。产业结构的 LLC 检验和 IPS 检验均接受原假设，说明在水平值上非平稳。为了进一步检验七个变量的平稳性，对它们进行一阶差分，结果表明，LLC 检验和 IPS 检验均在 1%的显著性水平上拒绝原假设，均为一阶单整*I*（1），因此同阶单整可以进行变量之间的面板协整检验。采用 Kao 检验进行面板协整检验，结果见表 5. 3。

表 5. 3　面板协整检验结果

	Modified Dickey–Fuller t	Dickey–Fuller t	Augmented Dickey–Fuller t	Unadjusted modified Dickey–Fuller t	Unadjusted Dickey–Fuller t
统计量	−9. 2103 ***	−7. 6116 ***	−3. 7535 ***	−10. 3221 ***	−7. 8880 ***
P 值	0. 0000	0. 0000	0. 0001	0. 0000	0. 0000

注：*** 表示在 1%的显著性水平上拒绝原假设（原假设为不存在协整关系）。

从表 5. 3 中可以看出，五种不同的检验 *P* 值均小于 0. 01，在 1%水平上强烈拒绝“不存在协整关系”的原假设，均通过协整检验，表明变量之间存在一种长期均衡关系。因此，对于有单位根的变量，通过一阶差分得到了平稳序列，但一阶差分后变量的经济含义与原序列并不相同，鉴于变量之间存在长期均衡关系，依然可以采用原序列对期望的变量进行回归。

在回归模型中，人口总数（万人）*P* 代表人口数量；人均 GDP（亿元/万人）*PGDP* 代表人民富裕度（以 1990 年为基准年进行平减）；能源强度 *EI* 代表技术水平；*U* 代表城镇化水平，用年末城镇人口占比来表示；*S* 代表产业结构调整状况，用第二产业占比来表示。为了检验国民收入、城镇化水平和碳排放之间的 EKC 曲线关系，增加人均 GDP 二次项和城镇化水平二次项。根据 Hausman 检验结果，chi2（7）= 45. 71，Prob>chi2 = 0. 0000，原假设为随机效应和固定效应无差异，拒绝原假设，采用固定效应模型。进一步进行个体固定效应模型检验可知，F(29623）= 27. 24，Prob>F = 0. 0000；进行时刻固定效应模型检验可知，F(21631）= 1. 42，Prob>F = 0. 0996；进行时刻个体双固定模型检验可知，F(50581) = 1.69，Prob>F = 0.0027，表明时间和个体均显著，因此选取时间和空间双固定的面板模型。三种模型参数见表 5.4。

表 5.4　固定效应模型参数

变量	个体固定效应	时间固定效应	时间个体固定效应
$\ln P$	0.2845 *** (3.08)	1.0736 *** (80.64)	1.0320 *** (72.84)
$\ln PGDP$	0.5924 *** (3.32)	0.8650 *** (3.59)	0.8664 *** (2.99)
$\ln PGDP^2$	0.0139 (1.48)	−0.0018 (−0.14)	−0.0042 (−0.28)
$\ln EI$	0.8686 *** (23.52)	0.9918 *** (37.77)	0.9791 *** (33.09)
$\ln U$	−0.3867 (−0.64)	0.3060 (0.50)	0.7333 (1.18)
$\ln U^2$	0.0605 (0.70)	−0.0355 (−0.42)	−0.1058 (−1.22)
$\ln S$	−0.0675 (−1.09)	0.0041 (0.08)	0.0299 (0.56)
截距项	0.2752 (0.21)	−8.8294 *** (−8.67)	−9.2097 *** (−8.27)
R^2	0.4573	0.9500	0.9458
P	0.0000	0.0000	0.0000

注：*** 表示在 1%的显著性水平上拒绝原假设，括号内为 t 值。

从表 5.4 中可以看出，时间个体固定效应模型中人口规模系数为 1.0320，在 1%的水平上显著；人均 GDP 系数为 0.8664，在 1%的水平上显著；能源强度系数为 0.9791，在 1%的水平上显著。整体拟合优度 R^2 为 0.9458（$P<0.0000$），估算效果良好。本章选取时间和空间双固定的动态空间杜宾模型，结合 STIRPAT 模型，建立全国和三大区域能源消费碳排放估算的面板模型，具体模型如下：

$$\ln I_{it} = \beta_0 + b\ln I_{it-1} + \rho W\ln I_{it} + \eta W\ln I_{it-1} + \beta_1\ln P + \beta_2\ln PGDP + \beta_3\ln PGDP^2 + \beta_4\ln EI + \beta_5\ln U + \beta_6\ln U^2 + \beta_7\ln S + \beta_8 W\ln P + \beta_9 W\ln PGDP + \beta_{10} W\ln PGDP^2 + \beta_{11} W\ln EI + \beta_{12} W\ln U + \beta_{13} W\ln U^2 + \beta_{14} W\ln S + \mu_i + \gamma_i + \varepsilon_{it} \tag{5.13}$$

$$\varepsilon_{it} \sim N(0,\ \delta^2) \tag{5.14}$$

式中，I_{it} 为全国和三大地区能源消费碳排放量（万吨）；W 为空间权重矩阵（基于空间距离构建）；I_{it-1} 为时间滞后项；$W\ln I_{it}$ 为空间滞后项；$W\ln I_{it-1}$ 为时间空间滞后项；μ_i 和 γ_i 分别为空间和时间固定效应；ε_{it} 为误差项。

5.2.2 能源消费碳排放影响因素共性分析

针对全国范围、东部地区、中部地区和西部地区，分别构建 SDM－STIRPAT 模型。对能源消费碳排放影响因素参数的估计结果见表 5.5。

表 5.5 影响因素参数估计结果

变量	全国	东部地区	中部地区	西部地区
$\ln I_{it-1}$	0.5091*** (16.7386)	0.4612*** (9.5059)	0.6537*** (4.9603)	0.4607*** (8.3542)
$W\times\ln I_{it-1}$	0.0174 (0.1655)	0.1470 (1.1401)	0.3450 (0.7391)	0.0694 (0.4967)
$\ln P$	0.3046*** (2.9101)	0.3390** (2.4408)	−2.1972 (−1.3364)	0.1748 (0.5528)
$\ln PGDP$	0.4135* (1.7987)	1.7615*** (3.6974)	0.3581 (0.1637)	−0.2781 (−0.4865)
$\ln PGDP^2$	−0.0030 (−0.2567)	−0.0668*** (−2.9349)	0.0270 (0.2579)	0.0351 (1.1827)
$\ln EI$	0.5060*** (12.2237)	0.4706*** (7.2501)	0.7593*** (4.8715)	0.5337*** (6.3826)
$\ln U$	0.6448 (1.2207)	−2.2159*** (−2.5996)	3.6143 (0.7189)	1.7650 (1.2132)
$\ln U^2$	−0.0947 (−1.2706)	0.3098*** (2.6185)	−0.4574 (−0.5934)	−0.2589 (−1.2489)
$\ln S$	0.0140 (0.2621)	−0.0779 (−0.7875)	−0.0973 (−0.3338)	0.0408 (0.3303)
$W\times\ln P$	−0.6323** (−2.1943)	−0.2266 (−0.7748)	−6.8962 (−1.3552)	−0.8563 (−1.1086)
$W\times\ln PGDP$	−0.5334 (−1.0128)	−1.0592 (−0.9584)	−5.7716 (−0.6669)	0.0647 (0.0388)
$W\times\ln PGDP^2$	0.0285 (1.0251)	0.0657 (1.2788)	0.3463 (0.7935)	−0.0401 (−0.4382)

续表

变量	全国	东部地区	中部地区	西部地区
$W\times\ln EI$	-0.2093* (-1.7292)	-0.1887 (-1.2904)	-0.1743 (-0.2698)	-0.1819 (-0.8820)
$W\times\ln U$	0.0915 (0.0509)	-3.4269* (-1.8687)	10.9419 (0.7381)	-9.8205** (-2.0116)
$W\times\ln U^2$	-0.0207 (-0.0814)	0.4913** (1.9639)	-1.3595 (-0.5880)	1.5025** (2.1061)
$W\times\ln S$	-0.2569 (-1.3476)	0.1050 (0.3559)	0.0822 (0.0833)	-0.4093 (-1.4245)
$W\times\ln I_{it}$	0.0014 (0.0155)	0.0047 (0.0415)	0.0085 (0.0261)	0.0006 (0.0055)
R^2	0.9894	0.9946	0.9938	0.9834

注：*、**、***分别表示在10%、5%、1%的显著性水平上拒绝原假设，括号内为 t 值。

从表5.5中可以看出，所建立的四个模型的 R^2 值分别为0.9894、0.9946、0.9938、0.9834，表明模型拟合效果优良，可以进行后续影响因素分析。

$W\times\ln I_{it}$ 系数均大于0，表明全国范围、东部地区、中部地区和西部地区中，本省能源消费碳排放的增加对当期相邻省份能源消费碳排放具有正向溢出效应；$W\times\ln I_{it-1}$ 系数均大于0，表明全国范围、东部地区、中部地区和西部地区对未来一期相邻省份能源消费碳排放具有正向溢出效应；$\ln I_{it-1}$ 系数均大于0，且在1%的水平上显著，表明本省能源消费碳排放的增加对未来一期能源消费碳排放具有正向溢出效应。能源消费碳排放自身具有时空滞后性和路径依赖特征，即当期能源消费碳排放的变化势必会受到上一期或前期水平的影响。

5.2.2.1　人口规模对能源消费碳排放影响的共性分析

在全国、东部地区、中部地区和西部地区尺度，人口数量每增加1%，对本省能源消费碳排放的影响分别为0.3046%（$P<1\%$）、0.3390%（$P<5\%$）、-2.1972%、0.1748%；对相邻省份能源消费碳排放的影响分别为-0.6323%（$P<5\%$）、-0.2266%、-6.8962%、-0.8563%。可见，在全国范围、东部地区和西部地区，人口数量对本省能源消费碳排放呈现正向影响；但在中部地

区，人口数量对本省能源消费碳排放呈现负向影响。在全国范围、东部地区、中部地区和西部地区，人口数量对区域内相邻省份能源消费碳排放呈现负向影响。

除中部地区外，人口数量的增加均会引起本省能源消费碳排放的增长，人口增长会带动区域经济发展和能源消费量的增加，必然导致能源消费碳排放量的持续增长。全国范围、东部地区、中部地区和西部地区的人口数量则对区域内相邻省份碳排放具有负向溢出效应，本省人口增加会吸引周边更多人口聚集，本地能源消费增加，呈现能源消费碳排放的“虹吸效应”。人口规模对能源消费碳排放影响程度估计结果见表 5. 6。

表 5.6 人口规模对能源消费碳排放影响程度估计结果 (%)

变量	影响		全国	东部地区	中部地区	西部地区
lnP	短期	直接效应	0. 3044*** (2. 9714)	0. 3475** (2. 5684)	−2. 3040 (−1. 1457)	0. 1952 (0. 6145)
		间接效应	−0. 0020 (−0. 0686)	−0. 0634 (−1. 3416)	−0. 1605 (−0. 0298)	0. 0376 (0. 7101)
		总效应	0. 3024*** (2. 9213)	0. 2841** (2. 1529)	−2. 4645 (−0. 3653)	0. 2328 (0. 7332)
	长期	直接效应	0. 6257*** (2. 9150)	0. 6807* (1. 7807)	−4. 8223 (−0. 1550)	0. 3783 (0. 6033)
		间接效应	0. 0630 (0. 2811)	0. 1994 (0. 0704)	4. 6114 (0. 0495)	0. 2219 (0. 1339)
		总效应	0. 6888** (2. 0430)	0. 8802 (0. 2827)	−0. 2109 (−0. 0020)	0. 6003 (0. 3077)

注：*、**、***分别表示在 10%、5%、1%的显著性水平上拒绝原假设，括号内为 t 值。

从直接效应来看，人口规模每提高 1%，对全国、东部地区、中部地区和西部地区能源消费碳排放的短期影响和长期影响分别为 0. 3044%（$P<1\%$）和 0. 6257%（$P<1\%$）、0. 3475%（$P<5\%$）和 0. 6807%（$P<10\%$）、−2. 3040%和−4. 8223%、0. 1952%和 0. 3783%。由此可见，直接效应的长期影响均比短期影响显著。人口规模对全国、东部地区和西部地区的影响均为正向的，对中部地区的影响则为负向的。总体来看，人口规模对中部地区的短期和长期直接效应都最为显著。

综合表5.5和表5.6的估计结果，可以分析人口规模对能源消费碳排放的反馈效应。从反馈效应来看，人口规模每提高1%，对全国、东部地区、中部地区和西部地区能源消费碳排放的短期影响和长期影响分别为0.0002%和-0.3211%、-0.0085%和-0.3417%、0.1068%和2.6251%、-0.0204%和-0.2035%，表明存在本省的人口规模会通过影响相邻省份的能源消费碳排放量再次影响本省的能源消费碳排放量，能源消费碳排放在省份间互相影响，存在能源消费碳排放的"逐底竞争"效应。

从间接效应来看，人口规模每提高1%，对全国、东部地区、中部地区、西部地区碳排放的短期影响和长期影响分别为-0.0020%和0.0630%、-0.0634%和0.1994%、-0.1605%和4.6114%、0.0376%和0.2219%，可见，间接效应的长期影响均比短期影响显著。由此可见，人口规模对全国、东部地区和中部地区均为短期负向溢出效应和长期正向溢出效应，而对西部地区短期和长期均呈现正向溢出效应。总体来看，中部地区的短期和长期溢出效应都最为显著。

从总效应来看，人口规模每提高1%，对全国、东部地区、中部地区和西部地区碳排放的短期影响和长期影响分别为0.3024%（$P<1\%$）和0.6888%（$P<5\%$）、0.2841%（$P<5\%$）和0.8802%、-2.4645%和-0.2109%、0.2328%和0.6003%。由此可见，除中部地区外，总效应的长期影响均比短期影响显著。人口规模对全国、东部地区和西部地区的影响均为正向的，对中部地区的影响则为负向的。总体来看，中部地区的短期总效应最为显著，东部地区的长期总效应最为显著。

总之，中部地区短期和长期的直接效应和溢出效应最为显著，中部地区的短期总效应最为显著，东部地区的长期总效应最为显著。显然，人口规模对能源消费碳排放的影响存在地域差异性。

5.2.2.2 人均GDP对能源消费碳排放影响的共性分析

在全国、东部地区、中部地区和西部地区四个尺度，人均GDP每提高1%，对本省碳排放的影响分别为0.4135%（$P<10\%$）、1.7615%（$P<1\%$）、0.3581%和-0.2781%，对相邻省份碳排放的影响分别为-0.5334%、

-1.0592%、-5.7716%和0.0647%。由此可见，在全国、东部地区和中部地区，人均GDP对本省能源消费碳排放的影响均为正向的；在西部地区，人均GDP对本省能源消费碳排放的影响为负向的。在全国、东部地区和中部地区，人均GDP对区域内相邻省份能源消费碳排放的影响为负向的；而在西部地区，人均GDP对区域内相邻省份能源消费碳排放的影响则为正向的。

西部地区人均GDP的增长会带来区域经济集聚和人口集中，带动区域整体能源消费增加。因此，在带动区域内本省能源消费碳排放增长的同时，西部地区人均GDP的增长也会对相邻省份能源消费碳排放产生正向溢出效应，呈现出能源消费碳排放的区域协同性。东部地区和中部地区呈现出与西部地区不同的特征，人均GDP的增长在推动本省能源消费碳排放增长的同时，会对相邻省份能源消费碳排放产生负向溢出效应，呈现出能源消费碳排放的"虹吸效应"。人均GDP对能源消费碳排放影响程度估计结果见表5.7。

表5.7 人均GDP对能源消费碳排放影响程度估计结果 （%）

变量	影响		全国	东部地区	中部地区	西部地区
ln*PGDP*	短期	直接效应	0.4235* (1.8818)	1.7645*** (3.6510)	0.2372 (0.0619)	-0.2674 (-0.4727)
		间接效应	0.5094*** (5.3812)	0.4957* (1.8407)	0.3571 (0.0226)	0.5349*** (4.6760)
		总效应	0.9329*** (3.5493)	2.2602*** (4.1429)	0.5943 (0.0312)	0.2675 (0.4529)
	长期	直接效应	0.8775* (1.8840)	3.5793* (1.6669)	0.3877 (0.0132)	-0.4514 (-0.4072)
		间接效应	1.2437* (1.8829)	2.9944 (0.1307)	-0.1688 (-0.0027)	1.1686 (0.5453)
		总效应	2.1212** (2.3164)	6.5737 (0.2646)	0.2189 (0.0032)	0.7171 (0.2633)

注：*、**、***分别表示在10%、5%、1%的显著性水平上拒绝原假设，括号内为*t*值。

从直接效应来看，人均GDP每提高1%，对全国、东部地区、中部地区和西部地区能源消费碳排放的短期影响和长期影响分别为0.4235%（$P<10\%$）和0.8775%（$P<10\%$）、1.7645%（$P<1\%$）和3.5793%（$P<10\%$）、0.2372%和0.3877%、-0.2674%和-0.4514%。由此可见，人均GDP对能源

消费碳排放直接效应的长期影响均较短期影响显著，其在全国、东部地区和中部地区均呈现正向影响，在西部地区则呈现负向影响。在东部地区，人均GDP对能源消费碳排放直接效应的短期影响和长期影响均最为显著。

综合表5.5和表5.7的估计结果，可以分析人均GDP对能源消费碳排放的反馈效应。从反馈效应来看，人均GDP每提高1%，对全国、东部地区、中部地区和西部地区能源消费碳排放的短期影响和长期影响分别为-0.0100%和-0.4640%、-0.0030%和-1.8178%、0.1209%和-0.0296%、-0.0107%和0.1733%。结果表明，本省的人均GDP会通过影响相邻省份的能源消费碳排放量再次影响本省的碳排放量，能源消费碳排放在省份间互相影响，存在碳排放的“逐底竞争”效应。

从间接效应来看，人均GDP每提高1%，对全国、东部地区、中部地区和西部地区能源消费碳排放的短期影响和长期影响分别为0.5094%（$P<1\%$）和1.2437%（$P<10\%$）、0.4957%（$P<10\%$）和2.9944%、0.3571%和-0.1688%、0.5349%（$P<1\%$）和1.1686%。由此可见，除中部地区外，人均GDP对能源消费碳排放的长期影响均比短期影响显著，其在全国、东部地区和西部地区均呈现正向溢出效应，在中部地区则呈现短期正向溢出效应和长期负向溢出效应。总体来看，在西部地区，人均GDP对能源消费碳排放影响的短期溢出效应最为显著，而在东部地区，其长期溢出效应最为显著。

从总效应来看，人均GDP每提高1%，对全国、东部地区、中部地区和西部地区能源消费碳排放的短期影响和长期影响分别为0.9329%（$P<1\%$）和2.1212%（$P<5\%$）、2.2602%（$P<1\%$）和6.5737%、0.5943%和0.2189%、0.2675%和0.7171%。由此可见，除中部地区外，人均GDP对能源消费碳排放的长期影响均比短期影响显著，在全国、东部地区、中部地区和西部地区均为正向影响，在东部地区的短期和长期影响最为显著。

总之，人均GDP对能源消费碳排放的影响存在地域差异性。人均GDP在东部地区的短期和长期直接效应均最为显著，在西部地区的短期溢出效应最为显著，在东部地区的长期溢出效应最为显著，在东部地区的短期和长期总效应最为显著。

通过进一步分析人均GDP与能源消费碳排放之间的非线性关系，可以发现，两者在全国范围、东部地区均存在倒“U”形曲线关系，证实能源消费碳排放与经济发展之间存在“库兹涅茨曲线”现象，即在全国范围和东部地区经济发展的初期，能源消费碳排放量会随着经济发展而增加，但当经济增长到一定程度，碳排放量会因为规模经济而下降。在中部地区和西部地区，人均 GDP 与能源消费碳排放量之间不存在“库兹涅茨曲线”现象，即在中部地区和西部地区，随着经济的发展，能源消费碳排放量持续增长，并不存在拐点。目前，全国和东部地区还未达到“库兹涅茨曲线”的顶点，随着经济的增长，碳排放量将持续增加。同时，在中部地区和西部地区，随着经济的增长，碳排放量同样呈现增长趋势。

5.2.2.3 能源强度对能源消费碳排放影响的共性分析

在全国、东部地区、中部地区和西部地区四个尺度，能源强度每提高 1%，对区域内本省能源消费碳排放的影响分别为 0.5060%（$P<1\%$）、0.4706%（$P<1\%$）、0.7593%（$P<1\%$）、0.5337%（$P<1\%$），对区域内相邻省份能源消费碳排放的影响分别为 -0.2093%（$P<10\%$）、-0.1887%、-0.1743%、-0.1819%。由此可见，在全国、东部地区、中部地区和西部地区，能源强度对本省能源消费碳排放均呈现正向影响，但对区域内相邻省份能源消费碳排放均呈现负向影响，区域能源强度的下降会显著降低区域能源消费碳排放量。由能源强度的负向溢出效应可知，本省能源强度的降低会导致相邻省份能源消费碳排放量的增加。

通过研究可以发现，能源强度指标均通过了显著性检验，表明能源强度是影响能源消费碳排放的最重要因素。我国目前正处于工业化和城市化加速发展阶段，能源消费特别是化石能源消费量巨大，清洁能源占比仍然较低。考虑到能源强度与碳排放的显著正向相关性，应大力开发、使用清洁能源，提高能源利用效率，实现节能减排目标。能源强度对能源消费碳排放影响程度估计结果见表 5.8。

从直接效应来看，能源强度每提高 1%，对全国、东部地区、中部地区和西部地区碳排放的短期影响和长期影响分别为 0.5046%（$P<1\%$）和 1.0333%（$P<1\%$）、0.4705%（$P<1\%$）和 0.9890%、0.7296%和 1.7178%、

表 5.8 能源强度对能源消费碳排放影响程度估计结果 (%)

变量	影响		全国	东部地区	中部地区	西部地区
lnEI	短期	直接效应	0.5046*** (12.2163)	0.4705*** (7.1165)	0.7296 (0.7433)	0.5329*** (6.1837)
		间接效应	-0.0906 (-1.0651)	0.3217** (2.4195)	-0.6222 (-0.1278)	-0.2539 (-1.2019)
		总效应	0.4140*** (4.2019)	0.7921*** (5.2602)	0.1074 (0.0184)	0.2791 (1.2425)
	长期	直接效应	1.0333*** (13.7492)	0.9890 (1.4519)	1.7178 (0.2212)	0.9890*** (6.2178)
		间接效应	-0.0965 (-0.2938)	1.3097 (0.1635)	-2.6746 (-0.1400)	-0.3556 (-0.4941)
		总效应	0.9368*** (2.6591)	2.2988 (0.2649)	-0.9568 (-0.0448)	0.6333 (0.8192)

注：**、***分别表示在5%、1%的显著性水平上拒绝原假设，括号内为 t 值。

0.5329%（$P<1\%$）和0.9890%（$P<1\%$）。由此可见，直接效应的长期影响均比短期影响显著，能源强度对全国、东部地区、中部地区和西部地区的影响均为正向的，对中部地区的短期和长期直接效应均最为显著。

综合表5.5和表5.8的估计结果，可以分析能源强度对能源消费碳排放的反馈效应。从反馈效应来看，能源强度每提高1%，对全国、东部地区、中部地区和西部地区能源消费碳排放的短期影响和长期影响分别为0.0014%和-0.5273%，0.0001%和-0.5184%，0.0297%和-0.9585%，0.0008%和-0.4553%，表明本省的能源强度会通过影响相邻省份的能源消费碳排放量再次影响本省的碳排放量，能源消费碳排放在省份间互相影响，会产生能源消费碳排放的“逐底竞争”效应。

从间接效应来看，能源强度每提高1%，对全国、东部地区、中部地区和西部地区能源消费碳排放的短期影响和长期影响分别为-0.0906%和-0.0965%、0.3217%（$P<5\%$）和1.3097%、-0.6222%和-2.6746%、-0.2539%和-0.3556%。由此可见，能源强度对能源消费碳排放的间接效应、长期影响均比短期影响显著，且其在全国、中部地区和西部地区呈现负向溢出效应，在东部地区则呈现正向溢出效应，而在中部地区，短期溢出效应和

长期溢出效应最为显著。

从总效应来看，能源强度每提高 1%，对全国、东部地区、中部地区、西部地区能源消费碳排放的短期影响和长期影响分别为 0.4140%（$P<1\%$）和 0.9368%（$P<1\%$）、0.7921%（$P<1\%$）和 2.2988%、0.1074%和-0.9568%、0.2791%和 0.6333%。由此可见，能源强度对能源消费碳排放的总效应的长期影响均比短期影响显著，其在全国、东部地区和西部地区均为正向影响，在中部地区呈现短期正向总效应和长期负向总效应，而在东部地区的短期总效应和长期总效应最为显著。

总之，能源强度对碳排放的影响存在地域差异性，其在中部地区的短期直接效应和长期直接效应均最为显著，在中部地区的短期溢出效应和长期溢出效应最为显著，在东部地区的短期总效应和长期总效应最为显著。

5.2.2.4　城镇化水平对能源消费碳排放影响的共性分析

在全国、东部地区、中部地区和西部地区尺度，城镇化水平每提高 1%，对本省能源消费碳排放的影响分别为 0.6448%、-2.2159%（$P<1\%$）、3.6143%和 1.7650%，对相邻省份能源消费碳排放的影响分别为 0.0915%、-3.4269%（$P<10\%$）、10.9419%和-9.8205%（$P<5\%$）。由此可见，东部地区城镇化水平对本省能源消费碳排放有负向影响，这与东部地区本身较高的城镇化水平有关。在全国范围、中部地区和西部地区，城镇化水平对本省能源消费碳排放有正向影响，中部地区和西部地区的城镇化水平较低。东部地区的城镇化水平较高，对人口聚集、能源消费等具有促进作用。因此，该区域的城镇化水平对碳排放呈现显著的正向影响。

在全国范围和中部地区，城镇化水平对相邻省份能源消费碳排放具有正向溢出效应，呈现出碳排放的区域趋同效应，即区域内城镇化水平的提高会带动整体区域能源消费碳排放的增长。东部地区和西部地区的城镇化水平对区域内相邻省份的碳排放具有负向溢出效应，本省城镇化水平的提升，不可避免地会吸引周边人口，带动本省产业发展、本省交通运输业的聚集，使能源消费碳排放发挥“虹吸效应”。城镇化水平对能源消费碳排放影响程度估计结果见表 5.9。

表 5.9 城镇化水平对能源消费碳排放影响程度估计结果 (%)

变量	影响		全国	东部地区	中部地区	西部地区
lnU	短期	直接效应	0.6295 (1.2190)	−2.2359** (−2.5229)	3.9471 (0.7311)	1.7462 (1.2031)
		间接效应	0.0173 (0.1897)	−0.0850 (−0.2948)	0.8716 (0.1021)	0.0650 (0.2304)
		总效应	0.6468 (1.2137)	−2.3209** (−2.5695)	4.8187 (0.4154)	1.8112 (1.1993)
	长期	直接效应	1.3018 (1.2067)	−4.4293 (−1.4876)	9.5761 (0.2044)	3.4123 (1.1334)
		间接效应	0.1613 (0.2895)	−2.2214 (−0.0762)	0.2902 (0.0015)	1.3232 (0.1791)
		总效应	1.4630 (1.1013)	−6.6506 (−0.2104)	9.8663 (0.0426)	4.7356 (0.5193)

注：** 表示在5%的显著性水平上拒绝原假设，括号内为 t 值。

从直接效应来看，城镇化水平每提高1%，对全国、东部地区、中部地区和西部地区能源消费碳排放的短期影响和长期影响分别为0.6295%和1.3018%、-2.2359%（$P<5\%$）和-4.4293%、3.9471%和9.5761%、1.7462%和3.4123%。由此可见，城镇化水平对能源消费碳排放的长期直接效应比短期直接效应显著，其对全国、中部地区和西部地区的影响均为正向的，对东部地区的影响均为负向的。在中部地区，城镇化水平对能源消费碳排放的短期直接效应和长期直接效应均更为显著。

综合表5.5和表5.9的估计结果，可以分析城镇化水平对能源消费碳排放的反馈效应。从反馈效应来看，城镇化水平每提高1%，对全国、东部地区、中部地区和西部地区能源消费碳排放的短期影响和长期影响分别为0.0153%和-0.657%、0.02%和2.2134%、-0.3328%和-5.9618%、0.0188%和-1.6473%，表明本省的城镇化水平会通过影响相邻省份的能源消费碳排放量再次影响本省的能源消费碳排放量，能源消费碳排放在省份间互相影响，存在碳排放的"逐底竞争"效应。

从间接效应来看，城镇化水平每提高1%，对全国、东部地区、中部地区和西部地区能源消费碳排放的短期影响和长期影响分别为0.0173%和0.1613%、-0.0850%和-2.2214%、0.8716%和0.2902%、0.0650%和

1.3232%。由此可见，除中部地区外，在全国、东部地区和西部地区，城镇化水平对能源消费碳排放的长期溢出效应均比短期溢出效应显著，其在全国、中部地区和西部地区均呈现正向溢出效应，在东部地区呈现负向溢出效应，在中部地区的短期溢出效应更为显著，而在东部地区的长期溢出效应更为显著。

从总效应来看，城镇化水平每提高1%，对全国、东部地区、中部地区和西部地区能源消费碳排放的短期影响和长期影响分别为0.6468%和1.4630%、-2.3209%（$P<5\%$）和-6.6506%、4.8187%和9.8663%、1.8112%和4.7356%。由此可见，城镇化水平对能源消费碳排放总效应的长期影响均比短期影响显著，其在全国、中部地区和西部地区均为正向影响，而在东部地区为负向影响。在中部地区，城镇化水平对能源消费碳排放的短期总效应和长期总效应均最为显著。

总之，城镇化水平对碳排放的影响存在地域差异性。城镇化水平对能源消费碳排放的影响，在中部地区的短期直接效应和长期直接效应均更为显著，在中部地区的短期溢出效应更为显著，在东部地区的长期溢出效应更为显著，在中部地区的短期总效应和长期总效应最为显著。

通过进一步分析城镇化水平与能源消费碳排放之间的非线性关系，可以发现，除东部地区外，在全国、中部地区和西部地区，两者之间均存在倒"U"形曲线关系，证实能源消费碳排放与城镇化水平之间存在"库兹涅茨曲线"现象，即在中部地区和西部地区，城镇化发展的初期，能源消费碳排放量会随着城镇化水平的提升而增长，但当城镇化发展到一定程度，碳排放量则会下降。目前，全国、中部地区和西部地区还未达到"库兹涅茨曲线"的顶点，随着城镇化水平的提高，能源消费碳排放量将持续增加。东部地区的城镇化整体水平较高[237]，已不存在碳排放与城镇化水平之间的EKC曲线，随着城镇化水平的提高，碳排放将呈现下降趋势。

5.2.2.5 产业结构对能源消费碳排放影响的共性分析

在全国、东部地区、中部地区和西部地区四个尺度，产业结构每调整1%，对本省能源消费碳排放的影响分别为0.0140%、-0.0779%、-0.0973%

和 0.0408%，对相邻省份能源消费碳排放的影响分别为-0.2569%、0.1050%、0.0822%和-0.4093%。由此可见，全国和西部地区产业结构调整对本省能源消费碳排放有正向影响，东部地区和中部地区则呈现负向影响。在西部地区，经济以粗放式发展方式为主，产业结构以高耗能的第二产业为主，且随着第二产业占比的增加，能源消费碳排放量也会增加。在东部地区和中部地区，大力发展以服务业为主的第三产业，降低高耗能的重工业比重，有利于区域内能源消费碳排放量的减少。

在全国和西部地区，产业结构调整对相邻省份能源消费碳排放呈现负向影响，而在东部地区和中部地区，则呈现正向影响。在西部地区，本省高能耗第二产业占比增长，在增加本省能源消耗、拉动基础建设投资的同时，也会带来人口和产业的聚集，呈现出区域内能源消费碳排放的"虹吸效应"。在东部地区和中部地区，省份间呈现出能源消费碳排放的趋同性。产业结构调整对能源消费碳排放影响程度估计见表5.10。

表5.10 产业结构调整对能源消费碳排放影响程度估计结果 （%）

变量	影响		全国	东部地区	中部地区	西部地区
$\ln S$	短期	直接效应	0.0165 (0.3045)	-0.0818 (-0.7627)	0.0008 (0.0001)	0.0380 (0.2869)
		间接效应	-0.5268 (-0.9755)	-1.0589 (-0.9260)	-5.4743 (-0.0837)	0.1394 (0.0857)
		总效应	-0.5104 (-0.9438)	-1.1407 (-1.0263)	-5.4735 (-0.0699)	0.1773 (0.1097)
	长期	直接效应	0.0264 (0.2199)	-0.3681 (-0.1780)	1.7740 (0.0227)	0.0831 (0.1617)
		间接效应	-1.1576 (-0.9285)	-2.7555 (-0.1101)	-2.0496 (-0.0053)	0.3516 (0.0674)
		总效应	-1.1311 (-0.8913)	-3.1236 (-0.1154)	-0.2756 (-0.0006)	0.4347 (0.0777)

注：括号内为 t 值。

从直接效应来看，产业结构每调整1%，对全国、东部地区、中部地区和西部地区能源消费碳排放的短期影响和长期影响分别为0.0165%和0.0264%、-0.0818%和-0.3681%、0.0008%和1.7740%、0.0380%和0.0831%。由此可见，产业结构对能源消费碳排放的长期影响均比短期影响显著。在全国、中部地区和西部地区，产业结构对能源消费碳排放均为正向影响，而在东部地区，则呈现负向影响。总体而言，产业结构对能源消费碳排放的影响在东部地区的短期直接效应更为显著，而在中部地区的长期直接效应更为显著。

综合表5.5和表5.10的估计结果，可以分析产业结构调整对能源消费碳排放的反馈效应。从反馈效应来看，产业结构每调整1%，对全国、东部地区、中部地区和西部地区能源消费碳排放的短期影响和长期影响分别为-0.0025%和-0.0124%、0.0039%和0.2902%、-0.0981%和-1.8713%、0.0028%和-0.0423%。由此可见，本省的产业结构调整会通过影响相邻省份能源消费碳排放量再次影响本省的能源消费碳排放量，能源消费碳排放在省份间互相影响，同样存在碳排放的“逐底竞争”效应。

从间接效应来看，产业结构每调整1%，对全国、东部地区、中部地区和西部地区能源消费碳排放的短期影响和长期影响分别为-0.5268%和-1.1576%、-1.0589%和-2.7555%、-5.4743%和-2.0496%、0.1394%和0.3516%。由此可见，除中部地区外，产业结构对能源消费碳排放影响的长期溢出效应均比短期溢出效应显著。在全国、东部地区和中部地区，产业结构对能源消费碳排放的影响均呈现负向溢出效应，而在西部地区，则呈现正向溢出效应。总体而言，产业结构对能源消费碳排放的影响在中部地区的短期溢出效应更为显著，而在东部地区的长期溢出效应更为显著。

从总效应来看，产业结构每调整1%，对全国、东部地区、中部地区和西部地区能源消费碳排放的短期影响和长期影响分别为-0.5104%和-1.1311%、-1.1407%和-3.1236%、-5.4735%和-0.2756%、0.1773%和0.4347%。由此可见，除中部地区外，产业结构对能源消费碳排放影响的长期总效应均比短期总效应显著。在全国、东部地区和中部地区，产业结构对能源消费碳排放的影响均为负向的，而在西部地区则为正向影响。总体来看，产业结构对能源消费碳排放的影响在中部地区的短期总效应最为显著，而在东部地区，则长期总效应最为显著。

总之，产业结构调整对能源消费碳排放的影响存在地域差异。在东部地区，短期直接效应更为显著；在中部地区，长期直接效应更为显著。在中部地区，产业结构对能源消费碳排放影响的短期溢出效应更为显著；而在东部地区，则是长期溢出效应更为显著。在中部地区，产业结构对能源消费碳排放影响的短期总效应最为显著，而在东部地区，则是长期总效应最为显著。

以上研究表明，不同影响因素对能源消费碳排放的影响在具有区域共同特征的同时，也会因地域的不同而呈现差异性。我们将进一步考察能源消费碳排放影响因素对省级尺度能源消费碳排放产生影响的异质性特征。

5.3　能源消费碳排放影响因素的地区差异分析

5.3.1　省级尺度碳排放 GWR-STIRPAT 模型构建

为了“有差别”地分析影响因素对不同省份能源消费碳排放的影响，确定差异化减排路径，本书基于地理加权回归模型 GWR，并结合 STIRPAT 模型构建省级尺度碳排放 GWR-STIRPAT 模型，用于表征能源消费碳排放的地区差异。模型如下：

$$\ln I_j = W_j \beta_0 + W_j \beta_1 \ln P_j + W_j \beta_2 \ln PGDP_j + W_j \beta_3 \ln EI_j + W_j \beta_4 \ln U_j + W_j \beta_5 \ln S_j + W_j \varepsilon_j \tag{5.15}$$

$$W_j = \varphi\left(\frac{d_j}{\sigma\theta}\right) \tag{5.16}$$

式中，β_0、β_1、β_2、β_3、β_4、β_5 为待估计参数向量；j 为省份数量；ε_j 为第 j 个省份的随机误差，满足零均值、同方差、互相独立等球形扰动假设；W_j 为省份 j 基于距离的空间权重矩阵；d_j 为距离向量，即省份 j 与其他省份之间的地理距离；σ 为 d_j 的标准差；θ 为 AIC 值的最小带宽。

5.3.2　能源消费碳排放影响因素差异性分析

我们基于 1995—2016 年省级尺度能源消费碳排放及其影响因素的统计数据，对式（5.15）中的系数和参数进行估计。构建的各年度省级尺度碳排放 GWR-STIRPAT 模型的拟合优度调整系数 R^2 均大于 0.64，表明各影响因素对能源消费碳排放具有较强的解释力，拟合效果较好，同时各年模型的残差分布模式与随机模式之间的差异并不显著（$P>10\%$），所建立的空间模型残差项在空间上是随机分布的，证明模型合理有效。具体估计参数见表 5.11。

表 5.11 GWR-STIRPAT 模型估计参数

变量	1995 年	1996 年	1997 年	1998 年
R^2	0.8495	0.8511	0.7843	0.8088
Bandwidth	35875588.23	35875588.23	35875588.23	35875588.23
AICc	537.22	537.0617	543.1257	542.6765
Moran's I of Residual	-0.0700	-0.0548	-0.0214	0.0447
P Value of Residual	0.6274	0.7858	0.8613	0.2940
变量	**1999 年**	**2000 年**	**2001 年**	**2002 年**
R^2	0.7743	0.7007	0.7557	0.7475
Bandwidth	35875588.23	35875588.23	3591063.20	3512749.29
AICc	546.9791	555.8252	556.7573	562.8748
Moran's I of Residual	0.0517	0.0606	0.0837	0.0170
P Value of Residual	0.2514	0.2030	0.1182	0.4895
变量	**2003 年**	**2004 年**	**2005 年**	**2006 年**
R^2	0.6431	0.6958	0.7089	0.8071
Bandwidth	35875588.23	35875588.23	35875588.23	1691100.61
AICc	579.4833	582.2985	600.6917	593.4836
Moran's I of Residual	0.0795	0.0577	0.0578	-0.0106
P Value of Residual	0.1209	0.2092	0.2064	0.7402
变量	**2007 年**	**2008 年**	**2009 年**	**2010 年**
R^2	0.8327	0.8379	0.8422	0.8542
Bandwidth	1550966.72	1569490.64	1550966.72	1448004.42
AICc	595.3659	598.6507	599.9421	602.2578
Moran's I of Residual	0.0035	-0.0003	-0.0629	-0.0403
P Value of Residual	0.6047	0.6382	0.6993	0.9373
变量	**2011 年**	**2012 年**	**2013 年**	**2014 年**
R^2	0.8271	0.8025	0.7725	0.8054
Bandwidth	1443100.82	1548338.35	1536565.72	1486576.62

续表

变量	2011 年	2012 年	2013 年	2014 年
AICc	612.8850	616.2610	615.1927	611.6619
Moran's I of Residual	-0.0580	-0.0669	-0.0735	-0.0600
P Value of Residual	0.7506	0.6601	0.5741	0.7192
变量	2015 年	2016 年		
R^2	0.7911	0.7215		
Bandwidth	1603121.06	1869085.95		
AICc	609.5020	612.0935		
Moran's I of Residual	-0.0718	-0.0631		
P Value of Residual	0.5922	0.6815		

根据构建的1995—2016年省级尺度碳排放GWR-STIRPAT模型，分别分析人口规模、人均GDP、能源强度、城镇化水平和产业结构等因素对省级尺度能源消费碳排放影响的差异性。

5.3.2.1 人口规模影响的地区差异性分析

我们选取1995年、2005年、2010年和2016年不同省份GWR-STIRPAT模型中的人口规模估计系数，采用自然断点法将其分为五类。分析可知，1995年、2005年、2010年和2016年人口规模对不同省份能源消费碳排放的影响程度不同，其估计系数在各年的最大值和最小值分别为0.6796和1.5342、0.9931和1.3008、1.0081和1.2105、0.9615和1.1050。通过比较可以发现：人口规模估计系数最大值和最小值之差会随着时间的推移而变小；人口规模估计系数高的区域也会随着时间的推移而有所不同，由1995年东南部的福建、广东、广西、江西、湖南、贵州和海南等省份变为2005年西北部的新疆、甘肃、青海和宁夏等省份，2010年进一步扩大为新疆、甘肃、宁夏、青海和陕西等省份，2016年调整为新疆、甘肃、宁夏和内蒙古等省份；人口规模估计系数低的区域也会随时间的推移而发生变化，由1995年的黑龙江、吉林、辽宁、山东和江苏等省份变为2005年的山东、江苏、浙江、福建、河南、安徽和江西等省份，2010年进一步下移，变为浙江、福建、广东、江西、湖北和湖南等省份，2016年缩减为山东、浙江、江苏和安徽等省份。总体而言，人口规模对碳排放的影响存在较明显的区域差异。

5.3.2.2 人均 GDP 影响的地区差异性分析

我们选取 1995 年、2005 年、2010 年和 2016 年不同省份 GWR-STIRPAT 模型中的人均 GDP 估计系数，采用自然断点法将其分为五类。分析可知，1995 年、2005 年、2010 年和 2016 年人均 GDP 对不同省份能源消费碳排放的影响程度不同，其估计系数在各年的最大值和最小值分别为 1.6264 和 0.4670、1.0116 和 0.4892、0.9191 和 0.5137、0.5632 和 0.32320。通过比较可以发现：人均 GDP 估计系数最大值和最小值之差会随着时间的推移而变小；人均 GDP 估计系数高的区域也会随着时间的推移而变化，由 1995 年的甘肃、宁夏、陕西和河南等省份变为 2005 年的浙江、福建和江西等省份，2010 年变为黑龙江、吉林、辽宁和内蒙古等，2016 年则变为江苏、浙江和安徽等省份；人均 GDP 估计系数低的区域也在发生变化，由 1995 年的东北三省、京津冀地区、山东省和内蒙古自治区等北部地区变为 2005 年的新疆、甘肃、青海和宁夏等省份，2010 年变为山西、山东、陕西、宁夏、四川和云南等省份，2016 年则变为黑龙江、内蒙古和云南等省份。总体而言，人均 GDP 对碳排放的影响存在较明显的区域差异。

5.3.2.3 能源强度影响的地区差异性分析

我们选取 1995 年、2005 年、2010 年、2016 年不同省份 GWR-STIRPAT 模型中的能源强度估计系数，采用自然断点法将其分为五类。分析可知，1995 年、2005 年、2010 年和 2016 年能源强度对不同省份能源消费碳排放的影响程度不同，其估计系数的最大值和最小值分别为 1.3323 和 0.5221、1.1307 和 0.9906、1.0996 和 0.9169、0.9996 和 0.9100。通过比较发现：能源强度估计系数最大值和最小值之差随着时间的推移在变小；能源强度估计系数高的区域也会随着时间的推移而变化，由 1995 年的甘肃、宁夏、陕西和云南等省份变为 2005 年的青海、四川和云南等省份，2010 年变为新疆、甘肃、宁夏、陕西和山西等省份，2016 年则变为东部地区的浙江省；能源强度估计系数低的区域也在发生变化，由 1995 年的东北三省、京津冀地区、山东和内蒙古变为 2005 年的山西、河南、安徽和江苏等省份，2010 年变为西南地区的四川、重庆、云南、贵州和广西等省份，2016 年则变为青海、四川和云南等省份。总体而言，能源强度对碳排放的影响存在较明显的区域差异。

5.3.2.4　城镇化水平影响的地区差异性分析

我们选取 1995 年、2005 年、2010 年、2016 年的城镇化水平估计系数，采用自然断点法将其分为五类。分析可知，1995 年、2005 年、2010 年和 2016 年的城镇化水平对不同省份能源消费碳排放的影响程度不同，其估计系数的最大值和最小值分别为 0.4115 和 -0.5699、0.8268 和 -0.5729、0.8474 和 -0.2160、1.2302 和 0.2783。通过对比发现：城镇化水平估计系数最大值和最小值之差随时间的推移呈波动性变化；城镇化水平估计系数绝对值高的区域也随时间的推移不断发生变化，由 1995 年的山东、河南、江苏、山西、陕西和宁夏等省份变为 2005 年西北部的新疆、甘肃、青海和宁夏等省份，2010 年进一步调整为甘肃、宁夏、陕西和山西等省份，2016 年则变为内蒙古自治区；城镇化水平估计系数绝对值低的区域也在发生变化，由 1995 年的北京、天津、河北、内蒙古、浙江、湖南、四川和重庆等省份变为 2005 年的北京、天津、河北、四川、贵州和广西等省份，2010 年进一步变为北京、天津、河北、内蒙古、安徽、浙江、湖北、湖南、江西、福建和广东等省份，2016 年则缩减为山东、河南、江苏、浙江、安徽和福建等省份。总体而言，城镇化水平对能源消费碳排放的影响存在显著的区域差异。

5.3.2.5　产业结构影响的地区差异性分析

我们选取 1995 年、2005 年、2010 年、2016 年的产业结构估计系数，采用自然断点法将其分为五类。分析可知，1995 年、2005 年、2010 年和 2016 年的产业结构对不同省份能源消费碳排放的影响存在较大差异，其估计系数的最大值和最小值分别为 0.2681 和 -2.4745、0.4766 和 -0.1258、0.1602 和 -0.0660、0.3449 和 0.1752。通过对比发现：产业结构估计系数最大值和最小值之差随着时间的推移在逐渐变小；产业结构估计系数绝对值高的区域由 1995 年西北地区的新疆、甘肃和青海等省份变为 2005 年的新疆、甘肃、宁夏、山西、江西和福建等省份，2010 年变为山西、陕西和广东等省份，2016 年增加为西北地区的新疆、甘肃、青海、内蒙古和黑龙江等省份；产业结构估计系数绝对值低的区域随着时间的推移也在变化，由 1995 年的东北三省、京津冀地区和山东省变为2005年的东北三省、京津冀地区及山东、四川和云南等省份，2010年变为东北三省及山东、江苏、浙江、安徽、湖南和甘肃等省份，2016年变为陕西、重庆、贵州和广西等省份。总体而言，产业结构对能源消费碳排放的影响存在显著的区域差异。

5.4 本章小结

本章依据1995—2016年省级尺度能源消费碳排放数据，结合人口规模、人均GDP、能源强度、城镇化水平、产业结构等影响因素，采用动态空间杜宾模型、地理加权回归模型和STIRPAT模型，分别从全国、东部地区、中部地区和西部地区尺度构建了SDM-STIRPAT模型，并对上述影响因素对能源消费碳排放影响的区域共同特征进行了分析；从省级尺度构建了GWR-STIRPAT模型，并对上述影响因素对能源消费碳排放影响的地区差异进行了分析。

（1）选择的变量均为一阶单整 I（1），通过协整检验。构建的全国、东部地区、中部地区和西部地区尺度的SDM-STIRPAT模型，拟合优度 R^2 分别为0.9894、0.9946、0.9938和0.9834，模型拟合精度良好。构建的省级尺度GWR-STIRPAT模型，选取1995年、2005年、2010年和2016年结果表征演变趋势，拟合优度 R^2 均大于0.64，拟合效果较好，所建立的空间模型残差项在空间上是随机分布的，模型合理有效。

（2）由SDM-STIRPAT模型结果可知，能源消费碳排放自身具有时空滞后性，存在碳排放的路径依赖特征。从总体上看，全国、东部地区和西部地区的人口数量对本省能源消费碳排放呈现正向影响，中部地区则呈现负向影响；全国、东部地区和中部地区的人均GDP对本省碳排放呈现正向影响，西部地区则呈现负向影响；能源强度对本省碳排放均呈现正向影响；东部地区的城镇化水平对本省碳排放呈现负向影响，全国、中部地区和西部地区则呈现正向影响；全国和西部地区的产业结构调整对本省碳排放呈现正向影响，东部地区和中部地区则呈现负向影响。从人口规模来看，中部地区短期和长期的直接效应和溢出效应最为显著；中部地区的短期总效应最为显著，东部地区的长期总效应最为显著。从人均GDP来看，东部地区短期直接效应和长期直接效应最为显著；西部地区的短期溢出效应最为显著，东部地区的长期溢出效应最为显著；东部地区的短期和长期总效应最为显著。从能源强度来看，中部地区短期直接效应和长期直接效应最为显著；中部地区短期溢出效益和长期溢出效应最为显著；东部地区短期总效应和长期总效应最为显著。从城镇化水平来看，中部地区的短期直接效应和长期直接效应均更为显著；中部地区的短期溢出效应更为显著，东部地区的长期溢出效应更为显著；中部地区的短期总效应和长期总效应最为显著。从产业结构来看，东部地区的短期直接效应更为显著，中部地区的长期直接效应更为显著；中部地区的短期溢出效应更为显著，东部地区的长期溢出效应更为显著；中部地区的短期总效应最为显著，东部地区的长期总效应最为显著。

（3）能源消费碳排放与人均 GDP 在全国和东部地区均呈现倒“U”形曲线关系，证实能源消费碳排放和经济发展之间存在“库兹涅茨曲线”现象。能源消费碳排放与城镇化水平除在东部地区外，在全国、中部地区和西部地区均呈现倒“U”形曲线关系，证实能源消费碳排放和城镇化水平之间存在“库兹涅茨曲线”现象。

（4）由 GWR-STIRPAT 模型分析结果可知：人口规模对能源消费碳排放影响最显著的区域为西北经济较为落后的省份，影响最不显著的区域主要集中在东部地区；人均 GDP 对能源消费碳排放影响最显著的区域为东部地区，影响最不显著的区域主要集中在中西部地区；能源强度对能源消费碳排放影响最显著的区域主要为新疆、内蒙古、宁夏和陕西等省份，影响最不显著的区域分布在西南部地区；城镇化水平对能源消费碳排放影响最显著的区域主要集中在西北地区的能源生产省份，影响最不显著的区域主要集中在东南沿海地区；产业结构对能源消费碳排放影响最显著的区域为东北三省和西北地区的能源生产省份，影响最不显著的区域主要集中在东部地区和中部地区。人口规模、人均 GDP、能源强度、城镇化水平和产业结构等影响因素对能源消费碳排放的影响均表现出显著的地区差异。

第6章 能源消费碳排放达峰路径及减排策略

本章结合情景分析方法和 STIRPAT 模型，分析不同情景下多尺度碳排放的达峰路径并提出差异化的减排策略。在构建省级碳排放预测模型的基础上，设定基准情景、低碳情景和强化低碳情景三种情景，以及人口规模、人均 GDP、能源强度、城镇化水平和产业结构等参数的预测增长率，分析全国、三大地区和省级尺度下碳排放的达峰路径，最后给出区域差异化减排策略。

6.1 省级能源消费碳排放预测模型构建及情景假设

6.1.1 省级能源消费碳排放预测模型构建

实现温室气体减排是应对全球气候变化的路径和必然选择。在此背景下，众多学者采用情景分析法[238,239]对中国温室气体排放趋势进行分析，重点开展碳排放的未来预测、达峰路径[240,241]及碳减排目标能否实现[242]等方面的研究。

考虑到未来经济社会发展的不确定性，本章采用情景分析法，基于 STIRPAT 模型，结合第 5 章选取的人口规模、人均 GDP、城镇化水平、产业结构和能源强度等能源消费碳排放影响因素，通过设定典型情景，对我国 2017—2050 年能源消费碳排放趋势进行预测，并对我国提出的碳排放强度减排目标能否实现进行探究，确定碳排放的达峰路径，以实现我国经济社会与能源环境的可持续和协调发展。

本章结合 STIRPAT 模型，采用多元线性回归模型对我国能源消费碳排放进行预测。多元线性回归模型用于描述因变量与多个自变量之间的线性关系，并利用最小二乘法进行估计得到自变量的回归系数。如第 5 章研究结果，变量均为一阶单整 I（1），采用 Kao 检验进行面板协整检验，结果见表 6.1。

表 6.1 面板协整检验结果

	Modified Dickey-Fuller t	Dickey-Fuller t	Augmented Dickey-Fuller t	Unadjusted modified Dickey-Fuller t	Unadjusted Dickey-Fuller t
统计量	-10.2253***	-7.8659***	-4.1962***	-10.0708***	-7.8315***
P 值	0.0000	0.0000	0.0000	0.0000	0.0000

注：*** 分别表示在 1%的显著性水平上拒绝原假设（原假设为不存在协整关系）。

由表 6.1 可知，五种不同的检验 P 值均小于 0.01，在 1%的显著性水平上强烈拒绝“不存在协整关系”的原假设，均通过协整检验，表明变量之间存在一种长期均衡关系。由此可见，对于有单位根的变量，通过一阶差分得到了平稳序列，但一阶差分后变量的经济含义与原序列并不相同，鉴于变量之间存在长期均衡关系，依然可以采用原序列对我们期望的变量进行回归。

以 1995—2016 年省级面板数据进行多元线性回归分析，预测结果见表 6.2。

表 6.2 省级尺度能源消费碳排放预测模型估计结果

	系数	t 值	P 值
$\ln P$	1.0688	80.90	0.000
$\ln PGDP$	0.8838	44.76	0.000
$\ln EI$	0.9873	38.78	0.000
$\ln U$	-0.0319	-0.82	0.410
$\ln S$	0.0181	0.37	0.710
截距项	-8.4305	-44.85	0.000

综上所述，预测模型拟合优度 R^2 为 0.9515（$P<0.01$），残差平方根 Root MSE 为 0.1882，表明模型预测效果良好。最终得到省级尺度能源消费碳排放量预测模型：

$$\ln C = 1.0688\ln P + 0.8838\ln PGDP + 0.9873\ln EI - 0.0319\ln U + 0.0181\ln S - 8.4305 + e \quad (6.1)$$

式中，C 表示能源消费碳排放量；P 表示人口规模；$PGDP$ 表示人均

GDP；*EI* 表示能源强度；*U* 表示城镇化率；*S* 表示产业结构（第二产业占比）；*e* 表示误差项。由式（6.1）可知，人口规模、人均 GDP、能源强度和产业结构对能源消费碳排放具有正向影响，其中，人口规模是影响能源消费碳排放的最强驱动力，其次为能源强度和产业结构，再次为人均 GDP；城镇化率对能源消费碳排放具有负向影响。

依据式（6.1），可计算出全国能源消费碳排放模拟值，将其与碳排放实际值进行比较，结果如图 6.1 所示。碳排放模拟值与实际值的相对误差见表 6.3。

由表 6.3 可知，预测模型相对误差除 2004 年为 13.66%外，其他年份均小于 10%，表明省级尺度能源消费碳排放预测模型模拟效果良好，相对误差满足精度要求，可以作为未来中长期 2017—2050 年能源消费碳排放预测模型。

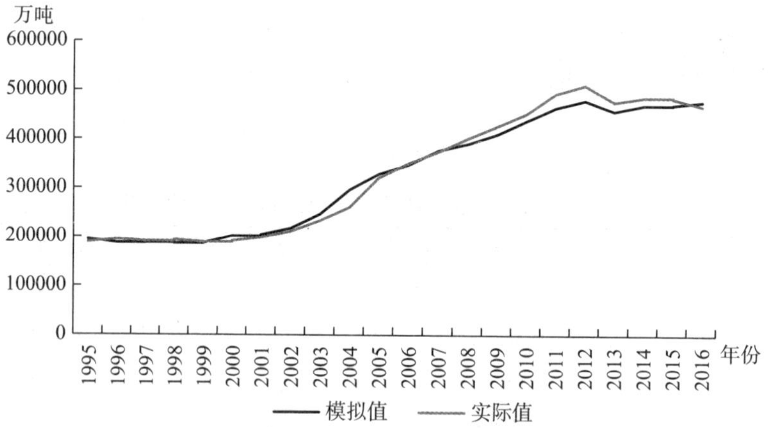

图 6.1　碳排放量模拟值与实际值对比

表 6.3　碳排放模拟值与实际值的相对误差

年份	模拟值（万吨）	实际值（万吨）	相对误差（%）	年份	模拟值（万吨）	实际值（万吨）	相对误差（%）
1995	195029.8	188933.4	3.23	2006	347602.6	350798.4	-0.91
1996	187395.7	194900.0	-3.85	2007	376945.0	374430.3	0.67
1997	187870.4	191030.6	-1.65	2008	390704.5	401787.5	-2.76
1998	186645.1	193781.7	-3.68	2009	410277.7	426853.6	-3.88
1999	187197.6	189168.3	-1.04	2010	437795.2	452354.6	-3.22

续表

年份	模拟值（万吨）	实际值（万吨）	相对误差（%）	年份	模拟值（万吨）	实际值（万吨）	相对误差（%）
2000	201637.9	191761.6	5.15	2011	464645.8	493814.8	-5.91
2001	204372.8	198622.6	2.90	2012	479435.7	511315.8	-6.23
2002	217495.2	210942.7	3.11	2013	457765.7	476450.6	-3.92
2003	246782.5	233587.4	5.65	2014	470001.6	485837.4	-3.26
2004	296555.8	260923.1	13.66	2015	471042.8	483837.0	-2.64
2005	329165.0	321413.0	2.41	2016	477459.2	468331.7	1.95

6.1.2　省级能源消费碳排放情景假设

考虑到各省人口增长趋势、经济发展水平、城镇化发展要求、能耗要求以及产业结构布局的差异，参考国家发展改革委能源研究所[243]对我国碳排放的情景设定，按照我国到2020年中国单位GDP碳排放比2005年降低40%~45%、2030年中国单位GDP碳排放比2005年降低60%~65%的要求，碳排放达峰路径需要从更长周期来考察，设定我国中长期2017—2050年碳排放的三种情景，分别为基准情景、低碳情景和强化低碳情景，见表6.4。

表6.4　三种情景的定义和描述

情景模式	情景定义	情景描述
基准情景（Business as Usual Scenario，BAU）	延续各省当前节能减排政策，考虑“十一五”“十二五”节能减排规划和落实情况，参考“十三五”节能减排政策，不采取特别有针对性的碳减排情景。各省经济发展目标力争实现，经济和技术转型已受到各省的重视。经济、能源、环境之间处于“紧平衡”状态。参照各省政策制定的人口、能源强度、经济发展、城镇化水平、产业结构等指标发展趋势，将如期完成的结果设定为基准情景，该情景是未来很有可能发生的碳排放情景	充分考虑各省经济发展的需求和愿望，人均GDP增长速率按照“十三五”规划进行，经济发展遵循经济学普遍规律；人口增长速率、城镇化增长速率和能源强度降低速率以“十三五”规划等政策和实际发展为基准；产业结构降低速率的设定基于不特别采取针对气候变化对策的水平

续表

情景模式	情景定义	情景描述
低碳情景（Low Carbon Scenario，LC）	进一步提高对各省当前节能减排政策的约束力度，考虑“十一五”“十二五”节能减排规划和落实情况，参考“十三五”节能减排政策，依靠国内自身努力，尽力争取经济社会发展与节能低碳共存的情景。各省力争能源消费结构优化、节能减排技术提升、积极转变经济增长模式。经济、能源、环境之间处于“和谐”状态。参照各省政策制定的人口、能源强度、经济发展、城镇化水平、产业结构等发展趋势，制定更严格的发展目标，将有重大举措且效果显著的趋势设定为低碳情景，该情景是整个社会共同努力力争达到的节能低碳情景	考虑各省经济发展与环境的和谐相处，积极转变经济社会发展模式、优化能源消费结构、大力发展清洁能源产业，提高公众节能减排意识。人均 GDP 增长速率、人口增长速率、城镇化增长速率和能源强度降低速率以及产业结构降低速率在基准情景设定的变化速率基础上分别降低五个百分点
强化低碳情景（Enhanced Low Carbon Scenario，ELC）	考虑到全球减缓气候变化的共同愿景，中国作为负责任的大国，可以作出进一步的贡献。该情景基本反映了通过国际和国内社会共同努力可以实现的社会发展和节能低碳水平。进一步强化技术水平、降低技术成本，清洁技术如清洁煤技术与碳捕捉和储存技术在我国得到推广应用。同时，发达国家会对发展中国家给予资金和技术上的支持。经济、能源、环境之间处于“理想”状态。参照各省低碳情景参数的发展趋势和目标，制定更严格的发展目标，将此国内外通力合作节能减排的趋势设定为强化低碳情景，该情景是整个人类社会努力达到低碳、可持续发展氛围的理想情景	考虑到各省处于良好的低碳发展氛围，政府和社会在低碳经济上投入大量人力、物力，能源消费结构合理，经济增长模式发生重大变化，产业结构布局优化，政策规划和执行力度良好，碳减排成本大大下降，低碳理念深入人心。人均 GDP 增长速率、人口增长速率、城镇化增长速率和能源强度降低速率以及产业结构降低速率在低碳情景设定的变化速率基础上分别降低五个百分点

本章以 2016 年为预测基础年，预测周期设置到 2050 年，共分为 7 个阶段，分别为 2017—2020 年、2021—2025 年、2026—2030 年、2031—2035 年、2036—2040 年、2041—2045 年和 2046—2050 年。同时，依据基准情景、低碳情景和强化低碳情景设定情况，确定人口规模、人均 GDP、能源强度、城镇化率和产业结构等情景指标的变化速率。考虑到能源消费碳排放预测模型，结合中国未来经济社会发展中的人口、经济发展、能源和产业等政策，将人

口规模、人均GDP、能源强度和产业结构归为积极因素（促进碳排放），将城镇化率归为消极因素（抑制碳排放）。按照基准情景、低碳情景和强化低碳情景分别设定五种情景指标，见表6.5。

表6.5 能源消费碳排放的情景设定

情景	*P*	*PGDP*	*EI*	*U*	*S*
基准情景	基准	基准	基准	基准	基准
低碳情景	较低	较低	较低	较高	较低
强化低碳情景	低	低	低	高	低

6.2 能源消费碳排放情景参数设定

本节对人口规模、人均GDP、能源强度、城镇化率和产业结构等参数变化率进行预测，设定三种情景下不同指标的变化速率。对各参数在不同情景下的趋势预测主要结合三点，即历史变化情况、现有政策的延续性和未来的可能变化。情景分析法中各指标变化速率的设置都要参考相关政策规定及客观发展规律，并与过往不同阶段的变化速率进行对照，确保数据的设置符合未来社会经济发展的实际情况。情景分析参数的政策参考依据见表6.6。

表6.6 情景分析参数的政策参考依据

省份	约束性要求	政策参考依据
北京	2020年底人口控制在2300万人以内，此后长期保持；2018年人均GDP增长率为8.53%；2020年左右碳排放总量达到峰值并力争尽早实现，2020年单位地区生产总值能耗比2015年下降17%	《北京市国民经济和社会发展第十三个五年规划纲要》 《北京市国民经济和社会发展统计公报》(2014—2018年) 《北京市“十三五”时期能源发展规划》
天津	2020年底人口达到1800万人；2015年人均GDP增长率为5.52%；到2020年，万元地区生产总值能耗比2015年下降17%，达到0.414吨标准煤	《天津市人口发展“十三五”规划》 《天津市国民经济和社会发展统计公报》(2014—2018年) 《天津市节能“十三五”规划》

续表

省份	约束性要求	政策参考依据
河北	人口规模2020年达到7700万人，2030年达到7850万人，2035年达到7910万人；城镇化率2020年达到58%，2035年达到70%；2018年人均GDP增长率为6%；到2020年，单位GDP能耗比2015年下降19%	《河北省人口发展规划（2018—2035年）》 《河北省国民经济和社会发展统计公报》（2014—2018年） 《河北省“十三五”能源发展规划》
山西	人口规模2020年达到3800万人；城镇化率2020年达到60%；2018年人均GDP增长率为11.76%；到2020年，单位地区生产总值能耗下降率完成国家同期下达指标	《山西省新型城镇化规划（2015—2020年）》 《山西省“十三五”人口发展规划》 《山西省国民经济和社会发展统计公报》（2014—2018年） 《山西省“十三五”综合能源发展规划》
内蒙古	人口规模2020年达到2660万人；城镇化率2020年达到65%；2018年人均GDP增长率为5%；人均GDP五年平均增长率为6.08%；到2020年，单位地区生产总值能耗降低率达到国家要求	《内蒙古自治区“十三五”人口发展规划》 《内蒙古自治区国民经济和社会发展统计公报》（2014—2018年） 《内蒙古自治区能源发展“十三五”规划》
辽宁	人口规模2020年达到4385万人；2030年达到4500万人；城镇化率2020年达到72%；2030年达到75%；2018年人均GDP增长率为5.9%；到2020年，全省单位地区生产总值能耗比2015年下降15%	《辽宁省人口发展规划（2016—2030年）》 《辽宁省国民经济和社会发展统计公报》（2014—2018年） 《辽宁省“十三五”节能减排综合工作实施方案》
吉林	到2020年，单位国内生产总值能耗下降15%；其他参考全国平均水平	《吉林省国民经济和社会发展统计公报》（2014—2018年） 《吉林省能源发展“十三五”规划》
黑龙江	到2020年，单位国内生产总值能耗下降15%；其他参考全国平均水平	《黑龙江省国民经济和社会发展统计公报》（2014—2018年） 《黑龙江省能源发展“十三五”规划》
上海	人口规模2020年控制在2500万人以内；2018年人均GDP增长率为8.35%；到2020年，单位地区生产总值能耗降低率达到国家要求	《上海市国民经济和社会发展统计公报》（2014—2018年） 《上海市能源发展“十三五”规划》
江苏	人口规模2020年达到8200万人；城镇化率2020年达到72%；2018年人均GDP增长率为6.3%，人均GDP五年平均值为7.46%；2020年能耗强度由0.46吨标准煤下降到0.38吨标准煤以下，力争接近0.36吨标准煤	《江苏省人口发展“十三五”规划》 《江苏省国民经济和社会发展统计公报》（2014—2018年） 《江苏省“十三五”能源发展规划》

续表

省份	约束性要求	政策参考依据
浙江	人口规模2020年达到5750万人；城镇化率2020年达到70%；2018年人均GDP增长率为5.7%，人均GDP五年平均增长率为6.78%；到2020年，单位地区生产总值能耗下降指标达到国家要求	《浙江省人口发展“十三五”规划》 《浙江省国民经济和社会发展统计公报》（2014—2018年） 《浙江省能源发展“十三五”规划》
安徽	人口规模2020年达到6400万人；2030年达到7400万人；城镇化率2020年达到56%；2018年人均GDP增长率为7.93%，人均GDP五年平均增长率为6.82%；到2020年，单位国内生产总值能耗降低16%	《安徽省人口发展“十三五”规划》 《安徽省国民经济和社会发展统计公报》（2014—2018年） 《安徽省能源发展“十三五”规划》
福建	人口规模2020年达到4100万人；2030年达到4150万人；城镇化率2020年达到67%；2030年达到75%；2018年人均GDP增长率为7.4%，人均GDP五年平均增长率为7.82%；到2020年，单位GDP能耗控制在国家下达指标内	《福建省人口发展规划（2016—2030年）》 《福建省国民经济和社会发展统计公报》（2014—2018年） 《福建省“十三五”能源发展专项规划》
江西	人口规模2020年达到4800万人；2030年达到5000万人；城镇化率2020年达到60%；2030年达到68%；2018年人均GDP增长率为8.1%；到2020年，单位地区生产总值能耗达到国家要求	《江西省人口发展规划（2016—2030年）》 《江西省国民经济和社会发展统计公报》（2014—2018年） 《江西省“十三五”能源发展规划》
山东	人口规模2020年达到10250万人；城镇化率2020年达到65%；2018年人均GDP增长率为5.9%，人均GDP五年平均增长率为6.88%；“十三五”平均能耗强度降低目标17.29%；2017年平均能耗强度降低目标3.89%	《山东省人口发展“十三五”规划》 《山东省国民经济和社会发展统计公报》（2014—2018年） 《山东省“十三五”节能减排综合工作方案》
河南	人口规模2020年达到11150万人；2030年达到11500万人；城镇化率2020年达到56%；2030年达到66%；2018年人均GDP增长率为7.2%；到2020年，单位国内生产总值能耗下降按国家下达指标	《河南省人口发展规划》（2016—2030年） 《河南省国民经济和社会发展统计公报》（2014—2018年） 《河南省“十三五”能源发展规划》
湖北	人口规模2020年达到6025万人；2030年达到6090万人；城镇化率2020年达到61%；2030年达到70%；2016年人均GDP增长率为6.55%；“十三五”期间单位地区生产总值能耗降低16%	《湖北省人口发展规划》（2018—2030年） 《湖北省国民经济和社会发展统计公报》（2014—2018年） 《湖北省能源发展“十三五”规划》

续表

省份	约束性要求	政策参考依据
湖南	人口规模2020年达到7600万人；城镇化率2020年达到58%；2018年人均GDP增长率为7.2%；到2020年，单位GDP能耗在2015年的基础上降低16%	《湖南省国民经济和社会发展第十三个五年规划纲要》 《湖南省“十三五”人口发展规划》 《湖南省国民经济和社会发展统计公报》(2014—2018年) 《湖南省“十三五”节能规划》
广东	人口规模2020年达到11400万人；2030年达到12500万人；城镇化率2020年达到71.7%，2030年达到76.7%；2018年人均GDP增长率为6.56%；到2020年，单位GDP能耗降幅为17%	《广东省人口发展规划》(2017—2030年) 《广东省国民经济和社会发展统计公报》(2014—2018年) 《广东省节能减排“十三五”规划》
广西	人口规模2020年达到5030万人，2030年达到5600万人；城镇化率2020年达到54%，2030年达到64%；2018年人均GDP增长率为5.8%；单位国内生产总值能耗下降按国家下达任务	《广西人口发展规划》(2016—2030年) 《广西壮族自治区国民经济和社会发展统计公报》(2014—2018年) 《广西能源发展“十三五”规划》
海南	人口规模2020年达到996万人，2030年达到1248万人；城镇化率2020年达到60%，2030年达到70%；2018年人均GDP增长率为4.8%；到2020年，单位国内生产总值能源消费量较2015年下降10%	《海南省人口发展规划(2030年)》 《海南省国民经济和社会发展统计公报》(2014—2018年) 《海南省能源发展“十三五”规划》
重庆	人口规模2020年达到3200万人，2030年达到3600万人；城镇化率2020年达到65%，2030年达到75%；2018年人均GDP增长率为5.1%，人均GDP五年平均增长率为8.62%；到2020年，实现人均综合能耗下降11%	《重庆市人口发展规划》(2016—2030) 《重庆市国民经济和社会发展统计公报》(2014—2018年) 《重庆市公共机构节约能源资源“十三五”规划》
四川	人口规模2020年达到8498万人；城镇化率2020年达到47.7%，2030年达到54%；2018年，人均GDP增长率为7.4%；“十三五”末单位地区生产总值能耗累计下降16%	《四川省“十三五”人口发展规划》 《四川省国民经济和社会发展统计公报》(2014—2018年) 《四川省“十三五”能源发展规划》
贵州	人口规模2020年达到3700万人；城镇化率2020年达到50%；2018年人均GDP增长率为8.66%；到2020年，单位地区生产总值能耗下降14%，年均下降2.97%	《贵州省“十三五”人口发展规划》 《贵州省国民经济和社会发展统计公报》(2014—2018年) 《贵州省能源发展“十三五”规划》

续表

省份	约束性要求	政策参考依据
云南	2018 年人均 GDP 增长率为 8.2%；“十三五”全省万元 GDP 能耗降低按国家下达目标；其他参考全国平均水平	《云南省国民经济和社会发展第十三个五年规划纲要》 《云南省国民经济和社会发展统计公报》（2014—2018 年） 《云南省节能“十三五”规划》
陕西	人口规模 2020 年达到 3900 万人，2030 年达到 4000 万人；城镇化率 2020 年达到 60%，2030 年达到 70%；2018 年人均 GDP 增长率为 7.5%；“十三五”能耗强度平均降低目标为 15.36%	《陕西省人口发展规划》（2016—2030 年） 《陕西省国民经济和社会发展统计公报》（2014—2018 年） 《陕西省“十三五”节能减排综合工作方案》
甘肃	人口规模 2020 年达到 2660 万人，2030 年达到 2780 万人；城镇化率 2030 年达到 60%；2018 年人均 GDP 增长率为 5.8%；到 2020 年，单位地区生产总值能耗比 2015 年下降 14%	《甘肃省人口发展规划》（2016—2030 年） 《甘肃省国民经济和社会发展统计公报》（2014—2018 年） 《甘肃省“十三五”能源发展规划》
青海	2018 年人均 GDP 增长率为 6.3%；到 2020 年，全省单位生产总值能耗比 2015 年下降 10%；其他参考全国平均水平	《青海省国民经济和社会发展统计公报》（2014—2018 年） 《青海省“十三五”节能减排综合工作方案》
宁夏	人口增长率参考全国平均水平；城镇化率 2020 年达到 60%；2018 年人均 GDP 增长率为 6%；“十三五”期间单位 GDP 能耗完成国家下达目标	《宁夏人口发展规划》（2006—2020 年） 《宁夏回族自治区国民经济和社会发展统计公报》（2014—2018 年） 《宁夏回族自治区能源发展“十三五”规划》
新疆	人口增长率参考全国平均水平；城镇化率 2030 年达到 68%；2018 年人均 GDP 增长率为 4.1%；单位国内生产总值能耗下降按国家下达指标	《新疆城镇体系规划》（2012—2030） 《新疆维吾尔自治区国民经济和社会发展统计公报》（2014—2018 年） 《新疆“十三五”能源发展规划》

由边际递减规律可知，各指标在增加或降低的过程中，其增长速率或下降速率会逐渐降低。本章设定的 7 个阶段，每个时期各变量变化速率均小于上个时期，以保证各指标的变化情况更加贴近实际。据此得出三种情景下各变量变化速率的设置情况。

6.2.1 人口规模情景设定

中国社科院人口与劳动经济研究所[244]预测，中国人口最早将于 2026 年达峰，在放宽计划生育政策的情况下，将于 2035 年达峰。国务院发布的《国家人口发展规划（2016—2030 年）》指出："十二五"期间，人口年均自然增长率保持在 5‰左右，2015 年末总人口为 13.75 亿人；预计 2020 年全国总人口达到 14.2 亿人左右，2030 年达到峰值 14.5 亿人左右，随后出现人口负增长，预计 2050 年总人口为 13.8 亿人。综合考虑各省份在"十二五"期间的人口年均增速、各省份的地区规划和国家对人口的整体预测，参照表 6.6 中各省人口规模的政策约束性要求，设定各省份 2017—2050 年人口规模的变化速率，各省一般在 2030—2035 年由正增长转变为负增长。各省人口规模基准情景设定见表 6.7，各省人口规模的低碳情景和强化低碳情景设定见附录 A。

表 6.7　各省人口规模的基准情景设定　（%）

省份	2017—2020 年	2021—2025 年	2026—2030 年	2031—2035 年	2036—2040 年	2041—2045 年	2046—2050 年
北京	1.46	0.00	0.00	0.00	0.00	0.00	0.00
天津	3.80	1.00	0.50	0.00	0.00	0.00	0.00
河北	0.77	0.21	0.18	0.15	0.09	−0.01	−0.11
山西	0.80	0.40	0.10	0.00	−0.10	−0.15	−0.20
内蒙古	1.38	0.88	0.28	0.08	−0.02	−0.07	−0.12
辽宁	0.04	0.32	0.20	0.05	−0.05	−0.10	−0.15
吉林	0.04	0.32	0.20	0.05	−0.05	−0.10	−0.15
黑龙江	0.04	0.32	0.20	0.05	−0.05	−0.10	−0.15
上海	0.82	0.00	0.00	0.00	0.00	0.00	0.00
江苏	0.62	0.32	0.02	−0.03	−0.08	−0.13	−0.18
浙江	0.71	0.41	0.11	0.01	−0.04	−0.09	−0.14
安徽	0.82	1.88	1.14	0.02	−0.03	−0.08	−0.13
福建	1.45	0.12	0.12	0.05	0.00	−0.05	−0.10
江西	1.13	0.42	0.41	0.01	−0.04	−0.09	−0.14
山东	0.76	0.36	0.06	0.01	−0.04	−0.09	−0.14
河南	4.24	0.36	0.26	0.03	−0.02	−0.07	−0.12
湖北	0.59	0.15	0.07	0.01	−0.04	−0.09	−0.14
湖南	2.85	1.85	0.55	0.04	−0.01	−0.06	−0.11

续表

省份	2017—2020 年	2021—2025 年	2026—2030 年	2031—2035 年	2036—2040 年	2041—2045 年	2046—2050 年
广东	0.91	1.05	0.83	0.04	-0.01	-0.06	-0.11
广西	0.99	1.59	0.63	0.04	-0.01	-0.06	-0.11
海南	2.15	3.01	1.78	0.08	0.03	-0.02	-0.07
重庆	1.24	1.56	0.87	0.04	-0.01	-0.06	-0.11
四川	0.71	0.31	0.03	-0.02	-0.07	-0.12	-0.17
贵州	1.02	0.52	0.03	-0.02	-0.07	-0.12	-0.17
云南	0.65	0.35	0.17	0.03	-0.02	-0.07	-0.12
陕西	0.57	0.31	0.20	0.04	-0.01	-0.06	-0.11
甘肃	0.47	0.53	0.37	0.04	-0.01	-0.06	-0.11
青海	0.65	0.35	0.17	0.03	-0.02	-0.07	-0.12
宁夏	1.29	0.89	0.19	0.03	-0.02	-0.07	-0.12
新疆	0.65	0.35	0.17	0.03	-0.02	-0.07	-0.11

6.2.2　人均 GDP 情景设定

依据《中国统计年鉴》（2017），1979—2000 年国内生产总值平均增长速度为 9.6%，2001—2016 年为 9.5%，全国“十三五”规划中 GDP 增长率为 6.5%。中国已进入经济发展新常态，应实现经济“稳中求进”，坚持供给侧改革，考虑到各省的差异性，具体到人均国内生产总值的增长速率，依据《中国统计年鉴》（2017），1979—2000 年人均国内生产总值平均增长速度为 8.5%，2001—2016 年为 8.9%。借鉴李善同[245]和胡鞍钢等[246]的研究成果，参考各省 2014—2018 年的国民经济和社会发展统计公报，对“十二五”完成年和“十三五”规划期间各省人均 GDP 年均增长速率取平均值，作为 2017—2020 年人均 GDP 增长速率的基准。各省人均 GDP 基准情景设定见表 6.8，各省人均 GDP 的低碳情景和强化低碳情景设定见附录 A。

表 6.8　各省人均 GDP 基准情景设定　　(%)

省份	2017—2020 年	2021—2025 年	2026—2030 年	2031—2035 年	2036—2040 年	2041—2045 年	2046—2050 年
北京	8.53	7.03	5.23	4.23	3.23	2.23	1.23
天津	5.52	4.52	4.02	3.52	3.02	2.52	2.02
河北	6.00	5.00	4.60	3.60	3.10	2.60	2.10
山西	11.76	9.76	6.26	4.46	3.26	2.26	1.26
内蒙古	6.08	5.08	4.58	3.58	2.78	2.28	1.78
辽宁	5.90	4.90	4.40	3.90	2.90	2.40	1.90
吉林	5.00	4.50	4.00	3.50	3.00	2.50	2.00
黑龙江	5.00	4.50	4.00	3.50	3.00	2.50	2.00
上海	8.35	7.35	6.35	4.85	3.35	1.85	1.35
江苏	7.46	6.46	5.46	4.46	3.46	2.46	1.96
浙江	6.78	5.78	4.78	3.78	3.28	2.78	2.28
安徽	6.82	5.82	4.82	3.82	3.32	2.82	2.32
福建	7.82	6.82	5.82	4.32	3.32	2.32	1.82
江西	8.10	7.10	6.10	4.60	3.30	2.30	1.80
山东	6.88	5.88	4.88	3.88	3.38	2.88	2.38
河南	7.20	6.20	5.20	3.90	3.40	2.90	1.90
湖北	6.55	5.55	4.55	3.55	3.05	2.55	2.05
湖南	7.20	6.20	5.20	4.00	3.00	2.50	2.00
广东	6.56	5.56	4.56	3.56	3.06	2.56	2.06
广西	5.80	4.80	3.80	3.30	2.80	2.30	1.80
海南	4.80	4.30	3.50	2.50	2.00	1.50	1.00
重庆	8.62	7.62	6.12	4.62	3.62	2.62	1.62
四川	7.40	6.40	5.40	4.40	3.40	2.40	1.90
贵州	8.66	7.66	6.16	4.66	3.66	2.66	1.66
云南	8.20	7.20	6.20	5.20	4.20	3.20	2.20
陕西	7.50	6.50	5.50	4.00	3.50	2.50	2.00
甘肃	5.80	4.80	3.80	3.30	2.80	2.30	1.80
青海	6.30	5.30	3.80	2.30	1.80	1.30	0.80
宁夏	6.00	5.00	4.00	3.00	2.50	2.00	1.50
新疆	4.10	4.10	3.80	3.30	2.90	2.40	1.90

6.2.3 能源强度情景设定

国际能源署（International Energy Agency，IEA）发布的《2018 年全球能源和二氧化碳状况报告》[13]中指出，中国能源强度已经进入大幅度下降阶段。我国政府在《能源发展“十三五”规划》[11]中指出，到 2020 年，中国将把能源消费总量控制在 50 亿吨标准煤以内；从能源强度看，“十三五”期间中国单位 GDP 能耗下降可达 15%以上。各省相继出台了自己的节能规划（见表 6.6），制定了符合地区规划的能源强度降低标准。同时，我们也应注意到，能源强度的边际成本会随着降低空间的减少而日益增长，因此在未来规划中，能源强度的降低比率将逐渐降低。各省能源强度基准情景设定见表 6.9，各省能源强度的低碳情景和强化低碳情景设定见附录 A。

表 6.9 各省能源强度基准情景设定 （%）

省份	2017—2020 年	2021—2025 年	2026—2030 年	2031—2035 年	2036—2040 年	2041—2045 年	2046—2050 年
北京	-3.40	-3.20	-3.00	-2.80	-2.60	-2.40	-2.20
天津	-3.40	-3.20	-3.00	-2.80	-2.60	-2.40	-2.20
河北	-3.80	-3.30	-2.80	-2.60	-2.40	-2.20	-2.00
山西	-3.00	-2.80	-2.60	-2.40	-2.20	-2.00	-1.80
内蒙古	-3.00	-2.80	-2.60	-2.40	-2.20	-2.00	-1.80
辽宁	-3.00	-2.80	-2.60	-2.40	-2.20	-2.00	-1.80
吉林	-3.00	-2.80	-2.60	-2.40	-2.20	-2.00	-1.80
黑龙江	-3.00	-2.80	-2.60	-2.40	-2.20	-2.00	-1.80
上海	-3.00	-2.80	-2.60	-2.40	-2.20	-2.00	-1.80
江苏	-4.21	-3.71	-3.21	-2.71	-2.21	-2.01	-1.81
浙江	-3.00	-2.80	-2.60	-2.40	-2.20	-2.00	-1.80
安徽	-3.20	-3.00	-2.80	-2.60	-2.40	-2.20	-2.00
福建	-3.00	-2.80	-2.60	-2.40	-2.20	-2.00	-1.80
江西	-3.00	-2.80	-2.60	-2.40	-2.20	-2.00	-1.80
山东	-3.46	-3.26	-3.06	-2.86	-2.66	-2.46	-2.26
河南	-3.00	-2.80	-2.60	-2.40	-2.20	-2.00	-1.80
湖北	-3.20	-3.00	-2.80	-2.60	-2.40	-2.20	-2.00

续表

省份	2017—2020 年	2021—2025 年	2026—2030 年	2031—2035 年	2036—2040 年	2041—2045 年	2046—2050 年
湖南	-3.20	-3.00	-2.80	-2.60	-2.40	-2.20	-2.00
广东	-3.40	-3.20	-3.00	-2.80	-2.60	-2.40	-2.20
广西	-3.00	-2.80	-2.60	-2.40	-2.20	-2.00	-1.80
海南	-2.00	-1.80	-1.60	-1.40	-1.20	-1.00	-0.80
重庆	-3.00	-2.80	-2.60	-2.40	-2.20	-2.00	-1.80
四川	-3.20	-3.00	-2.80	-2.60	-2.40	-2.20	-2.00
贵州	-2.80	-2.60	-2.40	-2.20	-2.00	-1.80	-1.60
云南	-3.00	-2.80	-2.60	-2.40	-2.20	-2.00	-1.80
陕西	-3.07	-2.87	-2.67	-2.47	-2.27	-2.07	-1.87
甘肃	-2.80	-2.60	-2.40	-2.20	-2.00	-1.80	-1.60
青海	-2.00	-1.80	-1.60	-1.40	-1.20	-1.00	-0.80
宁夏	-3.00	-2.80	-2.60	-2.40	-2.20	-2.00	-1.80
新疆	-3.00	-2.80	-2.50	-2.20	-1.90	-1.70	-1.50

6.2.4 城镇化水平情景设定

根据《国家人口发展规划（2016—2030 年）》[247]的分析，我国常住人口城镇化率从 2010 年的 49.95%提升至 2015 年的 56.1%，仍与发达国家的城镇化水平有较大差距，因此我国的城镇化建设还有较大的发展空间。该规划进一步预测，我国常住人口城镇化率 2020 年将达到 60%，2030 年将达到 70%。为实现这一目标，各省制定了自身的城镇化发展规划（见表 6.6），设定了 2020 年和 2030 年的城镇化目标。我们根据各省份“十二五”期间的城镇化水平，结合各省份城镇化发展规划，制定未来中长期增长情形。各省城镇化水平基准情景设定见表 6.10，各省城镇化水平的低碳情景和强化低碳情景设定见附录 A。

表 6.10 各省城镇化水平基准情景设定　（%）

省份	2017—2020 年	2021—2025 年	2026—2030 年	2031—2035 年	2036—2040 年	2041—2045 年	2046—2050 年
北京	0.17	0.16	0.15	0.14	0.13	0.12	0.11
天津	0.32	0.31	0.30	0.29	0.28	0.27	0.26
河北	2.19	1.72	1.27	0.90	0.71	0.51	0.31
山西	1.68	1.58	1.46	1.16	0.86	0.56	0.36
内蒙古	1.55	1.45	1.35	1.15	0.85	0.65	0.35
辽宁	1.71	0.56	0.27	0.25	0.24	0.23	0.21
吉林	1.71	0.56	0.27	0.25	0.24	0.23	0.21
黑龙江	1.71	0.56	0.27	0.25	0.24	0.23	0.21
上海	0.34	0.32	0.30	0.28	0.26	0.24	0.22
江苏	1.58	1.38	1.18	0.98	0.78	0.58	0.38
浙江	1.12	1.02	0.82	0.72	0.62	0.52	0.32
安徽	1.92	1.72	1.52	1.22	0.92	0.62	0.32
福建	1.33	1.49	0.83	0.70	0.60	0.54	0.34
江西	3.24	1.67	0.92	0.85	0.65	0.45	0.35
山东	2.53	1.83	1.23	0.93	0.73	0.53	0.33
河南	3.86	2.14	1.29	1.10	0.90	0.61	0.31
湖北	1.24	1.64	1.21	1.01	0.81	0.61	0.31
湖南	2.48	1.98	1.18	0.98	0.78	0.58	0.38
广东	0.90	0.84	0.54	0.44	0.34	0.24	0.20
广西	3.07	2.22	1.33	1.06	0.86	0.66	0.36
海南	1.41	2.00	1.21	1.01	0.81	0.61	0.41
重庆	0.95	1.85	1.13	1.00	0.80	0.60	0.40
四川	0.40	0.80	0.77	0.57	0.47	0.37	0.27
贵州	3.31	2.01	1.51	0.91	0.71	0.51	0.31
云南	2.75	2.05	1.55	0.95	0.75	0.55	0.35
陕西	2.10	2.00	1.21	1.01	0.71	0.51	0.31
甘肃	3.35	2.10	1.43	1.08	0.88	0.68	0.38
青海	3.35	2.10	1.43	1.08	0.88	0.68	0.38
宁夏	1.65	1.46	1.06	0.86	0.66	0.46	0.26
新疆	3.95	2.50	1.59	0.98	0.78	0.48	0.28

6.2.5 产业结构情景设定

从发达国家的产业结构演变规律来看，经济发展到一定水平后，第二产业增加值占比会呈现下降趋势，第三产业特别是服务业会成为推动经济发展的主要动力。在“十二五”规划中，我国政府明确提出，“第三产业服务业增加值占比从2010年的43%提高到47%”。因此，假定在2015年我国第二产业增加值占比比2010年降低了4个百分点，平均每年下降0.8个百分点。国家发展改革委宏观经济研究院[248]认为，2030年中国第二产业比重将达到46.3%；李善同[245-249]等认为，2020年中国第二产业比重为38.7%~45.6%，2030年中国第二产业比重将下降到30%~36%。考虑到我国各地的差异性、经济发展的不均衡性和区域定位的不同，参考相关学者的研究结果和各地区在“十三五”规划前期（2015年和2016年）第二产业增加值平均占比，设定各省份的基准情景，首先按照自然断点法将30个省份的产业结构分为五种类型，见表6.11。

表6.11 产业结构基准情景分类

地区	基准情景设定
北京、海南	2017—2020年，年均降低0.6%；2021—2025年，年均降低0.55%；2026—2030年，年均降低0.45%；2031—2035年，年均降低0.35%；2036—2040年，年均降低0.3%；2041—2045年，年均降低0.2%；2046—2050年，年均降低0.1%
新疆、甘肃、黑龙江、云南、贵州、上海	2017—2020年，年均降低0.8%；2021—2025年，年均降低0.6%；2026—2030年，年均降低0.5%；2031—2035年，年均降低0.4%；2036—2040年，年均降低0.3%；2041—2045年，年均降低0.2%；2046—2050年，年均降低0.1%
辽宁、山西、江苏、浙江、湖北、湖南、重庆、四川、广西、广东	2017—2020年，年均降低1.0%；2021—2025年，年均降低0.8%；2026—2030年，年均降低0.6%；2031—2035年，年均降低0.4%；2036—2040年，年均降低0.3%；2041—2045年，年均降低0.2%；2046—2050年，年均降低0.1%
河北、天津、山东、河南、宁夏	2017—2020年，年均降低1.2%；2021—2025年，年均降低1.0%；2026—2030年，年均降低0.8%；2031—2035年，年均降低0.6%；2036—2040年，年均降低0.4%；2041—2045年，年均降低0.3%；2046—2050年，年均降低0.2%

续表

地区	基准情景设定
内蒙古、吉林、陕西、青海、安徽、江西、福建	2017—2020年，年均降低1.4%；2021—2025年，年均降低1.2%；2026—2030年，年均降低1.0%；2031—2035年，年均降低0.8%；2036—2040年，年均降低0.6%；2041—2045年，年均降低0.4%；2046—2050年，年均降低0.2%

按照基准情景设定标准（见表6.11），设定各省产业结构的基准情景（见表6.12），各省产业结构的低碳情景和强化低碳情景设定见附录A。

表6.12 各省产业结构基准情景设定 （%）

省份	2017—2020年	2021—2025年	2026—2030年	2031—2035年	2036—2040年	2041—2045年	2046—2050年
北京	-0.60	-0.55	-0.45	-0.35	-0.30	-0.20	-0.10
天津	-1.20	-1.00	-0.80	-0.60	-0.40	-0.30	-0.20
河北	-1.20	-1.00	-0.80	-0.60	-0.40	-0.30	-0.20
山西	-1.00	-0.80	-0.60	-0.40	-0.30	-0.20	-0.10
内蒙古	-1.40	-1.20	-1.00	-0.80	-0.60	-0.40	-0.20
辽宁	-1.00	-0.80	-0.60	-0.40	-0.30	-0.20	-0.10
吉林	-1.40	-1.20	-1.00	-0.80	-0.60	-0.40	-0.20
黑龙江	-0.80	-0.60	-0.50	-0.40	-0.30	-0.20	-0.10
上海	-0.80	-0.60	-0.50	-0.40	-0.30	-0.20	-0.10
江苏	-1.00	-0.80	-0.60	-0.40	-0.30	-0.20	-0.10
浙江	-1.00	-0.80	-0.60	-0.40	-0.30	-0.20	-0.10
安徽	-1.40	-1.20	-1.00	-0.80	-0.60	-0.40	-0.20
福建	-1.40	-1.20	-1.00	-0.80	-0.60	-0.40	-0.20
江西	-1.40	-1.20	-1.00	-0.80	-0.60	-0.40	-0.20
山东	-1.20	-1.00	-0.80	-0.60	-0.40	-0.30	-0.20
河南	-1.20	-1.00	-0.80	-0.60	-0.40	-0.30	-0.20
湖北	-1.00	-0.80	-0.60	-0.40	-0.30	-0.20	-0.10
湖南	-1.00	-0.80	-0.60	-0.40	-0.30	-0.20	-0.10
广东	-1.00	-0.80	-0.60	-0.40	-0.30	-0.20	-0.10
广西	-1.00	-0.80	-0.60	-0.40	-0.30	-0.20	-0.10
海南	-0.60	-0.55	-0.45	-0.35	-0.30	-0.20	-0.10

续表

省份	2017—2020年	2021—2025年	2026—2030年	2031—2035年	2036—2040年	2041—2045年	2046—2050年
重庆	-1.00	-0.80	-0.60	-0.40	-0.30	-0.20	-0.10
四川	-1.00	-0.80	-0.60	-0.40	-0.30	-0.20	-0.10
贵州	-0.80	-0.60	-0.50	-0.40	-0.30	-0.20	-0.10
云南	-0.80	-0.60	-0.50	-0.40	-0.30	-0.20	-0.10
陕西	-1.40	-1.20	-1.00	-0.80	-0.60	-0.40	-0.20
甘肃	-0.80	-0.60	-0.50	-0.40	-0.30	-0.20	-0.10
青海	-1.40	-1.20	-1.00	-0.80	-0.60	-0.40	-0.20
宁夏	-1.20	-1.00	-0.80	-0.60	-0.40	-0.30	-0.20
新疆	-0.80	-0.60	-0.50	-0.40	-0.30	-0.20	-0.10

6.3 能源消费碳排放达峰路径

本节基于上一节对模型参数增长率的设定，预测基准、低碳和强化低碳情景下我国省级中长期2017—2050年的碳排放量，分别从全国、三大地区和省级尺度分析未来能源消费碳排放的整体特征、达峰路径和碳排放强度目标的实现情况。

6.3.1 全国尺度能源消费碳排放情景分析

6.3.1.1 整体特征

在基准、低碳和强化低碳三种情景下，2017—2050年我国能源消费碳排放将呈现出不同的达峰路径。由预测结果可知，在全国尺度，三种情景下达峰路径均呈倒“U”形（如图6.2所示）。各情景下的碳排放在初期均增长相对较快，到中后期增长率逐步降低直至出现负增长，并先后出现拐点，表明基准情景下全国范围内碳排放增长速度在逐渐放缓，碳排放抑制措施初见成效；在低碳情景和强化低碳情景下，碳排放达峰时间会提早到来。

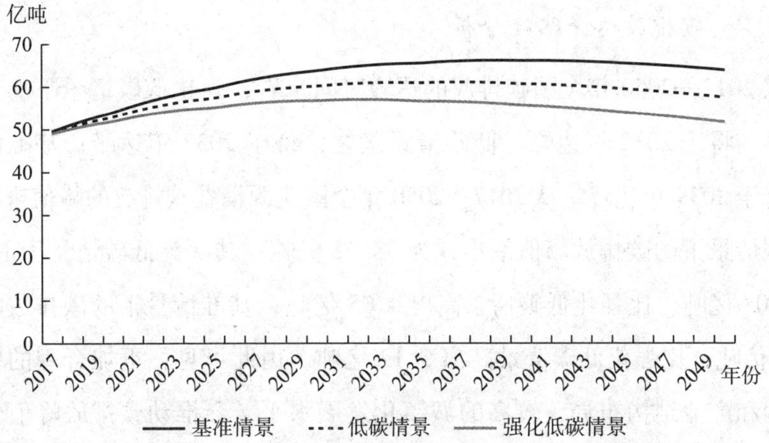

图 6.2　2017—2050 年三种情景下的碳排放总体特征

从 2017—2050 年全国能源消费碳排放总量来看，在基准情景、低碳情景和强化低碳情景下，我国能源消费碳排放总量分别为 2116.40 亿吨、1982.83 亿吨和 1858.28 亿吨。在三种情景下，2020 年全国碳排放总量分别为 54 亿吨、52.96 亿吨和 51.93 亿吨，2030 年全国碳排放总量分别为 63.74 亿吨、60.16 亿吨和 56.76 亿吨。与 2005 年相比，2020 年和 2030 年的碳排放总量均有较大幅度增长，2020 年三种情景下的碳排放总量分别增长了 21.85 亿吨、20.82 亿吨和 19.79 亿吨，2030 年三种情景下的碳排放总量分别增长了 31.6 亿吨、28.02 亿吨和 24.62 亿吨。总体来看，基准情景下的碳排放量最高，其次是低碳情景，强化低碳情景下的碳排放量最低。

从 2017—2050 年全国能源消费碳排放增长速度来看，在三种情景下，2017—2020 年我国碳排放年均增长速度分别为 2.22%、1.83% 和 1.45%，2021—2030 年我国碳排放年均增长速度分别为 1.48%、1.10% 和 0.72%，2031—2040 年我国碳排放年均增长速度分别为 0.27%、0.025% 和-0.21%，2041—2050 年我国碳排放年均增长速度分别为-0.33%、-0.50% 和-0.67%。可见，2017—2050 年，我国碳排放增长速度总体呈现减缓的趋势，2035—2040 年前后出现负增长，此后碳排放增长速度降低。其中，基准情景下碳排放的变化较平缓，低碳情景下碳排放的变化较快，强化低碳情景下碳排放的变化最快。

6.3.1.2 碳排放达峰路径分析

从2017—2050年全国碳排放的达峰时间来看，强化低碳情景下的达峰时间最早，将于2032年达峰；低碳情景次之，将于2037年达峰；基准情景最晚，将于2039年达峰。从2017—2050年全国能源消费碳排放的峰值来看，强化低碳情景下的碳排放峰值最小，为57.02亿吨；其次为低碳情景下的峰值，为61.07亿吨，比强化低碳情景高出4.05亿吨；基准情景下的碳排放峰值为66.14亿吨，比强化低碳情景高出9.12亿吨。由此可见，更加合理的能源消费结构和产业结构布局，较高的城镇化发展水平，会推动碳排放峰值较早和较低出现。在强化基准情景下，全国尺度在2035年之前碳排放达峰目标可以实现。

6.3.1.3 碳排放强度目标实现情况分析

2020年，基准情景、低碳情景和强化低碳情景下的全国碳排放强度分别为0.519吨/万元和0.516吨/万元和0.512吨/万元，相比2005年，碳排放强度下降明显。三种情景下的碳排放强度分别比2005年下降了68.69%、68.88%和69.08%。2030年，基准情景、低碳情景和强化低碳情景下的全国碳排放强度分别为0.359吨/万元、0.352吨/万元和0.345吨/万元，比2005年的碳排放强度分别下降了78.30%、78.74%和79.17%。从全国平均水平来看，基准情景、低碳情景和强化低碳情景下均可以实现到2020年碳排放强度比2005年降低40%~45%、到2030年碳排放强度比2005年降低60%~65%的总体减排要求。

6.3.2 地区尺度能源消费碳排放情景分析

6.3.2.1 整体特征

在基准情景、低碳情景和强化低碳三种情景下，我国东部地区、中部地区和西部地区三大区域2017—2050年能源消费碳排放同样呈现倒“U”形达峰路径。东部地区在三种情景下均保持整体缓慢增长和缓慢降低态势（如图6.3

所示)；中部地区和西部地区在三种情景下则呈现初期增长相对较快，中后期缓慢回落趋势，增长率逐渐降低直至出现负增长（如图 6.4 和图 6.5 所示)。

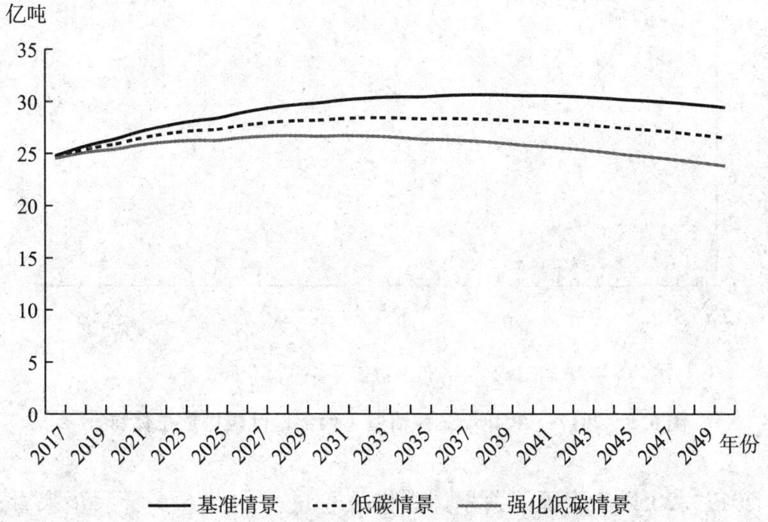

图 6.3 2017—2050 年三种情景下东部地区碳排放总体特征

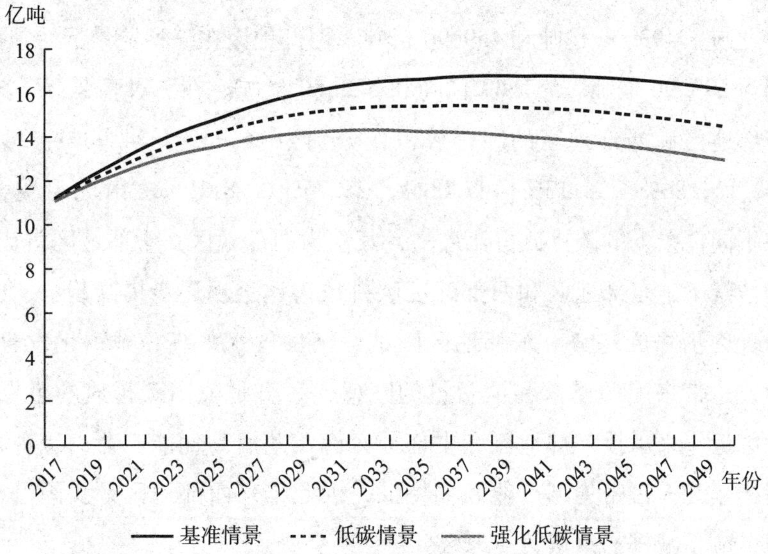

图 6.4 2017—2050 年三种情景下中部地区碳排放总体特征

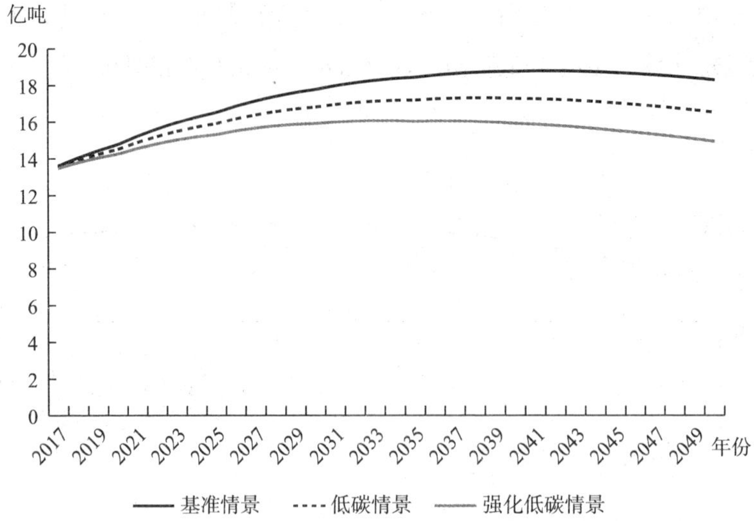

图 6.5　2017—2050 年三种情景下西部地区碳排放总体特征

从 2017—2050 年能源消费累计碳排放总量（如图 6.6 所示）来看，东部地区在基准情景、低碳情景和强化低碳情景下的碳排放总量分别为 993.80 亿吨、932.12 亿吨和 874.58 亿吨，中部地区在三种情景下的碳排放总量分别为 528.63 亿吨、493.00 亿吨和 459.90 亿吨，西部地区在三种情景下的碳排放总量分别为 593.96 亿吨、557.69 亿吨和 523.80 亿吨。在三种情景下，东部地区、中部地区和西部地区的碳排放占比分别为 46.96%、24.98%、28.06%，47.01%、24.86%、28.13%，47.06%、24.75%、28.19%。由此可见，东部地区在不同情景下的碳排放占比最高，其次为西部地区，中部地区占比最低。在三种情景下，东部地区和西部地区碳排放占比呈现逐步提高趋势，中部地区则呈现逐步降低趋势。东部地区因其经济发展水平高、城镇化发育完善、制造业发达带来能源需求和消费量的旺盛，一直是我国碳排放的重点区域；西部地区近年来承接东部地区和中部地区淘汰落后高耗能产业，呈现粗犷经济发展模式和人口密集型产业布局特征，因此未来西部地区是我国潜在碳排放区域，应是减排的重点关注地区。

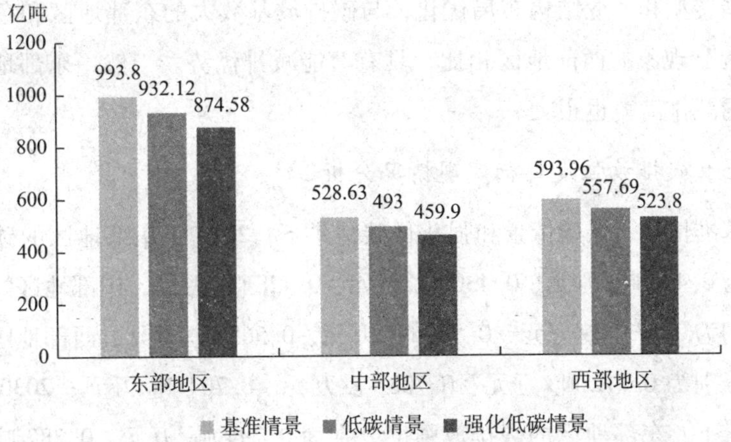

图 6.6　2017—2050 年三大地区三种情景下的碳排放总量对比

6.3.2.2　碳排放达峰路径分析

从 2017—2050 年三大地区碳排放达峰时间来看，东部地区在强化低碳情景、低碳情景和基准情景下，达峰时间分别为 2029 年、2033 年和 2038 年；中部地区在三种情景下，达峰时间分别为 2033 年、2037 年和 2039 年；西部地区在三种情景下，达峰时间分别为 2033 年、2038 年和 2042 年。由此可见，东部地区整体达峰时间最早，中部地区次之，西部地区最晚。这与理论预期相符：东部地区属于经济发达地区，产业结构整体优于中部地区和西部地区，能源强度整体低于中部地区和西部地区，城镇化水平整体高于中部地区和西部地区，对于减排技术的投入力度远大于中部地区和西部地区，公众参与节能减排的意识强烈，因而可以在强化低碳情景下实现 2029 年率先达峰。

从 2017—2050 年三大地区碳排放峰值大小来看，东部地区在强化低碳情景、低碳情景和基准情景下，峰值分别为 26.68 亿吨、28.43 亿吨和 30.64 亿吨；中部地区在三种情景下，峰值分别为 14.31 亿吨、15.42 亿吨和 16.78 亿吨；西部地区在三种情景下，峰值分别为 16.06 亿吨、17.31 亿吨和 18.78 亿吨。由此可见，在三种情景下，中部地区整体碳排放峰值最低，西部地区次之，东部地区最高。具体到三个地区内部，强化低碳情景下的碳排放峰值最低，基准情景下的碳排放峰值最高。这与中部地区六省所占国土面积远低于东部地区和西部地区的现实相符。中部六省多为重工业制造基地，正在谋求经济发展转型和产业结构布局优化，与碳排放基数大的东部地区和存在“污染避难所”现象的西部地区相比，具有节能减排优势。当然，东部地区和西部地区的减排潜力也很大。

6.3.2.3 碳排放强度目标实现情况分析

在基准情景、低碳情景和强化低碳情景下，2020 年东部地区的碳排放强度分别为 0.433 吨/万元、0.430 吨/万元、0.428 吨/万元，中部地区的碳排放强度分别为 0.573 吨/万元、0.569 吨/万元、0.565 吨/万元，西部地区的碳排放强度分别为 0.712 吨/万元、0.708 吨/万元、0.704 吨/万元；2030 年，在三种情景下，东部地区的碳排放强度分别为 0.294 吨/万元、0.287 吨/万元、0.281 吨/万元，中部地区的碳排放强度分别为 0.405 吨/万元、0.397 吨/万元、0.388 吨/万元，西部地区的碳排放强度分别为 0.495 吨/万元、0.486 吨/万元、0.478 吨/万元，如图 6.7 所示。

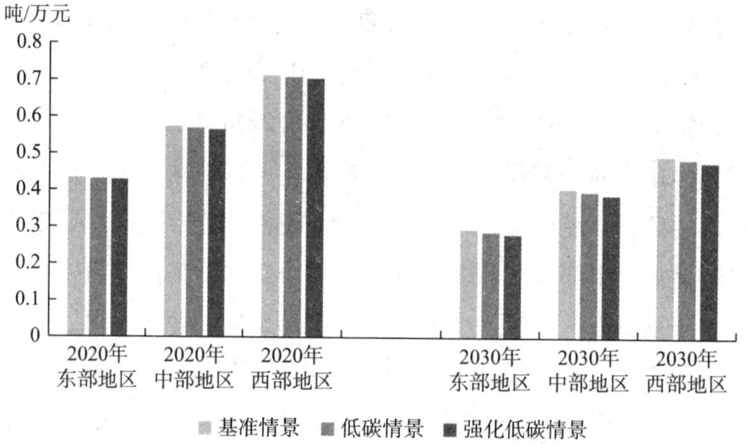

图 6.7　2020 年和 2030 年三大地区碳排放强度

在基准情景、低碳情景和强化低碳情景下，东部地区的碳排放强度最小，其次是中部地区，西部地区的碳排放强度最大。2020 年，在三种情景下，东部地区的碳排放强度比 2005 年分别降低了 56.17%、56.45%、56.74%，中部地区的碳排放强度比 2005 年分别降低了 67.37%、67.58%、67.78%，西部地区的碳排放强度比 2005 年分别降低了 83.29%、83.38%、83.47%；2030 年，在三种情景下，东部地区的碳排放强度比 2005 年分别降低了 70.28%、70.91%、71.53%，中部地区的碳排放强度比 2005 年分别降低了 76.91%、77.38%、77.85%；西部地区的碳排放强度比 2005 年分别降低了 88.38%、88.58%、88.78%。从地区尺度来看，在基准情景、低碳情景和强化低碳情景下，均可以实现我国到 2020 年碳排放强度比 2005 年降低 40%~45%，到 2030 年碳排放强度比 2005 年降低 60%~65%的总体减排要求。从三大地区内部来看，强化低碳情景下碳排放强度降幅最大，其次为低碳情景，基准情景下碳排放降幅最小。总体来看，西部地区碳排放强度降幅最大，中部地区次之，碳排放强度降幅最小。随着减排工作的深入，东部地区的减排成本逐渐增加，减排潜力比中部地区和西部地区小，碳排放强度降幅相对来说也最小。

6.3.3 省级尺度能源消费碳排放情景分析

6.3.3.1 整体特征

在基准情景、低碳情景和强化低碳情景下，各省 2017—2050 年能源消费累计碳排放量呈现出区域趋同趋势。采用自然断点法将 30 个省份划分为五类，分别为高、较高、中等、较低和低碳排放区。高碳排放区主要集中在京津冀地区的河北省、长三角地区的江苏省，以及珠三角地区。低碳排放区主要集中在西部地区的宁夏、甘肃和青海等省份，以及北京、天津和吉林省的吉林市。碳排放具有显著的空间分布差异性，三种情景下的省级累计碳排放量见表 6.13。

表 6.13 2017—2050 年三种情景下省级累计碳排放量

类型	省份	碳排放量（亿吨）		
		基准情景	低碳情景	强化低碳情景
低	北京、天津、海南、吉林、甘肃、宁夏、青海	10.5~32.53	9.94~30.8	9.41~29.17
较低	黑龙江、上海、重庆、江西、广西	32.53~52.35	30.8~48.87	29.17~45.74

续表

类型	省份	碳排放量（亿吨）		
		基准情景	低碳情景	强化低碳情景
中	安徽、湖北、陕西、福建、云南、贵州、新疆	52.35~71.53	48.87~67.35	45.74~63.43
较高	内蒙古、辽宁、浙江、湖南、四川	71.53~101.92	67.35~95.47	63.43~89.45
高	河北、山东、山西、河南、江苏、广东	101.92~166.69	95.47~156.06	89.45~146.17

由表6.13可知，各碳排放类型的省份均为基准情景碳排放量最高，低碳情景次之，强化低碳情景最低。河北、山东、山西、河南、江苏和广东在不同情景下均为高碳排放省份，分布在环渤海地区、长三角地区和珠三角地区，经济发达、城镇化发育良好、制造业发达，能源需求和消费量巨大，长期以来是我国节能减排的重点区域。

2020年和2030年各省份的碳排放总量均比2005年有了较大幅度的增长。相比2005年，2020年基准情景下的黑龙江、山西、浙江、新疆、辽宁、四川、河北、河南、广东和山东等省份的增加值均在1亿吨以上；相比2005年，2030年基准情景下的云南、河南、新疆、安徽、辽宁、四川、河北、江苏、山西、内蒙古、广东和山东等省份的预计增加值均在1亿吨以上。由此可见，碳排放大幅增长的省份主要是山东、广东、河南、河北、江苏、山西等，这些省份不仅是高碳排放区，也是碳排放高增长区，应是节能减排的重点监控和巨大挖潜区域。

6.3.3.2 碳排放达峰路径分析

在基准情景下，各省份预计达峰时间从2032年到2046年不同。广东、天津和宁夏将于2032年达到峰值，达峰时间最早，峰值分别为4.37亿吨、0.95亿吨和0.65亿吨；山东和湖北将于2033年达到峰值，峰值分别为5.08亿吨和2.18亿吨；北京、内蒙古、湖南和广西将于2037年达到峰值，峰值分别为0.87亿吨、2.49亿吨、2.79亿吨和1.46亿吨；河北、辽宁、吉林、黑龙江、安徽将于2038年达到峰值，峰值分别为3.81亿吨、2.6亿吨、0.92亿吨、1.47亿吨和2.09亿吨；山西和四川将于2039年达到峰值，峰值分别为3.88亿吨和3.21亿吨；上海、江苏、福建和江西将于2040年达到峰值，峰值分别为1.71亿吨、3.93亿吨、1.93亿吨和1.56亿吨；陕西将于2041年达到峰值，峰值为1.81亿吨；甘肃和青海将于2042年达到峰值，峰值分别为1亿吨和0.56亿吨；浙江和重庆将于2043年达到峰值，峰值分别为2.79亿吨和1.74亿吨；河南将于2044年达到峰值，峰值为4.36亿吨；海南、贵州和云南将于2045年达到峰值，峰值分别为0.35亿吨、2亿吨和2.05亿吨；新疆将于2046年达到峰值，峰值为1.91亿吨。从碳排放峰值来看，峰值最高的六个省份依次为山东、广东、河南、江苏、山西和河北，峰值范围为5.08亿~3.81亿吨，这与省份累计高碳排放区域一致，表明这六个省份碳排放一直处于高位，碳排放峰值也较其他省份高，面临巨大减排压力。峰值较高的五个省份依次为四川、湖南、浙江、辽宁和内蒙古，峰值范围为3.21亿~2.49亿吨。峰值中等的七个省份依次为湖北、安徽、云南、贵州、福建、新疆和陕西，峰值范围为2.18亿~1.81亿吨。峰值较低的四个省份依次为重庆、上海、江西和黑龙江，峰值范围为1.74亿~1.47亿吨。峰值最低的八个省份依次为广西、甘肃、天津、吉林、北京、宁夏、青海和海南，峰值范围为1.46亿~0.35亿吨。

在低碳情景下，各省份达峰时间从2028年到2045年不同。天津和山东将于2028年达到峰值，达峰时间最早，峰值分别为0.90亿吨和4.77亿吨；宁夏将于2029年达到峰值，峰值为0.62亿吨；湖北和广东将于2031年达到峰值，峰值分别为2.05亿吨和4.10亿吨；广西将于2032年达到峰值，峰值为1.37亿吨；北京、河北、内蒙古、吉林、黑龙江、安徽和湖南将于2033年达到峰值，峰值分别为0.81亿吨、3.55亿吨、2.33亿吨、0.86亿吨、1.38亿吨、1.93亿吨和2.58亿吨；辽宁将于2036年达到峰值，峰值为2.43亿吨；山西、四川和甘肃将于2037年达到峰值，峰值分别为3.55亿吨、2.96亿吨和0.93亿吨；江苏、浙江、福建和江西将于2038年达到峰值，峰值分别为3.58亿吨、2.57亿吨、1.77亿吨和1.43亿吨；上海和陕西将于2039年达到峰值，峰值分别为1.57亿吨和1.67亿吨；重庆和青海将于2040年达到峰值，峰值分别为1.58亿吨和0.52亿吨；河南、贵州和新疆将于2042年达到峰值，峰值分别为3.96亿吨、1.82亿吨和1.77亿吨；云南将于2044年达到峰值，峰值为1.86亿吨；海南将于2045年达到峰值，峰值为0.32亿吨。从碳排放峰值来看，峰值最高的六个省份依次为山东、广东、河南、江苏、山西和河北，峰值范围为4.77亿~3.55亿吨；峰值较高的五个省份依次为四川、湖南、浙江、辽宁和内蒙古，峰值范围为2.96亿~2.33亿吨；峰值中等的七个省份依次为湖北、安徽、云南、贵州、福建、新疆和陕西，峰值范围为2.05亿~1.67亿吨；峰值较低的四个省份依次为重庆、上海、江西和黑龙江，峰值范围为1.58亿~1.38亿吨；峰值最低的八个省份依次为广西、甘肃、天津、吉林、北京、宁夏、青海和海南，峰值范围为1.37亿~0.32亿吨。

在强化低碳情景下，各省份达峰时间从2022年到2042年不同。河北和新疆将于2022年达到峰值，达峰时间最早，峰值分别为3.37亿吨和1.68亿吨；天津、山东和湖北将于2027年达到峰值，峰值分别为0.85亿吨、4.54亿吨和1.95亿吨；北京、吉林、黑龙江、江苏、宁夏将于2028年达到峰值，峰值分别为0.75亿吨、0.82亿吨、1.31亿吨、3.31亿吨和0.59亿吨；广东和广西将于2029年达到峰值，峰值分别为3.86亿吨和1.29亿吨；安徽将于2031年达到峰值，峰值为1.8亿吨；内蒙古、浙江、湖南、甘肃将于2032年达到峰值，峰值分别为2.19亿吨、2.4亿吨、2.39亿吨和0.88亿吨；辽宁、河南、四川、陕西将于2033年达到峰值，峰值分别为2.29亿吨、3.64亿吨、2.76亿吨和1.55亿吨；山西将于2035年达到峰值，峰值为3.26亿吨；江西将于2036年达到峰值，峰值为1.32亿吨；上海、福建和青海将于2037年达到峰值，峰值分别为1.44亿吨、1.64亿吨和0.5亿吨；重庆将于2038年达到峰值，峰值为1.44亿吨；贵州将于2040年达到峰值，峰值为1.66亿吨；海南和云南将于2042年达到峰值，峰值分别为0.3亿吨和1.69亿吨。从碳排放峰值来看，峰值最高的六个省份依次为山东、广东、河南、河北、江苏和山西，峰值范围为4.54亿~3.26亿吨；峰值较高的五个省份依次为四川、浙江、湖南、辽宁、内蒙古，峰值范围为2.76亿~2.19亿吨；峰值中等的七个省份依次为湖北、安徽、云南、新疆、贵州、福建和陕西，峰值范围为1.95

亿~1.55亿吨；峰值较低的四个省份依次为上海、重庆、江西和黑龙江，峰值范围为1.44亿~1.31亿吨；峰值最低的八个省份依次为广西、甘肃、天津、吉林、北京、宁夏、青海和海南，峰值范围为1.29亿~0.30亿吨。

比较三种情景下的碳排放达峰时间和峰值，可以发现：在基准情景下，广东、天津、宁夏、山东、湖北的达峰时间为2032年、2033年，最早达峰，为第一梯队；第二梯队达峰时间从2037年开始，与第一梯队相隔较久，且达峰时间较为集中，包含的省份较多；第三梯队达峰时间从2043年开始，包括浙江、重庆、河南、云南、新疆、贵州、海南等省份。在低碳情景下，达峰时间较为均匀：第一梯队的天津、山东、宁夏、湖北、广东等省份的达峰时间为2028—2031年，比基准情景早；第三梯队的重庆和青海达峰时间提前到2040年。在强化低碳情景下，达峰时间进一步提前，第一梯队的河北、新疆达峰时间提前到2022年，第三梯队的福建、上海、青海等省份达峰时间提前到2037年。可见，强化低碳情景下各省份的达峰时间跨度最大。总体来看，在三种情景下，天津、湖北、山东等省份均较早达峰，重庆、云南、贵州、海南等省份达峰时间均较晚。

6.3.3.3 碳排放强度目标实现情况分析

在基准情景、低碳情景和强化低碳情景下，各省碳排放强度呈现出区域趋同趋势。采用自然断点法将30个省份划分为五类，分别为高、较高、中、较低和低碳排放强度区（见表6.14）。省级能源消费碳排放强度类型与省级累计碳排放类型具有区域差异性。低碳排放强度省份主要集中在东南沿海地区的长三角地区、珠三角地区，以及京津冀地区的北京和天津。值得注意的是，河北的碳排放强度远高于北京和天津，表明京津冀地区相比长三角地区和珠三角地区，其内部存在较大的排放强度差异。高碳排放强度省份主要集中在我国西北地区的新疆、青海、宁夏、山西等省份。我国碳排放强度整体呈现由东南向西北逐渐增大的趋势。

表 6.14 2020 年和 2030 年三种情景下的省级碳排放强度

类型	省份	基准情景		低碳情景		强化低碳情景	
		2020 年	2030 年	2020 年	2030 年	2020 年	2030 年
低	北京、天津、江苏、浙江、福建、广东、上海	0.212~0.377	0.142~0.268	0.210~0.375	0.139~0.262	0.208~0.373	0.136~0.257
较低	山东、河南、安徽、陕西、湖北、湖南、江西、重庆、广西、海南、吉林	0.377~0.564	0.268~0.397	0.375~0.560	0.262~0.390	0.373~0.557	0.257~0.382
中	黑龙江、辽宁、四川、云南	0.564~0.690	0.397~0.495	0.560~0.686	0.390~0.486	0.557~0.682	0.382~0.476
较高	内蒙古、河北、贵州、甘肃	0.690~0.936	0.495~0.684	0.686~0.930	0.486~0.672	0.682~0.925	0.476~0.660
高	新疆、青海、宁夏、山西	0.936~1.421	0.684~1.029	0.930~1.412	0.672~1.018	0.925~1.403	0.660~1.007

从省级尺度来看，在基准情景、低碳情景和强化低碳情景下，除福建（2020 年为 0.369~0.373；2030 年为 0.252~0.261）、河南（2020 年为 0.557~0.564；2030 年为 0.382~0.397）、湖南（2020 年为 0.465~0.471；2030 年为 0.313~0.327）、广东（2020 年为 0.354~0.359；2030 年为 0.234~0.245）和宁夏（2020 年为 1.383~1.399；2030 年为 0.961~1.001）预期不能实现到 2020 年单位 GDP 的碳排放比 2005 年降低 40%~45%和到 2030 年单位 GDP 的碳排放比 2005 年降低 60%~65%的减排目标外，其他省份均可实现减排目标，预期总体碳减排效果良好。

6.4 差异化减排策略

从第 5 章的碳排放影响因素分析和本章的碳排放达峰路径分析可知，人均 GDP、能源强度和产业结构对全国和三大地区能源消费碳排放的影响最为显著，所以应将减排重点放在人均 GDP、能源强度和产业结构等指标的调整上。同时，由于各地区、各省份的经济发展水平、能源利用效率、产业结构和碳排放达峰路径各不相同，所面临的减排瓶颈具有差异性，因此国家在制定减排任务和目标时应考虑各地区的实际发展状况、城镇化水平和工业发展水平，设定碳减排梯度目标，针对区域不同的达峰时间和峰值，因地制宜地制定差异化的减排策略，分区域、分阶段地制定和实施减排措施。

6.4.1 总体减排策略

为了降低碳排放强度，早日达到碳排放峰值目标，需要尽快向经济发展方式低碳化、产业结构低碳化和能源结构低碳化方向转变。

(1) 转变经济发展方式，选择低碳化的社会经济发展道路。

为了如期实现碳达峰和碳中和的目标，需要改变当前以化石能源消费为主的粗放式经济发展方式，改变生产和消费模式，推动产业结构优化布局，加快发展知识和技术密集型等高附加值产业，对传统制造业升级、技术创新和人工智能发展给予政策优惠和支持，使产业发展和人力资本形成有效共振，迸发出更大的集群优势，优化国内经济发展模式。同时，利用世界经济分工和国际贸易机制，实现我国经济发展方式的绿色低碳化。积极倡导建立资源节约型和环境友好型社会，引导和培育企业和居民的低碳环保生产意识和消费意识，力争建立从国际到国内、从企业到居民的上下联动、低碳绿色的社会经济发展道路。

(2) 进行产业结构调整，促进产业结构向低碳化发展。

产业结构低碳化主要包含两部分内容：一是产业结构体系的合理化发展。构建优质、合理和高效的产业结构，寻求更为可持续的发展路径。适当降低GDP中高耗能行业占比，缩短钢铁、交通、汽车、化工等高碳排放产业链条，并对其进行低碳化处理。控制高耗能工业发展，鼓励高耗能产业的兼并与竞争，建立低碳化和循环经济工业示范园区，鼓励发展信息技术、新能源、高端装备、现代服务业等战略性新兴产业。二是产业结构体系的高级化发展。我国应积极发展处于价值链高端、科技含量高和附加值高的产业，推进高耗能产业部门的技术进步，加快淘汰落后工艺和设备，打造高级别的产业装备体系，制造和使用世界领先的用能设备，对我国主要高能耗产业进行先进技术普及，提高能源利用效率，降低企业能耗水平。

（3）推动能源结构优化，提高能源利用效率。

在世界范围内，由传统化石能源转向可再生能源和新能源已是大势所趋，应推动我国能源结构由主要依赖化石能源向大力发展清洁能源转变，大规模研发和普及利用海岛太阳能、海上风能、光伏发电等可再生能源，实现能源多元化发展，推动能源结构优化。同时，应加大政府资金和人力投入，促进节能技术创新，提升工业部门的设备规模和技术水平，改进加工转换部门，尤其是电力部门的能源效率水平，加快淘汰落后工艺和设备，降低行业能源消耗强度，提高终端用能部门的能源利用效率。总体来看，优化能源结构，进一步降低煤炭消费的比重，促进能源多元化发展，强化节能技术，使能源利用效率达到世界先进水平是重要而有效的节能减排措施。

（4）构建碳排放统计体系，推进和完善碳市场运行。

建议在国家统计局的领导和指导下，建立专门负责碳排放数据调查和统计的机构，鼓励研究机构充分利用卫星遥感等技术，建立“全国—省级—市级—县级”多尺度碳排放估算模型，实现对不同尺度碳排放量的快速估算，及时更新政府统计数据，为差异化碳减排策略的制定、实施和适时调整提供有效支撑。为进一步推进和完善全国性的碳交易市场运行，国家统计部门应建立碳减排量的科学评估机制，为碳市场买方和卖方开展交易提供公正、合理的评估结果。准确及时地获取碳排放数据与碳市场的建立密切相关，碳市场的建立有利于提高各地区节能减排的积极性，充分利用市场机制，并与国家宏观调控手段相结合，可以有效推动我国社会经济的低碳化发展。

（5）加强绿色消费理念的培养，提高全民节能减排意识。

经济发展方式的转变、产业结构的合理化和高级化、能源消费的多元化和高效化等减排策略的落实均离不开政府部门的推动和引导，离不开企业绿色生产技术的开发和应用、民众绿色低碳消费习惯的培养等。培育民众绿色消费观念和低碳生活方式、引导企业低碳生产是实现节能减排的重要基础性工作。政府应加大对节能减排政策的宣传，将节能减排的理念、技术和方法落实到生产和生活中，推动全民参与，通过不断改变生活方式，养成绿色低碳消费习惯。

6.4.2 东部地区减排策略

东部地区工业基础雄厚、基础设施完善、交通运输业发达，是我国经济最发达、城镇化集聚程度最高的区域，包含北京、天津、河北、辽宁、吉林、黑龙江、上海、江苏、浙江、福建、山东、广东、海南13个省份。截至2017年底，东部地区生产总值达到50.21亿元，在国内生产总值中的比重为59.27%。20世纪80年代，随着国家改革开放政策的实施，我国珠三角地区经济得到了快速发展。20世纪90年代，随着浦东新区的设立和建设，我国长三角地区快速发展，珠三角地区和长三角地区成为我国经济发展的两大增长极。2015年，中央政治局审议通过《京津冀协同发展规划纲要》[250]，强调打造新的首都经济圈，实现京津冀协同发展，使其成为我国东部地区经济的第三增长极。《国民经济和社会发展第十一个五年规划纲要》[251]提出，要鼓励东部地区率先发展，为全国起到表率示范、搭桥铺路的引导作用，由此东部地区应发挥政策及区位优势，实现经济发展绿色转型，率先实现碳排放达峰，为中部地区和西部地区提供路径参考和借鉴。本书第4章的研究结果表明，东部地区实施减排的重点县（市、区）主要集中在京津冀地区、长三角地区、珠三角地区，以及辽宁、山东半岛、福建和广东，具体见表6.15。

表6.15 东部地区重点减排县（市、区）

省份	县（市、区）
天津	市辖县
上海	市辖县
河北	磁县、武安市、沧县、黄骅市、霸州市、三河市、乐亭县、滦县、丰南区、迁安市、遵化市、丰润区、抚宁区
辽宁	瓦房店市、大洼区、海城市、凌海市、阜新蒙古族自治县、昌图县
山东	黄岛区、胶州市、即墨区、平度市、章丘区、邹平市、寿光市、东营区、荣成市
江苏	吴江区、苏州高新区虎丘区、昆山市、太仓市、常熟市、张家港市、宜兴市、江阴市
福建	晋江市、南安市
广东	中山市、番禺区、东莞市、南海区、惠阳区、博罗县

本书第5章的研究结果表明，东部地区能源强度和产业结构调整对碳排

放影响显著。这里分别计算2016年东部地区上述重点减排县（市、区）第二产业占比，并进行了降序排列，具体见表6.16。

从表6.16中可以看出，东部地区大部分重点减排县（市、区）第二产业占比超过50%，产业结构是影响这些县（市、区）碳排放的重要因素，对这些县（市、区）的产业结构进行调整是实现碳减排的有效途径。

表6.16 重点减排县（市、区）产业结构排序

省份	县（市、区）	产业结构（%）	省份	县（市、区）	产业结构（%）
江苏	苏州高新区虎丘区	69.64	山东	平度市	51.37
河北	丰润区	67.19	江苏	吴江区	51.27
山东	东营区	62.16	江苏	常熟市	51.24
河北	霸州市	61.52	江苏	太仓市	50.54
河北	武安市	61.02	河北	三河市	50.14
福建	晋江市	60.77	广东	中山市	49.00
福建	南安市	60.26	广东	东莞	48.64
山东	章丘区	59.92	河北	沧县	47.78
河北	迁安市	59.48	辽宁	大洼区	47.74
河北	滦县	59.45	河北	遵化市	47.56
山东	邹平市	58.50	河北	磁县	45.85
山东	黄岛区	58.23	山东	荣成市	44.61
广东	南海区	58.16	山东	寿光市	42.49
河北	丰南区	58.04	河北	黄骅市	41.04
广东	博罗县	55.33	天津	天津	40.45
江苏	江阴市	54.51	广东	番禺区	35.8
江苏	昆山市	54.07	辽宁	凌海市	32.08
山东	即墨区	53.63	河北	乐亭县	30.97
辽宁	瓦房店市	52.59	上海	上海	29.78
江苏	张家港市	52.41	辽宁	昌图县	26.33
广东	惠阳区	52.05	辽宁	海城市	26.16
山东	胶州市	51.94	河北	抚宁区	23.62
江苏	宜兴市	51.49	辽宁	阜新蒙古族自治县	15.68

京津冀地区重点减排县（市、区）主要集中在河北省，除了抚宁区和乐

亭县，其他县（市、区）的第二产业占比均高于40%。其中：磁县以煤化工、装备制造业和服装业为支柱产业；武安市是全国重点产煤县，钢铁是其重点发展产业；沧县是石油钻采、化工和装备制造业基地；黄骅市是石化、汽车和原盐等工业生产基地；霸州市以金属和玻璃加工、家具业等产业为主；滦县的主导产业为钢铁业；丰南区是煤炭开采、装备制造和钢铁生产基地；迁安市的重点产业为钢铁业和装备制造业；丰润区是装备制造、建材集散和物流基地；乐亭县以建筑安全支护、精品钢铁、精细化工、新材料、临港物流等特色产业为主；三河市和抚宁区以旅游业为主导产业，重工业占比较低。因此，河北省的重点碳减排县（市、区）应转变以重工业为主的经济增长模式，加快科技园区和创新平台的建设，构建现代产业结构体系，大力发展现代服务业，推动高能耗产业向专业化和价值链高端产业延伸，提高制造业发展水平。

长三角地区的重点减排县（市、区）主要集中在江苏省，各县第二产业占比均高于40%。其中：吴江区在以丝绸纺织、装备制造业和电子信息为主导产业的基础上，发展了现代服务业、新能源、新材料和生物医药等新兴产业；苏州高新区虎丘区以计算机通信、设备制造业和电气制造业为支柱产业；昆山市大力发展通信设备、计算机等电子产业；太仓市与上海具有同城效应，以第三产业为主；常熟以汽车制造业、纺织服装业和装备制造业为主导产业；张家港以冶金、纺织、化工、机电和食品产业为主；宜兴市是我国重要的陶瓷制品基地，也是重工业制造基地；江阴市以制造业为主。因此，长三角地区重点减排县应着重培育高新科技产业，转变以往以劳动密集型产业为主的经济发展模式，实现经济低碳高效发展。根据《国务院关于依托黄金水道推动长江经济带发展的指导意见》[252]（2014年）和国务院通过的《长江三角洲城市群发展规划》（2016年）的要求，产业结构调整重点应放在装备制造业高级化和生物制药、汽车及高新材料等高端制造业关键领域创新化，重点发展金融业和物流等现代服务业。

珠三角地区的重点减排县（市、区）产业结构各具特征。中山市以医药制造业和医疗设备仪器制造业为主；番禺区五大产业分别为汽车制造业、电气制造业、通用设备制造业、金属制造业和农副食品加工业；东莞市以电子信息、化工、食品、家具等产业为主；南海区重点发展金属加工业、计算机通信和设备制造业、汽车制造业等产业；惠阳区以新能源新材料、电子信息、精细化工等产业为主；博罗县以传统的建材、制糖、制药和农产品深加工等产业为主。珠三角地区各重点减排县（市、区）应探索适合自身产业特征的绿色低碳发展之路。2015 年，国务院正式批复珠三角地区为国家自主创新示范区，强调珠三角地区的开放创新和转型升级是区域经济发展的重中之重。因此，珠三角地区可在现有产业布局基础上积极培育绿色节能产业，对低碳技术进行研发、应用和推广，降低高能耗产业占比并对其进行适当转移，发展现代化服务业，转变产业结构布局，构建绿色产业体系。同时，积极落实推广碳普惠制，鼓励珠三角地区市民和小微企业的主动节能减排行为，培育民众的合理消费和低碳生活理念，培育企业节能低碳的生产方式。

在其他东部重点减排县（市、区）中，辽宁省瓦房店是中国工业百强县；大洼区具有丰富的石油和天然气资源，主导产业为石油化工、机械、建材和医药等；海城市重点产业为钢铁及深加工产业、装备制造业和菱镁新材料产业；阜新蒙古族自治县具有铸造产业集群优势；昌图县产业结构以建材、机械、化工和农副产品深加工为主。山东省黄岛区、胶州市和即墨区大力发展高新技术产业和旅游业，双轮驱动效应明显；平度市为山东半岛制造业中心，形成了家电电子、特色化工、机械配件的产业规模集群；章丘区以高新技术产业为主导产业；邹平市以纺织服装业、有色金属冶炼和压延加工、装备制造业为主导产业；寿光市以橡胶新材料、新型防水材料和生物医药为主导产业；东营区是山东半岛主要的油田矿区；荣成市以海洋生物食品加工、造船及零部件和汽车及零部件制造业为主导产业。福建省南安市是重要的工业基地；晋江市以纺织服装业、制鞋业、建材陶瓷业、智能装备及机械制造业为主导产业，近年来大力发展新材料和光伏电子业。

总体而言，对于以技术、劳动密集型产业为主导的东部地区，其碳减排策略应侧重于产业结构调整，科学调整产业布局，大力发展绿色低碳产业。

6.4.3 中部地区减排策略

中部地区经济发达、资源丰富，承东启西，连接南北，包含山西、安徽、江西、河南、湖北和湖南六省。截至2017年底，中部地区生产总值达到17.65亿元，占全国GDP的20.83%，是我国经济增长的第二梯队，也是我国的粮食生产、能源和原材料生产、现代装备制造业、高新技术产业基地和交通运输业总枢纽。2016年，国家发展改革委印发《促进中部地区崛起“十三五”规划》，明确提出要努力把中部地区建设成为全国重要的先进制造业中心、全国新型城镇化重点区、全国现代农业发展核心区、全国生态文明建设示范区、全方位开放重要支撑区。2016年，《长江经济带发展规划纲要》正式印发[254]，提出中部地区的安徽、江西、湖北和湖南作为长江经济带的重要组成部分，应充分依托长江黄金水道，以绿色、低碳发展为引领，推动区域经济协调、高质量发展。

中部地区在迎来经济发展新机遇的同时，也面临区域发展新的挑战。首先，中部地区经济发展进入新常态，经济增速换挡，地区内部存在区域发展不平衡问题，地区经济走势呈现南北分化加大的趋势，河南、湖南和湖北总体经济实力更强；其次，中部地区整体仍处于工业化中后期，对劳动力要素、能源资源和投资驱动的经济发展模式较为依赖，城镇化水平仍然偏低，一度陷入“中部塌陷”的焦灼中。中部地区的产业结构以传统制造业为主，经济结构较为单一，存在不平衡、不协调和不可持续问题。要实现经济低碳发展，达成整体减排目标，不可避免地需要经历经济结构和产业结构调整的阵痛。

本书第5章的研究结果表明，能源强度和产业结构调整对中部地区碳排放影响显著。首先，结构调整是中部地区低碳发展的必由之路，需要推进产业结构优化升级、建设低碳化现代产业新体系。中部地区产业发展各具特色：河南人力资源成本较低、农业科技发展迅速，应将着力点放在推动现代服务业和现代农业的发展上；湖南、江西是重要的制造业基地，需要推动传统制造业优化升级，发展信息科技、清洁能源等新兴产业；山西是能源大省，应将着力点放在煤炭资源绿色开发和洁净利用，以及可再生能源的开发应用上；湖北、安徽的高新技术产业发展走在了中部地区前列，应着重考虑促进高新产业的集群化发展。其次，在产业结构低碳化构建的同时，需要加快培育绿色经济发展方式，选择低碳化的社会经济发展道路。中部地区应着力推进以能源节约、清洁能源开发、高新技术为支撑的低碳经济发展模式，加快淘汰钢铁、化工、建材等高耗能、高排放企业的落后产能和设备，承接东部地区优势产业，为经济发展注入新的活力。

本书第 4 章的研究结果表明，中部地区高碳排放区域主要集中在山西中部城市群、中原城市群、武汉都市圈、长株潭城市群等工业发达、城镇化水平较高的区域，且是以能源和重工业为主导的城市群。山西中部城市群大量承接环渤海地区产业转移，在促进中西部经济发展的同时，需要促进该区域资源型城市转型，以能源类传统产业为优势，大力整合能源资源，推动煤炭产业的规模化和洁净利用，实现传统产业低碳化发展。中原城市群应着重建设全国先进制造业和现代服务业中心，推动产业融合发展，重点发展现代物流业和现代服务业，推动煤炭基地转型升级，培育发展新动能，构建绿色低碳产业体系。中部地区的重点减排县（市、区）集中在湖北的武汉城市圈和湖南的长株潭城市群，重点减排县（市、区）见表 6. 17。

表 6. 17　中部地区重点减排县（市、区）

省份	县（市、区）	产业结构（%）
湖北	武汉市辖县	43
	随州市	44. 10
湖南	望城区	71. 50
	浏阳市	69. 02
	长沙县	64. 49

湖北省武汉市辖县产业结构以钢铁、汽车、化工、制造业为主，是中部地区重要的工业基地；随州市曾都区以专汽制造、农产品加工和生态旅游产业为主，是我国高质量机械产业集聚区。武汉城市圈是中部崛起的重要支点，是长江经济带的重要经济增长极，需要加快老工业基地改造，提高技术创新能力，在钢铁、汽车等重型工业领域形成具有集群优势的产业基地。湖南浏阳市以电子信息、机械制造、现代服务和生物制药等产业为主，长沙县以汽车及零部件、机械制造和电子信息为支柱产业，望城区产业以有色金属冶炼、压延加工制造以及非金属制品业为主。长株潭城市群是中部崛起的引擎之一，产业结构调整需以高新技术产业为主导，以制造业和现代服务业为主体产业，

强化原有产业优势，构建绿色低碳产业结构布局。

6.4.4 西部地区减排策略

西部地区地域辽阔，是我国重要的矿产资源富集区，特别是天然气和煤炭资源的储量，分别占全国的87.6%和39.4%。西部地区整体为我国经济欠发达地区，是需要大力开发的区域，包括内蒙古、广西、重庆、四川、贵州、云南、陕西、甘肃、青海、宁夏和新疆11个省份。截至2017年底，西部地区生产总值达到16.85亿元，占全国GDP的19.89%，是我国经济增长的第三梯队。2000年，国务院成立了西部地区开发领导小组。2006年通过的《西部大开发"十一五"规划》[255]提出，要实现西部地区经济、基础设施和生态环境的新突破。2019年，国家发展改革委印发的《西部陆海新通道总体规划》[256]指出，到2025年基本建成西部陆海新通道，为经济发展提供基础设施建设和技术路线支撑。

本书第4章的研究结果表明，西部地区重点减排县（市、区、旗）主要集中在西北部的内蒙古、陕西、宁夏和新疆等省份，以及西南的广西、重庆、四川和贵州等省份。西部地区的重点减排县（市、区、旗）见表6.18。

表6.18 西部地区的重点减排县（市、区、旗）

省份	县（市、区、旗）
内蒙古	东胜区、准格尔旗、达拉特旗、乌审旗、阿拉善左旗、科尔沁区
广西	兴宾区
重庆	渝北区
四川	双流区
贵州	兴义市
陕西	志丹县、吴起县、定边县、靖边县、神木市
宁夏	灵武市
新疆	库车县

由本书第5章的实证结果可知，西部地区能源强度对碳排放影响最为显著，产业结构布局对能源强度具有显著影响，重点减排县（市、区、旗）产业结构见表6.19。除了内蒙古的东胜区、贵州的兴义市和广西的兴宾区外，

其他县（市、区、旗）的第二产业占比均大于50%。

表 6.19 西部地区重点减排县（市、区、旗）产业结构排序

省份	县（市、区、旗）	产业结构（%）	省份	县（市、区、旗）	产业结构（%）
宁夏	灵武市	85.59	内蒙古	准格尔旗	59.07
陕西	吴起县	75.14	四川	双流区	58.10
内蒙古	乌审旗	74.63	新疆	库车县	57.17
内蒙古	阿拉善左旗	72.24	重庆	渝北区	55.60
陕西	志丹县	70.71	内蒙古	达拉特旗	55.33
陕西	神木市	68.11	内蒙古	东胜区	36.73
内蒙古	科尔沁区	64.00	贵州	兴义市	34.32
陕西	定边县	62.58	广西	兴宾区	33.87
陕西	靖边县	60.87			

西部地区产业结构各具特色。依托资源禀赋优势，西部地区形成了石油天然气产业、煤电产业、畜牧业、高新装备制造业和高新技术产业等特色产业。西部地区产业结构调整应在大力发展特色优势产业的基础上，提升矿产资源的开发利用水平，提高特色农业和畜牧业产品的深加工能力，大力发展特色旅游文化等现代服务业。考虑到西部地区具有丰富的自然资源和劳动力成本低的比较优势，应努力实现东部地区产业向西部地区转移，加大转移支付力度。

西部地区重点减排县（市、区、旗）的主导产业各具特色。重庆渝北区的主要产业为汽车制造、计算机和电子设备制造业，四川双流区则着力发展新兴电子信息、新能源产业，以及以临空经济为引领的现代服务业，这两个县要实现产业结构调整，需要进一步发展高端制造业和现代服务业，完善产业链和供应链。贵州兴义市以原煤、发电和农用化肥等产业为主，广西兴宾区以冶炼、制糖业和火电为主要产业，这两个资源富集县应向高端能源化工产业方向发展，构建循环经济和低碳产业体系，同时通过技术创新，提高能源利用效率，降低产品能耗水平。陕西神木市煤炭资源丰富，工业产业集中在煤炭、电力、化工、载能、建材等产业领域，煤炭和煤化工产业占据主导地位；陕西志丹县石油储藏丰富，分布范围广泛，工业产业以石油开采业为主；陕西吴起县石油、天然气资源丰富，石油工业是其经济发展的重要支柱；陕西定边县石油、天然气、原盐等矿产资源丰富，具有独特的资源优势，工业产业以油气开采业为主，原盐开采在定边县经济稳定发展中也占据重要位置，风力发电和光伏业是其战略产业；陕西靖边县石油、天然气、煤炭、原盐等矿产资源丰富，工业产业已从单一传统能源产业模式转向能源化工产业、新能源产业等协调发展的综合模式。内蒙古东胜区煤炭资源丰富，煤炭产业在经济发展中占据主导地位，是我国著名的煤炭基地；内蒙古准格尔旗煤炭和煤层气资源丰富，工业产业以煤炭开采及煤化工产业为主；内蒙古达拉特旗产业结构中，第二产业和第三产业并重，其中第二产业以煤炭、化工、电力、铝冶炼等产业为主导，第三产业以道路运输业为主；内蒙古乌审旗煤炭和天然气资源丰富，产业结构中第二产业占比高，且以煤炭和天然气开采业为主；内蒙古阿拉善左旗煤炭、湖盐资源丰富，产业结构中第二产业占比高，且以煤炭产业为主；内蒙古科尔沁区矿产资源种类多，煤炭资源丰富，煤炭产业在工业产业中居于主导地位。宁夏灵武市是国家级宁东能源化工基地，产业结构中第二产业占比高，工业产业以石油加工、炼焦业、煤炭开采和洗选业、煤化工等为主。新疆库车县煤炭、石油和铁矿等矿产资源丰富，工业产业以石油和煤炭工业为主。

这些县依托资源优势，成为我国传统的能源和化工产业基地，也是受碳减排“双目标”影响较大的区域，应未雨绸缪，科学布局，加快推动石油化工、煤炭开发利用等传统产业转型升级，调整能源结构和产业布局，发展新能源、新材料和高新技术产业，打造绿色低碳工业体系。

6.5 本章小结

本章运用情景分析法，基于 STIRPAT 模型，以能源消费碳排放主要影响因素为变量，构建了能源消费碳排放预测模型；设定了基准、低碳和强化低碳三种情景，对全国、三大地区和 30 个省份 2017—2050 年的碳排放趋势进行了预测；分析了三大地区和 30 个省份碳排放强度减排目标的落实情况、达峰路径，并给出了差异化的减排策略。

（1）基于STIRPAT模型，采用多元线性回归方法，以人口规模、人均GDP、城镇化水平、产业结构和能源强度等为变量，构建了能源消费碳排放预测模型。各变量均为一阶单整 I（1），均通过协整检验，表明变量之间存在一个长期均衡关系。预测模型拟合优度 R^2 为0.9515（$P<0.01$），模型预测效果良好。人口规模是影响碳排放的最强驱动力，其次为能源强度和产业结构，再次为人均GDP，城镇化水平对碳排放具有负向影响。预测模型相对误差满足精度要求，省级碳排放预测模型模拟效果良好。在此基础上，对我国2017—2050年碳排放情景进行假设，设定了基准、低碳和强化低碳三种情景，确定了人口规模、人均GDP、能源强度、城镇化水平和产业结构等情景指标的变化速率。

（2）在全国尺度上，三种情景下能源消费碳排放均呈现倒“U”形达峰路径。在基准情景下，全国范围内能源消费碳排放增长速度已逐渐放缓；在低碳和强化低碳情景下，能源消费碳排放达峰时间会提前到来。在基准、低碳和强化低碳情景下，2017—2050年我国能源消费碳排放总量分别为2116.40亿吨、1982.83亿吨和1858.28亿吨。从碳排放达峰时间来看，在强化低碳情景下，2032年达峰，达峰时间最早；在低碳情景下，2037年达峰，达峰时间次之；在基准情景下，2039年达峰，达峰时间最晚。从碳排放峰值来看，在强化低碳情景下，碳排放峰值最小，为57.02亿吨；其次为低碳情景，峰值为61.07亿吨；在基准情景下，碳排放峰值为66.14亿吨。在三种情景下，均可以实现碳排放强度降低的总体减排要求。

（3）在地区尺度上，三种情景下我国东部地区、中部地区和西部地区能源消费碳排放均呈现倒“U”形达峰路径。在东部地区，三种情景下均保持整体缓慢增长和缓慢降低态势；在中部地区和西部地区，三种情景下初期增长相对较快，中后期增长率逐渐降低直至出现负增长，呈现缓慢回落趋势。在东部地区、中部地区和西部地区，基准情景下2017—2050年能源消费碳排放总量分别为993.80亿吨、528.63亿吨和593.96亿吨。从碳排放达峰时间来看，东部地区在强化低碳、低碳和基准情景下，达峰时间分别为2029年、2033年和2038年；中部地区在三种情景下，达峰时间分别为2033年、2037

年和2039年；西部地区在三种情景下，达峰时间分别为2033年、2038年和2042年。从碳排放峰值来看，东部地区在强化低碳、低碳和基准情景下，峰值分别为26.68亿吨、28.43亿吨和30.64亿吨；中部地区在三种情景下，峰值分别为14.31亿吨、15.42亿吨和16.78亿吨；西部地区在三种情景下，峰值分别为16.06亿吨、17.31亿吨和18.78亿吨。由此可见，在三种情景下，中部地区整体碳排放峰值最小，西部地区次之，东部地区最大。在三种情景下，三大地区均可以实现碳排放强度降低的总体减排要求。

（4）能源消费低碳排放省份在基准、低碳和强化低碳三种情景下，2017—2050年碳排放累计总量分别达到171.11亿吨、161.39亿吨和152.27亿吨；高碳排放省份在三种情景下，2017—2050年碳排放累计值分别达到814.48亿吨、760.90亿吨和711.07亿吨。在基准情景下，各省份碳排放达峰时间从2032年到2046年不同。其中：广东、天津和宁夏于2032年达到峰值，达峰时间最早；碳排放峰值最高的六个省份依次为山东、广东、河南、江苏、山西和河北，碳排放峰值范围为5.08亿~3.81亿吨。在低碳情景下，各省份碳排放达峰时间从2028年到2045年不同。其中：天津和山东于2028年达到峰值，达峰时间最早；碳排放峰值最高的六个省份依次为山东、广东、河南、江苏、山西和河北，峰值范围为4.77亿~3.54亿吨。在强化低碳情景下，各省份碳排放达峰时间从2022年到2042年不同。其中：河北和新疆于2022年达到峰值，碳排放峰时间最早；碳排放峰值最高的六个省份依次为山东、广东、河南、河北、江苏和山西，峰值范围为4.53亿~-2.75亿吨；除福建、河南、湖南、广东和宁夏外，其他省份均可实现碳排放强度降低的总体减排要求。

（5）从全国、东部地区、中部地区和西部地区四个尺度提出了减排策略。总体上，需要转变经济发展方式，选择绿色低碳的经济发展模式；优化产业结构，调整第一、第二和第三产业的比例，提高制造业、高新技术产业和服务业的比重；推动能源多元化发展，降低化石能源消费比例，提高能源利用效率；构建科学的碳排放统计体系，完善碳市场运行机制；培育全民绿色低碳生活意识和方式。东部地区的能源消费碳排放减排策略应侧重于产业结构调整，在从技术层面调整产业布局的同时，在管理层面，应积极培育人们的绿色低碳消费理念和行为，重点减排的县主要集中在京津冀、长三角、珠三角地区，以及辽宁、山东半岛和福建。中部地区的产业结构调整对碳排放影响显著，减排策略应立足于产业布局优化，重点减排的县集中在湖北武汉城市圈和湖南长株潭城市群，包括武汉市辖县、随州市曾都区，湖南浏阳市、长沙县和望城区。西部地区的能源强度对能源消费碳排放的影响最为显著，能源结构调整和能源利用效率提高是降低该区域碳排放的重要途径，精准减排的县主要集中在西北部的内蒙古、陕西、宁夏和新疆，以及西南的广西、重庆、四川和贵州。

附录 A　低碳情景和强化低碳情景各参数设定

表 A.1　人口规模低碳情景设定　（%）

地区	2017—2020 年	2021—2025 年	2026—2030 年	2031—2035 年	2036—2040 年	2041—2045 年	2046—2050 年
北京	1.39	0.00	0.00	0.00	0.00	0.00	0.00
天津	3.61	0.95	0.48	0.00	0.00	0.00	0.00
河北	0.73	0.20	0.17	0.14	0.09	−0.01	−0.12
山西	0.76	0.38	0.10	0.00	−0.11	−0.16	−0.21
内蒙古	1.31	0.84	0.27	0.08	−0.02	−0.07	−0.13
辽宁	0.04	0.30	0.19	0.05	−0.05	−0.11	−0.16
吉林	0.04	0.30	0.19	0.05	−0.05	−0.11	−0.16
黑龙江	0.04	0.30	0.19	0.05	−0.05	−0.11	−0.16
上海	0.78	0.00	0.00	0.00	0.00	0.00	0.00
江苏	0.59	0.30	0.02	−0.03	−0.08	−0.14	−0.19
浙江	0.67	0.39	0.10	0.01	−0.04	−0.09	−0.15
安徽	0.78	1.78	1.08	0.02	−0.03	−0.08	−0.14
福建	1.38	0.12	0.12	0.05	0.00	−0.05	−0.11
江西	1.07	0.40	0.39	0.01	−0.04	−0.09	−0.15
山东	0.72	0.34	0.06	0.01	−0.04	−0.09	−0.15
河南	4.03	0.34	0.25	0.03	−0.02	−0.07	−0.13
湖北	0.56	0.14	0.06	0.01	−0.04	−0.09	−0.15
湖南	2.71	1.76	0.52	0.04	−0.01	−0.06	−0.12
广东	0.86	1.00	0.79	0.04	−0.01	−0.06	−0.12
广西	0.94	1.51	0.59	0.04	−0.01	−0.06	−0.12
海南	2.04	2.86	1.69	0.08	0.03	−0.02	−0.07

续表

地区	2017—2020年	2021—2025年	2026—2030年	2031—2035年	2036—2040年	2041—2045年	2046—2050年
重庆	1.18	1.48	0.83	0.04	−0.01	−0.06	−0.12
四川	0.67	0.29	0.03	−0.02	−0.07	−0.13	−0.18
贵州	0.97	0.49	0.03	−0.02	−0.07	−0.13	−0.18
云南	0.62	0.33	0.16	0.03	−0.02	−0.07	−0.13
陕西	0.54	0.29	0.19	0.04	−0.01	−0.06	−0.12
甘肃	0.45	0.50	0.35	0.04	−0.01	−0.06	−0.12
青海	0.62	0.33	0.16	0.03	−0.02	−0.07	−0.13
宁夏	1.23	0.85	0.18	0.03	−0.02	−0.07	−0.13
新疆	0.62	0.33	0.16	0.03	−0.02	−0.07	−0.12

表 A.2　人口规模强化低碳情景设定　(%)

地区	2017—2020年	2021—2025年	2026—2030年	2031—2035年	2036—2040年	2041—2045年	2046—2050年
北京	1.31	0.00	0.00	0.00	0.00	0.00	0.00
天津	3.42	0.90	0.45	0.00	0.00	0.00	0.00
河北	0.69	0.19	0.16	0.14	0.08	−0.01	−0.12
山西	0.72	0.36	0.09	0.00	−0.11	−0.17	−0.22
内蒙古	1.24	0.79	0.25	0.07	−0.02	−0.08	−0.13
辽宁	0.04	0.29	0.18	0.05	−0.06	−0.11	−0.17
吉林	0.04	0.29	0.18	0.05	−0.06	−0.11	−0.17
黑龙江	0.04	0.29	0.18	0.05	−0.06	−0.11	−0.17
上海	0.74	0.00	0.00	0.00	0.00	0.00	0.00
江苏	0.56	0.29	0.02	−0.03	−0.09	−0.14	−0.20
浙江	0.64	0.37	0.10	0.01	−0.04	−0.10	−0.15
安徽	0.74	1.69	1.03	0.02	−0.03	−0.09	−0.14
福建	1.31	0.11	0.11	0.05	0.00	−0.06	−0.11
江西	1.02	0.37	0.37	0.01	−0.04	−0.10	−0.15
山东	0.68	0.32	0.05	0.01	−0.04	−0.10	−0.15
河南	3.82	0.32	0.24	0.03	−0.02	−0.08	−0.13

续表

地区	2017—2020 年	2021—2025 年	2026—2030 年	2031—2035 年	2036—2040 年	2041—2045 年	2046—2050 年
湖北	0.53	0.13	0.06	0.01	-0.04	-0.10	-0.15
湖南	2.57	1.67	0.50	0.04	-0.01	-0.07	-0.12
广东	0.82	0.95	0.75	0.04	-0.01	-0.07	-0.12
广西	0.89	1.43	0.56	0.04	-0.01	-0.07	-0.12
海南	1.94	2.71	1.60	0.07	0.03	-0.02	-0.08
重庆	1.12	1.40	0.78	0.04	-0.01	-0.07	-0.12
四川	0.64	0.28	0.03	-0.02	-0.08	-0.13	-0.19
贵州	0.92	0.47	0.03	-0.02	-0.08	-0.13	-0.19
云南	0.59	0.32	0.15	0.03	-0.02	-0.08	-0.13
陕西	0.51	0.28	0.18	0.04	-0.01	-0.07	-0.12
甘肃	0.42	0.47	0.33	0.04	-0.01	-0.07	-0.12
青海	0.59	0.32	0.15	0.03	-0.02	-0.08	-0.13
宁夏	1.16	0.80	0.17	0.03	-0.02	-0.08	-0.13
新疆	0.59	0.32	0.15	0.03	-0.02	-0.08	-0.12

表 A.3　人均 GDP 低碳情景设定　(%)

地区	2017—2020 年	2021—2025 年	2026—2030 年	2031—2035 年	2036—2040 年	2041—2045 年	2046—2050 年
北京	8.10	6.68	4.97	4.02	3.07	2.12	1.17
天津	5.24	4.29	3.82	3.34	2.87	2.39	1.92
河北	5.70	4.75	4.37	3.42	2.95	2.47	2.00
山西	11.17	9.27	5.95	4.24	3.10	2.15	1.20
内蒙古	5.78	4.83	4.35	3.40	2.64	2.17	1.69
辽宁	5.61	4.66	4.18	3.71	2.76	2.28	1.81
吉林	4.75	4.28	3.80	3.33	2.85	2.38	1.90
黑龙江	4.75	4.28	3.80	3.33	2.85	2.38	1.90
上海	7.93	6.98	6.03	4.61	3.18	1.76	1.28
江苏	7.09	6.14	5.19	4.24	3.29	2.34	1.86
浙江	6.44	5.49	4.54	3.59	3.12	2.64	2.17
安徽	6.48	5.53	4.58	3.63	3.15	2.68	2.20

续表

地区	2017—2020 年	2021—2025 年	2026—2030 年	2031—2035 年	2036—2040 年	2041—2045 年	2046—2050 年
福建	7.43	6.48	5.53	4.10	3.15	2.20	1.73
江西	7.70	6.75	5.80	4.37	3.14	2.19	1.71
山东	6.54	5.59	4.64	3.69	3.21	2.74	2.26
河南	6.84	5.89	4.94	3.71	3.23	2.76	1.81
湖北	6.22	5.27	4.32	3.37	2.90	2.42	1.95
湖南	6.84	5.89	4.94	3.80	2.85	2.38	1.90
广东	6.23	5.28	4.33	3.38	2.91	2.43	1.96
广西	5.51	4.56	3.61	3.14	2.66	2.19	1.71
海南	4.56	4.09	3.33	2.38	1.90	1.43	0.95
重庆	8.19	7.24	5.81	4.39	3.44	2.49	1.54
四川	7.03	6.08	5.13	4.18	3.23	2.28	1.81
贵州	8.23	7.28	5.85	4.43	3.48	2.53	1.58
云南	7.79	6.84	5.89	4.94	3.99	3.04	2.09
陕西	7.13	6.18	5.23	3.80	3.33	2.38	1.90
甘肃	5.51	4.56	3.61	3.14	2.66	2.19	1.71
青海	5.99	5.04	3.61	2.19	1.71	1.24	0.76
宁夏	5.70	4.75	3.80	2.85	2.38	1.90	1.43
新疆	3.90	3.90	3.61	3.14	2.76	2.28	1.81

表 A.4 人均 GDP 强化低碳情景设定 (%)

地区	2017—2020 年	2021—2025 年	2026—2030 年	2031—2035 年	2036—2040 年	2041—2045 年	2046—2050 年
北京	7.68	6.33	4.71	3.81	2.91	2.01	1.11
天津	4.97	4.07	3.62	3.17	2.72	2.27	1.82
河北	5.40	4.50	4.14	3.24	2.79	2.34	1.89
山西	10.58	8.78	5.63	4.01	2.93	2.03	1.13
内蒙古	5.47	4.57	4.12	3.22	2.50	2.05	1.60
辽宁	5.31	4.41	3.96	3.51	2.61	2.16	1.71
吉林	4.50	4.05	3.60	3.15	2.70	2.25	1.80
黑龙江	4.50	4.05	3.60	3.15	2.70	2.25	1.80

续表

地区	2017—2020年	2021—2025年	2026—2030年	2031—2035年	2036—2040年	2041—2045年	2046—2050年
上海	7.52	6.62	5.72	4.37	3.02	1.67	1.22
江苏	6.71	5.81	4.91	4.01	3.11	2.21	1.76
浙江	6.10	5.20	4.30	3.40	2.95	2.50	2.05
安徽	6.14	5.24	4.34	3.44	2.99	2.54	2.09
福建	7.04	6.14	5.24	3.89	2.99	2.09	1.64
江西	7.29	6.39	5.49	4.14	2.97	2.07	1.62
山东	6.19	5.29	4.39	3.49	3.04	2.59	2.14
河南	6.48	5.58	4.68	3.51	3.06	2.61	1.71
湖北	5.90	5.00	4.10	3.20	2.75	2.30	1.85
湖南	6.48	5.58	4.68	3.60	2.70	2.25	1.80
广东	5.90	5.00	4.10	3.20	2.75	2.30	1.85
广西	5.22	4.32	3.42	2.97	2.52	2.07	1.62
海南	4.32	3.87	3.15	2.25	1.80	1.35	0.90
重庆	7.76	6.86	5.51	4.16	3.26	2.36	1.46
四川	6.66	5.76	4.86	3.96	3.06	2.16	1.71
贵州	7.79	6.89	5.54	4.19	3.29	2.39	1.49
云南	7.38	6.48	5.58	4.68	3.78	2.88	1.98
陕西	6.75	5.85	4.95	3.60	3.15	2.25	1.80
甘肃	5.22	4.32	3.42	2.97	2.52	2.07	1.62
青海	5.67	4.77	3.42	2.07	1.62	1.17	0.72
宁夏	5.40	4.50	3.60	2.70	2.25	1.80	1.35
新疆	3.69	3.69	3.42	2.97	2.61	2.16	1.71

表 A.5 城镇化水平低碳情景设定 (%)

地区	2017—2020年	2021—2025年	2026—2030年	2031—2035年	2036—2040年	2041—2045年	2046—2050年
北京	0.18	0.17	0.16	0.15	0.14	0.13	0.12
天津	0.34	0.33	0.32	0.30	0.29	0.28	0.27
河北	2.30	1.81	1.33	0.94	0.75	0.54	0.33

续表

地区	2017—2020年	2021—2025年	2026—2030年	2031—2035年	2036—2040年	2041—2045年	2046—2050年
山西	1.76	1.66	1.53	1.22	0.90	0.59	0.38
内蒙古	1.63	1.52	1.42	1.21	0.89	0.68	0.37
辽宁	1.80	0.58	0.28	0.26	0.25	0.24	0.22
吉林	1.80	0.58	0.28	0.26	0.25	0.24	0.22
黑龙江	1.80	0.58	0.28	0.26	0.25	0.24	0.22
上海	0.36	0.34	0.32	0.29	0.27	0.25	0.23
江苏	1.66	1.45	1.24	1.03	0.82	0.61	0.40
浙江	1.18	1.07	0.86	0.76	0.65	0.55	0.34
安徽	2.02	1.81	1.60	1.28	0.97	0.65	0.34
福建	1.40	1.56	0.87	0.74	0.63	0.57	0.36
江西	3.40	1.75	0.97	0.89	0.68	0.47	0.37
山东	2.66	1.92	1.29	0.98	0.77	0.56	0.35
河南	4.05	2.25	1.35	1.16	0.95	0.64	0.33
湖北	1.30	1.72	1.27	1.06	0.85	0.64	0.33
湖南	2.60	2.08	1.24	1.03	0.82	0.61	0.40
广东	0.95	0.88	0.56	0.46	0.36	0.25	0.21
广西	3.22	2.33	1.40	1.11	0.90	0.69	0.38
海南	1.48	2.10	1.27	1.06	0.85	0.64	0.43
重庆	1.00	1.94	1.18	1.05	0.84	0.63	0.42
四川	0.42	0.84	0.81	0.60	0.49	0.39	0.28
贵州	3.48	2.11	1.59	0.96	0.75	0.54	0.33
云南	2.89	2.15	1.63	1.00	0.79	0.58	0.37
陕西	2.21	2.10	1.27	1.06	0.75	0.54	0.33
甘肃	3.52	2.20	1.50	1.13	0.92	0.71	0.40
青海	3.52	2.20	1.50	1.13	0.92	0.71	0.40
宁夏	1.73	1.53	1.11	0.90	0.69	0.48	0.27
新疆	4.15	2.63	1.67	1.03	0.82	0.50	0.29

表 A.6 城镇化水平强化低碳情景设定 (%)

地区	2017—2020 年	2021—2025 年	2026—2030 年	2031—2035 年	2036—2040 年	2041—2045 年	2046—2050 年
北京	0.19	0.18	0.17	0.15	0.14	0.13	0.12
天津	0.35	0.34	0.33	0.32	0.31	0.30	0.29
河北	2.41	1.90	1.40	0.99	0.78	0.56	0.34
山西	1.85	1.74	1.61	1.28	0.95	0.62	0.40
内蒙古	1.71	1.60	1.49	1.27	0.94	0.72	0.39
辽宁	1.88	0.61	0.30	0.28	0.26	0.25	0.23
吉林	1.88	0.61	0.30	0.28	0.26	0.25	0.23
黑龙江	1.88	0.61	0.30	0.28	0.26	0.25	0.23
上海	0.37	0.35	0.33	0.31	0.29	0.26	0.24
江苏	1.74	1.52	1.30	1.08	0.86	0.64	0.42
浙江	1.23	1.12	0.90	0.79	0.68	0.57	0.35
安徽	2.11	1.89	1.67	1.34	1.01	0.68	0.35
福建	1.46	1.64	0.92	0.77	0.66	0.59	0.37
江西	3.56	1.83	1.02	0.94	0.72	0.50	0.39
山东	2.78	2.01	1.35	1.02	0.80	0.58	0.36
河南	4.25	2.36	1.42	1.21	0.99	0.67	0.34
湖北	1.36	1.80	1.33	1.11	0.89	0.67	0.34
湖南	2.73	2.18	1.30	1.08	0.86	0.64	0.42
广东	0.99	0.92	0.59	0.48	0.37	0.26	0.22
广西	3.38	2.44	1.47	1.17	0.95	0.73	0.40
海南	1.55	2.20	1.33	1.11	0.89	0.67	0.45
重庆	1.05	2.03	1.24	1.10	0.88	0.66	0.44
四川	0.44	0.88	0.85	0.63	0.52	0.41	0.30
贵州	3.64	2.21	1.66	1.00	0.78	0.56	0.34
云南	3.03	2.26	1.71	1.05	0.83	0.61	0.39
陕西	2.31	2.20	1.33	1.11	0.78	0.56	0.34
甘肃	3.69	2.30	1.57	1.19	0.97	0.75	0.42
青海	3.69	2.30	1.57	1.19	0.97	0.75	0.42
宁夏	1.81	1.61	1.17	0.95	0.73	0.51	0.29
新疆	4.35	2.75	1.75	1.08	0.86	0.53	0.31

表 A. 7　能源强度低碳情景设定

地区	2017—2020 年	2021—2025 年	2026—2030 年	2031—2035 年	2036—2040 年	2041—2045 年	2046—2050 年
北京	−3. 57	−3. 36	−3. 15	−2. 94	−2. 73	−2. 52	−2. 31
天津	−3. 57	−3. 36	−3. 15	−2. 94	−2. 73	−2. 52	−2. 31
河北	−3. 99	−3. 47	−2. 94	−2. 73	−2. 52	−2. 31	−2. 10
山西	−3. 15	−2. 94	−2. 73	−2. 52	−2. 31	−2. 10	−1. 89
内蒙古	−3. 15	−2. 94	−2. 73	−2. 52	−2. 31	−2. 10	−1. 89
辽宁	−3. 15	−2. 94	−2. 73	−2. 52	−2. 31	−2. 10	−1. 89
吉林	−3. 15	−2. 94	−2. 73	−2. 52	−2. 31	−2. 10	−1. 89
黑龙江	−3. 15	−2. 94	−2. 73	−2. 52	−2. 31	−2. 10	−1. 89
上海	−3. 15	−2. 94	−2. 73	−2. 52	−2. 31	−2. 10	−1. 89
江苏	−4. 42	−3. 90	−3. 37	−2. 85	−2. 32	−2. 11	−1. 90
浙江	−3. 15	−2. 94	−2. 73	−2. 52	−2. 31	−2. 10	−1. 89
安徽	−3. 36	−3. 15	−2. 94	−2. 73	−2. 52	−2. 31	−2. 10
福建	−3. 15	−2. 94	−2. 73	−2. 52	−2. 31	−2. 10	−1. 89
江西	−3. 15	−2. 94	−2. 73	−2. 52	−2. 31	−2. 10	−1. 89
山东	−3. 63	−3. 42	−3. 21	−3. 00	−2. 79	−2. 58	−2. 37
河南	−3. 15	−2. 94	−2. 73	−2. 52	−2. 31	−2. 10	−1. 89
湖北	−3. 36	−3. 15	−2. 94	−2. 73	−2. 52	−2. 31	−2. 10
湖南	−3. 36	−3. 15	−2. 94	−2. 73	−2. 52	−2. 31	−2. 10
广东	−3. 57	−3. 36	−3. 15	−2. 94	−2. 73	−2. 52	−2. 31
广西	−3. 15	−2. 94	−2. 73	−2. 52	−2. 31	−2. 10	−1. 89
海南	−2. 10	−1. 89	−1. 68	−1. 47	−1. 26	−1. 05	−0. 84
重庆	−3. 15	−2. 94	−2. 73	−2. 52	−2. 31	−2. 10	−1. 89
四川	−3. 36	−3. 15	−2. 94	−2. 73	−2. 52	−2. 31	−2. 10
贵州	−2. 94	−2. 73	−2. 52	−2. 31	−2. 10	−1. 89	−1. 68
云南	−3. 15	−2. 94	−2. 73	−2. 52	−2. 31	−2. 10	−1. 89
陕西	−3. 23	−3. 02	−2. 81	−2. 60	−2. 39	−2. 18	−1. 97
甘肃	−2. 94	−2. 73	−2. 52	−2. 31	−2. 10	−1. 89	−1. 68
青海	−2. 10	−1. 89	−1. 68	−1. 47	−1. 26	−1. 05	−0. 84
宁夏	−3. 15	−2. 94	−2. 73	−2. 52	−2. 31	−2. 10	−1. 89
新疆	−3. 15	−2. 94	−2. 63	−2. 31	−2. 00	−1. 79	−1. 58

表 A.8 能源强度强化低碳情景设定 (%)

地区	2017—2020 年	2021—2025 年	2026—2030 年	2031—2035 年	2036—2040 年	2041—2045 年	2046—2050 年
北京	-3.74	-3.52	-3.30	-3.08	-2.86	-2.64	-2.42
天津	-3.74	-3.52	-3.30	-3.08	-2.86	-2.64	-2.42
河北	-4.18	-3.63	-3.08	-2.86	-2.64	-2.42	-2.20
山西	-3.30	-3.08	-2.86	-2.64	-2.42	-2.20	-1.98
内蒙古	-3.30	-3.08	-2.86	-2.64	-2.42	-2.20	-1.98
辽宁	-3.30	-3.08	-2.86	-2.64	-2.42	-2.20	-1.98
吉林	-3.30	-3.08	-2.86	-2.64	-2.42	-2.20	-1.98
黑龙江	-3.30	-3.08	-2.86	-2.64	-2.42	-2.20	-1.98
上海	-3.30	-3.08	-2.86	-2.64	-2.42	-2.20	-1.98
江苏	-4.63	-4.08	-3.53	-2.98	-2.43	-2.21	-1.99
浙江	-3.30	-3.08	-2.86	-2.64	-2.42	-2.20	-1.98
安徽	-3.52	-3.30	-3.08	-2.86	-2.64	-2.42	-2.20
福建	-3.30	-3.08	-2.86	-2.64	-2.42	-2.20	-1.98
江西	-3.30	-3.08	-2.86	-2.64	-2.42	-2.20	-1.98
山东	-3.80	-3.58	-3.36	-3.14	-2.92	-2.70	-2.48
河南	-3.30	-3.08	-2.86	-2.64	-2.42	-2.20	-1.98
湖北	-3.52	-3.30	-3.08	-2.86	-2.64	-2.42	-2.20
湖南	-3.52	-3.30	-3.08	-2.86	-2.64	-2.42	-2.20
广东	-3.74	-3.52	-3.30	-3.08	-2.86	-2.64	-2.42
广西	-3.30	-3.08	-2.86	-2.64	-2.42	-2.20	-1.98
海南	-2.20	-1.98	-1.76	-1.54	-1.32	-1.10	-0.88
重庆	-3.30	-3.08	-2.86	-2.64	-2.42	-2.20	-1.98
四川	-3.52	-3.30	-3.08	-2.86	-2.64	-2.42	-2.20
贵州	-3.08	-2.86	-2.64	-2.42	-2.20	-1.98	-1.76
云南	-3.30	-3.08	-2.86	-2.64	-2.42	-2.20	-1.98
陕西	-3.38	-3.16	-2.94	-2.72	-2.50	-2.28	-2.06
甘肃	-3.08	-2.86	-2.64	-2.42	-2.20	-1.98	-1.76
青海	-2.20	-1.98	-1.76	-1.54	-1.32	-1.10	-0.88

续表

地区	2017—2020 年	2021—2025 年	2026—2030 年	2031—2035 年	2036—2040 年	2041—2045 年	2046—2050 年
宁夏	-3. 30	-3. 08	-2. 86	-2. 64	-2. 42	-2. 20	-1. 98
新疆	-3. 30	-3. 08	-2. 75	-2. 42	-2. 09	-1. 87	-1. 65

表 A. 9　产业结构低碳情景设定　（%）

地区	2017—2020 年	2021—2025 年	2026—2030 年	2031—2035 年	2036—2040 年	2041—2045 年	2046—2050 年
北京	-0. 63	-0. 58	-0. 47	-0. 37	-0. 32	-0. 21	-0. 11
天津	-1. 26	-1. 05	-0. 84	-0. 63	-0. 42	-0. 32	-0. 21
河北	-1. 26	-1. 05	-0. 84	-0. 63	-0. 42	-0. 32	-0. 21
山西	-1. 05	-0. 84	-0. 63	-0. 42	-0. 32	-0. 21	-0. 11
内蒙古	-1. 47	-1. 26	-1. 05	-0. 84	-0. 63	-0. 42	-0. 21
辽宁	-1. 05	-0. 84	-0. 63	-0. 42	-0. 32	-0. 21	-0. 11
吉林	-1. 47	-1. 26	-1. 05	-0. 84	-0. 63	-0. 42	-0. 21
黑龙江	-0. 84	-0. 63	-0. 53	-0. 42	-0. 32	-0. 21	-0. 11
上海	-0. 84	-0. 63	-0. 53	-0. 42	-0. 32	-0. 21	-0. 11
江苏	-1. 05	-0. 84	-0. 63	-0. 42	-0. 32	-0. 21	-0. 11
浙江	-1. 05	-0. 84	-0. 63	-0. 42	-0. 32	-0. 21	-0. 11
安徽	-1. 47	-1. 26	-1. 05	-0. 84	-0. 63	-0. 42	-0. 21
福建	-1. 47	-1. 26	-1. 05	-0. 84	-0. 63	-0. 42	-0. 21
江西	-1. 47	-1. 26	-1. 05	-0. 84	-0. 63	-0. 42	-0. 21
山东	-1. 26	-1. 05	-0. 84	-0. 63	-0. 42	-0. 32	-0. 21
河南	-1. 26	-1. 05	-0. 84	-0. 63	-0. 42	-0. 32	-0. 21
湖北	-1. 05	-0. 84	-0. 63	-0. 42	-0. 32	-0. 21	-0. 11
湖南	-1. 05	-0. 84	-0. 63	-0. 42	-0. 32	-0. 21	-0. 11
广东	-1. 05	-0. 84	-0. 63	-0. 42	-0. 32	-0. 21	-0. 11
广西	-1. 05	-0. 84	-0. 63	-0. 42	-0. 32	-0. 21	-0. 11
海南	-0. 63	-0. 58	-0. 47	-0. 37	-0. 32	-0. 21	-0. 11
重庆	-1. 05	-0. 84	-0. 63	-0. 42	-0. 32	-0. 21	-0. 11
四川	-1. 05	-0. 84	-0. 63	-0. 42	-0. 32	-0. 21	-0. 11

续表

地区	2017—2020 年	2021—2025 年	2026—2030 年	2031—2035 年	2036—2040 年	2041—2045 年	2046—2050 年
贵州	−0. 84	−0. 63	−0. 53	−0. 42	−0. 32	−0. 21	−0. 11
云南	−0. 84	−0. 63	−0. 53	−0. 42	−0. 32	−0. 21	−0. 11
陕西	−1. 47	−1. 26	−1. 05	−0. 84	−0. 63	−0. 42	−0. 21
甘肃	−0. 84	−0. 63	−0. 53	−0. 42	−0. 32	−0. 21	−0. 11
青海	−1. 47	−1. 26	−1. 05	−0. 84	−0. 63	−0. 42	−0. 21
宁夏	−1. 26	−1. 05	−0. 84	−0. 63	−0. 42	−0. 32	−0. 21
新疆	−0. 84	−0. 63	−0. 53	−0. 42	−0. 32	−0. 21	−0. 11

表 A. 10 产业结构强化低碳情景设定 (%)

地区	2017—2020 年	2021—2025 年	2026—2030 年	2031—2035 年	2036—2040 年	2041—2045 年	2046—2050 年
北京	−0. 66	−0. 61	−0. 50	−0. 39	−0. 33	−0. 22	−0. 11
天津	−1. 32	−1. 10	−0. 88	−0. 66	−0. 44	−0. 33	−0. 22
河北	−1. 32	−1. 10	−0. 88	−0. 66	−0. 44	−0. 33	−0. 22
山西	−1. 10	−0. 88	−0. 66	−0. 44	−0. 33	−0. 22	−0. 11
内蒙古	−1. 54	−1. 32	−1. 10	−0. 88	−0. 66	−0. 44	−0. 22
辽宁	−1. 10	−0. 88	−0. 66	−0. 44	−0. 33	−0. 22	−0. 11
吉林	−1. 54	−1. 32	−1. 10	−0. 88	−0. 66	−0. 44	−0. 22
黑龙江	−0. 88	−0. 66	−0. 55	−0. 44	−0. 33	−0. 22	−0. 11
上海	−0. 88	−0. 66	−0. 55	−0. 44	−0. 33	−0. 22	−0. 11
江苏	−1. 10	−0. 88	−0. 66	−0. 44	−0. 33	−0. 22	−0. 11
浙江	−1. 10	−0. 88	−0. 66	−0. 44	−0. 33	−0. 22	−0. 11
安徽	−1. 54	−1. 32	−1. 10	−0. 88	−0. 66	−0. 44	−0. 22
福建	−1. 54	−1. 32	−1. 10	−0. 88	−0. 66	−0. 44	−0. 22
江西	−1. 54	−1. 32	−1. 10	−0. 88	−0. 66	−0. 44	−0. 22
山东	−1. 32	−1. 10	−0. 88	−0. 66	−0. 44	−0. 33	−0. 22
河南	−1. 32	−1. 10	−0. 88	−0. 66	−0. 44	−0. 33	−0. 22
湖北	−1. 10	−0. 88	−0. 66	−0. 44	−0. 33	−0. 22	−0. 11
湖南	−1. 10	−0. 88	−0. 66	−0. 44	−0. 33	−0. 22	−0. 11
广东	−1. 10	−0. 88	−0. 66	−0. 44	−0. 33	−0. 22	−0. 11

续表

地区	2017—2020 年	2021—2025 年	2026—2030 年	2031—2035 年	2036—2040 年	2041—2045 年	2046—2050 年
广西	-1.10	-0.88	-0.66	-0.44	-0.33	-0.22	-0.11
海南	-0.66	-0.61	-0.50	-0.39	-0.33	-0.22	-0.11
重庆	-1.10	-0.88	-0.66	-0.44	-0.33	-0.22	-0.11
四川	-1.10	-0.88	-0.66	-0.44	-0.33	-0.22	-0.11
贵州	-0.88	-0.66	-0.55	-0.44	-0.33	-0.22	-0.11
云南	-0.88	-0.66	-0.55	-0.44	-0.33	-0.22	-0.11
陕西	-1.54	-1.32	-1.10	-0.88	-0.66	-0.44	-0.22
甘肃	-0.88	-0.66	-0.55	-0.44	-0.33	-0.22	-0.11
青海	-1.54	-1.32	-1.10	-0.88	-0.66	-0.44	-0.22
宁夏	-1.32	-1.10	-0.88	-0.66	-0.44	-0.33	-0.22
新疆	-0.88	-0.66	-0.55	-0.44	-0.33	-0.22	-0.11

附录 B　三种情景下的碳排放达峰时间及峰值

表 B.1　三种情景下的碳排放达峰时间及峰值

地区	基准情景		低碳情景		强化低碳情景	
	达峰年份	峰值（万吨）	达峰年份	峰值（万吨）	达峰年份	峰值（万吨）
北京	2037	8674.44	2033	8051.05	2028	7540.32
天津	2032	9520.28	2028	8962.05	2027	8504.36
河北	2038	38104.08	2033	35455.74	2022	33667.92
山西	2039	38796.04	2037	35514.90	2035	32639.55
内蒙古	2037	24926.56	2033	23273.33	2032	21876.21
辽宁	2038	26044.92	2036	24347.02	2033	22909.68
吉林	2038	9211.50	2033	8639.02	2028	8220.79
黑龙江	2038	14715.60	2033	13797.91	2028	13125.11
上海	2040	17056.38	2039	15668.56	2037	14446.20
江苏	2040	39256.37	2038	35825.55	2028	33127.05
浙江	2043	27908.06	2038	25676.27	2032	23998.66
安徽	2038	20878.14	2033	19283.72	2031	18023.98
福建	2040	19287.03	2038	17730.69	2037	16366.13
江西	2040	15559.77	2038	14286.71	2036	13169.93
山东	2033	50805.29	2028	47723.78	2027	45387.85
河南	2044	43557.09	2042	39550.57	2033	36380.90
湖北	2033	21769.86	2031	20499.55	2027	19528.21
湖南	2037	27949.13	2033	25785.43	2032	23944.55
广东	2032	43726.23	2031	41003.33	2029	38594.89
广西	2037	14600.93	2032	13702.42	2029	12948.92

续表

地区	基准情景		低碳情景		强化低碳情景	
	达峰年份	峰值（万吨）	达峰年份	峰值（万吨）	达峰年份	峰值（万吨）
海南	2045	3477. 67	2045	3232. 15	2042	3006. 22
重庆	2043	17440. 83	2040	15831. 38	2038	14445. 06
四川	2039	32057. 76	2037	29605. 23	2033	27570. 66
贵州	2045	19956. 54	2042	18177. 45	2040	16626. 52
云南	2045	20548. 66	2044	18586. 54	2042	16861. 18
陕西	2041	18145. 67	2039	16694. 40	2033	15463. 50
甘肃	2042	10014. 58	2037	9340. 02	2032	8825. 12
青海	2042	5552. 49	2040	5238. 17	2037	4954. 52
宁夏	2032	6548. 85	2029	6197. 73	2028	5904. 82
新疆	2046	19056. 39	2042	17657. 16	2022	16750. 77
全国	2039	661467. 30	2037	610790. 70	2032	570224. 00
东部地区	2038	306407. 90	2033	284379. 20	2029	266828. 90
中部地区	2039	167800. 60	2037	154294. 20	2033	143161. 10
西部地区	2042	187814. 60	2038	173166. 80	2033	160665. 70

参考文献

[1] ANDRES R J, FIELDING D J, MARLAND G, et al. Carbon dioxide emissions from fossil-fuel use, 1751-1950 [J]. Tellus B, 1999, 51 (4): 759-765.

[2] IPCC. Summary for Policymakers. In: Global warming of 1.5℃. An IPCC Special Report on the impacts of global warming of 1.5℃ above pre-industrial levels and related global greenhouse gas emission pathways, in the context of strengthening the global response to the threat of climate change, sustainable development, and efforts to eradicate poverty [R]. New York: United Nations, 2018.

[3] UNFCCC. UN Climate change annual report 2018 [R]. New York: United Nations, 2018.

[4] UNFCCC. Kyoto Protocol reference manual on accounting of emissions and assigned amounts [R]. Kyoto: UNFCCC, 2008.

[5] 国家统计局. 中国统计年鉴 [M]. 北京: 中国统计出版社, 2018.

[6] 国家统计局能源司. 中国能源统计年鉴 [M]. 北京: 中国统计出版社, 2017.

[7] CORINNE LE QUÉRÉ, ANDREW R M, FRIEDLINGSTEIN P, et al. Global carbon budget 2018 [J]. Earth System Science Data, 2018, 10 (4): 2141-2194.

[8] 新华社. 强化应对气候变化行动: 中国国家自主贡献 [EB/OL]. (2015-06-30) [2019-09-03]. http: //www. gov. cn/xinwen/2015-06/30/conten t_ 2887330. htm.

[9] 国务院. "十三五"控制温室气体排放工作方案 [EB/OL]. (2016-10-27) [2019-09-03]. http: //www. gov. cn/zhengce/content/2016-11/04/content_ 5128619. htm.

[10] 国务院. 国务院关于印发“十三五”节能减排综合工作方案的通知[EB/OL]. (2016-12-20)[2019-09-03]. http://www.gov.cn/gongbao/content/2017/content_5163448.htm.

[11] 国家发展改革委，国家能源局. 能源发展“十三五”规划 [R]. 北京：国家发展改革委，国家能源局，2016.

[12] EIA. International energy outlook 2018 executive summary [R]. Washington, DC: Energy Information Administration, 2018.

[13] IEA. Global energy and CO_2 status report 2018 [R]. Paris: International Energy Agency, 2018.

[14] OLIVIER J G J, BOUWMAN A F, van der MAAS C W M, et al. Emission database for global atmospheric research (EDGAR): version 2.0 [J]. Studies in Environmental Science, 1995 (65): 651-659.

[15] KUROKAWA J, OHARA T, MORIKAWA T, et al. Emissions of air pollutants and greenhouse gases over Asian regions during 2000-2008: regional emission inventory in Asia (REAS) version 2 [J]. Atmospheric Chemistry and Physics, 2013, 13 (21): 11019-11058.

[16] LEE D, LEE Y, JANG K, et al. Korean national emissions inventory system and 2007 air pollutant emissions [J]. Asian Journal of Atmospheric Environment, 2011, 5 (4): 278-291.

[17] ZHENG B, HUO H, ZHANG Q, et al. High-resolution mapping of vehicle emissions in China in 2008 [J]. Atmospheric Chemistry and Physics, 2014, 14 (18): 9787-9805.

[18] 蔡博峰，杨朝飞，陆军，等. 中国城市二氧化碳排放数据集（2012）[M]. 北京：中国环境出版社，2018.

[19] IPCC. 2019 Refinement to the 2006 IPCC Guidelines for National Greenhouse Gas Inventories [R]. New York: United Nations, 2019.

[20] ACARAVCI A, OZTURK I. On the relationship between energy consumption, CO_2 emissions and economic growth in Europe [J]. Energy, 2010, 35 (12): 5412-5420.

［21］ ANG J B. CO_2 emissions, energy consumption, and output in France ［J］. Energy Policy, 2007, 35 (10): 4772-4778.

［22］ OZTURK I, ACARAVCI A. CO_2 emissions, energy consumption and economic growth in Turkey ［J］. Renewable and Sustainable Energy Reviews, 2010, 14 (9): 3220-3225.

［23］ LV Q, LIU H, YANG D, et al. Effects of urbanization on freight transport carbon emissions in China: common characteristics and regional disparity ［J］. Journal of Cleaner Production, 2019 (211): 481-489.

［24］ CHEN L, YANG Z. A spatio - temporal decomposition analysis of energy-related CO_2 emission growth in China ［J］. Journal of Cleaner Production, 2015 (103): 49-60.

［25］ MOUSAVI B, LOPEZ N S A, BIONA J B M, et al. Driving forces of Iran's CO_2 emissions from energy consumption: An LMDI decomposition approach ［J］. Applied Energy, 2017 (206): 804-814.

［26］ 韩中，王刚．基于多区域投入产出模型中美贸易隐含能源、碳排放的测算［J］. 气候变化研究进展，2019，15（4）：416-426.

［27］ 张同斌，高巍，马晴晴．中国制造业碳排放的网络特征测度及其差异化影响效应研究［J］. 中国人口·资源与环境，2019，29（2）：166-176.

［28］ 傅智宏．基于投入产出表的隐含问题计算方法辨析：以中国增加值出口隐含国内碳排放强度计算为例［J］. 数量经济技术经济研究，2018，35（6）：132-148.

［29］ 乔小勇，李泽怡，赵玉焕．中国与其他金砖国家间贸易-碳排放脱钩关系研究：基于 Eora 投入产出数据［J］. 国际商务（对外经济贸易大学学报），2018（4）：58-73.

［30］ DAVIS S J, CALDEIRA K. Consumption-based accounting of CO_2 emissions ［J］. Sustainability Science, 2010, 107 (12): 5687-5692.

［31］ PAO H, TSAI C. CO_2 emissions, energy consumption and economic growth in BRIC countries ［J］. Energy Policy, 2010, 38 (12): 7850-7860.

［32］ NEJAT P, JOMEHZADEH F, TAHERI M M, et al. A global review of energy consumption, CO_2 emissions and policy in the residential sector (with an overview of the top ten CO_2 emitting countries) [J]. Renewable and Sustainable Energy Reviews, 2015 (43): 843-862.

[33] LIU Z, GUAN D, WEI W, et al. Reduced carbon emission estimates from fossil fuel combustion and cement production in China [J]. Nature, 2015 (524): 335-338.

[34] SHAN Y, LIU J, LIU Z, et al. New provincial CO_2 emission inventories in China based on apparent energy consumption data and updated emission factors [J]. Applied Energy, 2016 (184): 742-750.

[35] 杨磊玉. 我国行业碳排放测算、结构分解及影响因素研究 [J]. 统计与决策, 2016 (2): 105-108.

[36] 李志学, 孙敏. 我国各省区碳退耦指数与减排潜力的测算 [J]. 统计与决策, 2017 (14): 101-104.

[37] 蒋金荷. 中国碳排放量测算及影响因素分析 [J]. 资源科学, 2011, 33 (4): 597-604.

[38] 米国芳, 赵涛. 中国火电企业碳排放测算及预测分析 [J]. 2012, 34 (10): 1825-1831.

[39] GUO Z, LIU H. Carbon footprint of the households' consumption in China [J]. International Journal of Global Energy Issues, 2013 (36): 181-196.

[40] 梁青青. 我国农地资源利用的碳排放测算及驱动因素实证分析 [J]. 软科学, 2017, 31 (1): 81-84.

[41] 王安静, 冯宗宪, 孟渤. 中国30省份的碳排放测算以及碳转移研究 [J]. 数量经济技术经济研究, 2017 (8): 89-104.

[42] 马晓君, 董碧滢, 于渊博, 等. 东北三省能源消费碳排放测度及影响因素 [J]. 中国环境科学, 2018, 38 (8): 3170-3179.

[43] 王小辉, 陈报章, 张慧芳. 省级碳清单不确定性分析: 基于陕西省2000—2012年碳排放测算 [J]. 干旱区资源与环境, 2015, 29 (7): 7-11.

[44] 方德斌, 陈卓夫, 郝鹏. 北京城镇居民碳排放的影响机理: 基于LMDI分解法 [J]. 北京理工大学学报 (社会科学版), 2019, 21 (3): 30-38.

[45] MENG L, GRAUS W, WORRELL E, et al. Estimating CO_2 (carbon dioxide) emissions at urban scales by DMSP/OLS (Defense meteorological Satellite Program's Operational Linescan System) nighttime light imagery: Methodological challenges and a case study for China [J]. Energy, 2014, 71: 468-478.

[46] DOLL C H, MULLER J, ELVIDGE C D. Night-time imagery as a tool for global mapping of socioeconomic parameters and greenhouse gas emissions [J]. AMBIO: A Journal of the Human Environment, 2000, 29 (3): 157-162.

[47] UL-HAQ Z, TARIQ S, ALI M. Spatiotemporal assessment of CO_2 emissions and its satellite remote sensing over Pakistan and neighboring regions [J]. Journal of Atmospheric and Solar-Terrestrial Physics, 2017, 152-153: 11-19.

[48] YU B, SHI K, HU Y, et al. Poverty evaluation using NPP-VIIRS nighttime light composite data at the county level in China [J]. IEEE Journal of Selected Topics in Applied Earth Observations and Remote Sensing, 2015, 8 (3): 1217-1229.

[49] KEOLA S, ANDERSSON M, HALL O. Monitoring economic develop ment from space: using nighttime light and land cover data to measure economic growth [J]. World Development, 2015 (66): 322-334.

[50] LETU H, HARA M, YAGI H, et al. Estimating energy consumption from night-time DMPS/OLS imagery after correcting for saturation effects [J]. International Journal of Remote Sensing, 2010, 31 (16): 4443-4458.

[51] SHI K, CHEN Y, YU B, et al. Modeling spatiotemporal CO_2 (carbon dioxide) emission dynamics in China from DMSP-OLS nighttime stable light data using panel data analysis [J]. Applied Energy, 2016 (168): 523-533.

[52] XIE Y, WENG Q. Detecting urban-scale dynamics of electricity consumption at Chinese cities using time-series DMSP-OLS (Defense Meteorological Satellite Program-Operational Linescan System) nighttime light imageries [J]. Energy, 2016, 100: 177-189.

[53] TRIPATHY B R, SAJJAD H, ELVIDGE C D, et al. Modeling of electric demand for sustainable energy and management in India using spatio-

temporal DMSP-OLS night-time data [J]. Environmental Management, 2018, 61 (4): 615-623.

[54] COLE T, WANIK D, MOLTHAN A, et al. Synergistic use of nighttime satellite data, electric utility infrastructure, and ambient population to improve power outage detections in urban areas [J]. Remote Sensing, 2017, 9 (3): 286.

[55] ELVIDGE C D, KALITA H, CHOUDHURY U, et al. Applications and challenges of geospatial technology [M]. Berlin: Springer, 2018.

[56] IMHOFF M L, LAWRENCE W T, ELVIDGE C D, et al. Using night-time DMSP/OLS images of city lights to estimate the impact of urban land use on soil resources in the United States [J]. Remote Sensing of Environment, 1997, 59 (1): 105-117.

[57] YANG Y, HE C, ZHANG Q, et al. Timely and accurate national-scale program's operational linescan system defense meteorological satellite mapping of urban land in China using nighttime stable light data [J]. Journal of Applied Remote Sensing, 2013, 7 (1): 1-18.

[58] KUMAR P, SAJJAD H, JOSHI P K, et al. Modeling the luminous intensity of Beijing, China using DMSP-OLS night-time lights series data for estimating population density [J]. Physics and Chemistry of the Earth, Parts A/B/C, 2018, 109: 31-39.

[59] TAN M, LI X, LI S, et al. Modeling population density based on night-time light images and land use data in China [J]. Applied Geography, 2018, 90: 239-247.

[60] STEELE J E, SUNDSØY P L R, PEZZULO C, et al. Mapping poverty using mobile phone and satellite data [J]. Journal of The Royal Society Interface, 2018 (2): 1-10.

[61] NJUGUNA C, MCSHARRY P. Constructing spatiotemporal poverty indices from big data [J]. Journal of Business Research, 2016, 70: 318-327.

[62] PRASAD V K, KANT Y, GUPTA P K, et al. Biomass burning and related trace gas emissions from tropical dry deciduous forests of India: a study using

DMSP-OLS data and ground-based measurements [J]. International Journal of Remote Sensing, 2002, 23 (14): 2837-2851.

[63] LIU X, OU J, WANG S, et al. Estimating spatiotemporal variations of city-level energy-related CO_2 emissions: an improved disaggregating model based on vegetation adjusted nighttime light data [J]. Journal of Cleaner Production, 2018 (177): 101-114.

[64] ELVIDGE C D, BAUGH K E, KIHN E A, et al. Mapping city lights with nighttime data from the DMSP operational linescan system [J]. American Society for Photogrammetry and Remote Sensing, 1997, 63 (6): 727-734.

[65] GHOSH T, ELVIDGE C D, SUTTON P C, et al. Creating a global grid of distributed fossil fuel CO_2 emissions from nighttime satellite imagery [J]. Energies, 2010 (3): 1895-1913.

[66] 苏泳娴，陈修治，叶玉瑶，等．基于夜间灯光数据的中国能源消费碳排放特征及机理 [J]. 地理学报，2013，68 (11): 1513-1526.

[67] LETU H, NAKAJIMA T Y, NISHIO F. Regional-scale estimation of electric power and power plant CO_2 emissions using defense meteorological satellite program operational linescan system nighttime satellite data [J]. Environmental Science & Technology Letters, 2014 (1): 259-265.

[68] PULIAFIT S E, ALLENDE D, PINTO S A, et al. High resolution inventory of GHG emissions of the road transport sector in Argentina [J]. Atmospheric Environment, 2015 (101): 303-311.

[69] WANG S, LIU X. China's city-level energy-related CO_2 emissions: Spatiotemporal patterns and driving forces [J]. Applied Energy, 2017 (200): 204-214.

[70] 张永年，潘竟虎．基于DMSP/OLS数据的中国碳排放时空模拟与分异格局 [J]. 中国环境科学，2019，39 (4): 1436-1446.

[71] SHI K, YU B, ZHOU Y, et al. Spatiotemporal variations of CO_2 emissions and their impact factors in China: a comparative analysis between the provincial and prefectural levels [J]. Applied Energy, 2019 (233): 170-181.

[72] 李海萍，龙宓，李光一．基于 DMSP/OLS 数据的区域碳排放时空动态研究 [J]．中国环境科学，2018，38（7）：2777-2784.

[73] CUI X，LEI Y，ZHANG F，et al. Mapping spatiotemporal variations of CO_2（carbon dioxide）emissions using nighttime light data in Guangdong Province [J]. Physics and Chemistry of the Earth，2019（110）：89-98.

[74] LEVIN N，ZHANG Q. A global analysis of factors controlling VIIRS nighttime light levels from densely populated areas [J]. Remote Sensing of Environment，2017（190）：366-382.

[75] ZHAO N，HSU F，CAO G，et al. Improving accuracy of economic estimations with VIIRS DNB image products [J]. International Journal of Remote Sensing，2017，38（21）：5899-5918.

[76] RAYNER P J，RAUPACH M R，PAGET M，et al. A new global gridded data set of CO_2 emissions from fossil fuel combustion：methodology and evaluation [J]. Journal of Geophysical Research，2010（115）：1-11.

[77] LI D，ZHAO X，LI X. Remote sensing of human beings-a perspective from nighttime light [J]. Geo-spatial Information Science，2016，19（1）：69-79.

[78] MENG X，HAN J，HUANG C. An improved vegetation adjusted nighttime light urban index and its application in quantifying spatiotemporal dynamics of carbon emissions in China [J]. Remote Sensing，2017，9（8）：1-20.

[79] FRAGKIAS M，LOBO J，SETO K C. A comparison of nighttime lights data for urban energy research：insights from scaling analysis in the US system of cities [J]. Environment and Planning B：Urban Analytics and City Science，2017，44（6）：1-20.

[80] ZHANG X，WU J，PENG J，et al. The uncertainty of nighttime light data in estimating carbon dioxide emissions in China：a comparison between DMSP-OLS and NPP-VIIRS [J]. Remote Sensing，2017，9（8）：797.

[81] ZHAO J，CHEN Y，JI G，et al. Residential carbon dioxide emissions at the urban scale for county-level cities in China：a comparative study of nighttime light data [J]. Journal of Cleaner Production，2018，180：198-209.

[82] LI X, LI D, XU H, et al. Intercalibration between DMSP/OLS and VIIRS night-time light images to evaluate city light dynamics of Syria's major human settlement during Syrian Civil War [J]. International Journal of Remote Sensing, 2017, 1161: 1-18.

[83] 梁丽，边金虎，李爱农，等. 中巴经济走廊 DMSP/OLS 与 NPP/VIIRS 夜间灯光数据辐射一致性校正研究 [J]. 遥感学报，2019，24 (2): 1-14.

[84] ZHAO J, JI G, YUE Y, et al. Spatio-temporal dynamics of urban residential CO_2 emissions and their driving forces in China using the integrated two nighttime light datasets [J]. Applied Energy, 2019, 235: 612-624.

[85] BALDWIN J G, WING I S. The spatiotemporal evolution of U. S. carbon dioxide emissions: stylized facts and implications for climate policy [J]. Journal of Regional Science, 2013, 53 (4): 672-689.

[86] PÉTRON G, TANS P, FROST G, et al. High-resolution emissions of CO_2 from power generation in the USA [J]. Journal of Geophysical Research: Biogeosciences, 2008, 113 (G4): 1-9

[87] GREGG J S, ANDRES R J. A method for estimating the temporal and spatial patterns of carbon dioxide emissions from national fossil-fuel consumption [J]. Tellus B: Chemical and Physical Meteorology, 2008, 60 (1): 1-10.

[88] GURNEY K R, RAZLIVANOV I, SONG Y, et al. Quantification of fossil fuel CO_2 emissions on the building/street scale for a large U. S. city [J]. Environmental Science&Technology, 2012, 46 (21): 12194-12202.

[89] NASSAR R, NAPIER-LINTON L, GURNEY K R, et al. Improving the temporal and spatial distribution of CO_2 emissions from global fossil fuel emission data sets [J]. Journal of Geophysical Research: Atmospheres, 2013, 118: 917-933.

[90] LIU M, WANG H, WANG H, et al. Refined estimate of China's CO_2 emissions in spatiotemporal distributions [J]. Atmospheric Chemistry and Physics, 2013, 13 (21): 10873-10882.

[91] CHENG Y, WANG Z, YE X, et al. Spatiotemporal dynamics of carbon intensity from energy consumption in China [J]. Journal of Geographical Sciences,

2014，24（4）：631-650.

［92］胡艳兴，潘竟虎，王怡睿．基于ESDA-GWR的1997—2012年中国省域能源消费碳排放时空演变特征［J］．环境科学学报，2015，35（6）：1896-1906.

［93］武红．中国省域碳减排：时空格局、演变机理及政策建议——基于空间计量经济学的理论与方法［J］．管理世界，2015（11）：3-10.

［94］CHUAI X，HUANG X，LU Q，et al. Spatiotemporal changes of built-up land expansion and carbon emissions caused by the Chinese construction industry［J］. Environmental Science & Technology，2015，49（21）：13021-13030.

［95］李新，王海滨，陈朝镇，等．中国电力能源碳排放强度的时空演变及省际间差异性［J］．干旱区资源与环境，2015，29（1）：43-47.

［96］张广海，刘菁．中国省域旅游碳排放强度时空演变分析［J］．统计与决策，2016（15）：94-98.

［97］袁长伟，张倩，芮晓丽，等．中国交通运输碳排放时空演变及差异分析［J］．环境科学学报，2016，36（12）：4555-4562.

［98］SU S，FANG X，ZHAO J，et al. Spatiotemporal characteristics of consumption based CO_2 emissions from China's power sector［J］. Resources，Conservation and Recycling，2017，121：156-163.

［99］XU X，HUO H，LIU J，et al. Patterns of CO_2 emissions in 18 central Chinese cities from 2000 to 2014［J］. Journal of Cleaner Production，2017，172：529-540.

［100］SAIDI K，HAMMAMI S. The impact of CO_2 emissions and economic growth on energy consumption in 58 countries［J］. Energy Reports，2015（1）：62-70.

［101］WANG Y，CHEN L，KUBOTA J. The relationship between urbanization，energy use and carbon emissions：evidence from a panel of Association of Southeast Asian Nations（ASEAN）countries［J］. Journal of Cleaner Production，2016，112：1368-1374.

［102］SHUAI C，SHEN L，JIAO L，et al. Identifying key impact factors on carbon emission: evidences from panel and time-series data of 125 countries from 1990 to 2011 [J]. Applied Energy, 2017, 187: 310-325.

[103] RAMACHANDRA T V, BAJPAI V, KULKARNI G, et al. Economic disparity and CO_2 emissions: the domestic energy sector in Greater Bangalore, India [J]. Renewable and Sustainable Energy Reviews, 2017, 67: 1331-1344.

[104] WANG S, LI G, FANG C. Urbanization, economic growth, energy consumption, and CO_2 emissions: empirical evidence from countries with different income levels [J]. Renewable and Sustainable Energy Reviews, 2018, 81: 2144-2159.

[105] 张庆宇，张雨龙，潘斌斌．巴基斯坦碳排放的影响因素 [J]．南亚研究季刊，2019 (2)：50-57.

[106] MARDANI A, STREIMIKIENE D, CAVALLARO F, et al. Carbon dioxide (CO_2) emissions and economic growth: a systematic review of two decades of research from 1995 to 2017 [J]. Science of The Total Environment, 2019, 649: 31-49.

[107] CHUAI X W, HUANG X J, WANG W J, et al. Spatial econometric analysis of carbon emissions from energy consumption in China [J]. Journal of Geographical Sciences, 2012, 22 (4): 630-642.

[108] ZHANG Y, DA Y. The decomposition of energy-related carbon emission and its decoupling with economic growth in China [J]. Renewable and Sustainable Energy Reviews, 2015, 41: 1255-1266.

[109] WANG Q, WU S, ZENG Y, et al. Exploring the relationship between urbanization, energy consumption, and CO_2 emissions in different provinces of China [J]. Renewable and Sustainable Energy Reviews, 2016, 54: 1563-1579.

[110] XU B, LIN B. A quantile regression analysis of China's provincial CO_2 emissions: where does the difference lie? [J]. Energy Policy, 2016, 98: 328-342.

[111] GUO Z Q, LIU H B. The impact of carbon tax policy on energy consumption and CO_2 emission in China [J]. Energy Sources, Part B: Economics, Planning, and Policy, 2016, 11 (8): 725-731.

[112] 孙叶飞，周敏．中国能源消费碳排放与经济增长脱钩关系及驱动

因素研究［J］. 经济与管理评论，2017，33（6）：21-30.

［113］WANG S，LIU X，ZHOU C，et al. Examining the impacts of socioeconomic factors，urban form，and transportation networks on CO_2 emissions in China's megacities［J］. Applied Energy，2017，185：189-200.

［114］LI A，ZHANG A，ZHOU Y，et al. Decomposition analysis of factors affecting carbon dioxide emissions across provinces in China［J］. Journal of Cleaner Production，2017，141：1428-1444.

［115］CHEN Y，WANG Z，ZHONG Z. CO_2 emissions，economic growth，renewable and non-renewable energy production and foreign trade in China［J］. Renewable Energy，2019，131：208-216.

［116］LI S，ZHOU C. What are the impacts of demographic structure on CO_2 emissions? A regional analysis in China via heterogeneous panel estimates［J］. Science of The Total Environment，2019，650：2021-2031.

［117］于向宇，李跃，陈会英，等．"资源诅咒"视角下环境规制、能源禀赋对区域碳排放的影响［J］. 中国人口·资源与环境，2019，29（5）：52-60.

［118］SHAO S，LIU J，GENG Y，et al. Uncovering driving factors of carbon emissions from China's mining sector［J］. Applied Energy，2016，166：220-238.

［119］XU S，HE Z，LONG R. Factors that influence carbon emissions due to energy consumption in China：decomposition analysis using LMDI［J］. Applied Energy，2014，127：182-193.

［120］张艳平，张丽君，崔盼盼，等．中国居民碳排放时空特征及影响因素研究［J］. 干旱区地理，2018，41（2）：401-408.

［121］ZHOU C S，WANG S J. Examining the determinants and the spatial nexus of city-level CO_2 emissions in China：a dynamic spatial panel analysis of China's cities［J］. Journal of Cleaner Production，2017，171：917-926.

［122］陈占明，吴施美，马文博，等．中国地级以上城市二氧化碳排放的影响因素分析：基于扩展的 STIRPAT 模型［J］. 中国人口·资源与环境，2018，28（10）：45-54.

[123] WANG S, SHI C, FANG C, et al. Examining the spatial variations of determinants of energy-related CO_2 emissions in China at the city level using geographically weighted regression model [J]. Applied Energy, 2019 (235): 95-105.

[124] 陈江龙，李平星，高金龙. 1990—2014 年泛长三角地区能源利用碳排放时空格局及影响因素 [J]. 地理科学进展，2016，35 (12): 1472-1482.

[125] 冯冬，李健. 我国三大城市群城镇化水平对碳排放的影响 [J]. 长江流域资源与环境，2018，27 (10): 2194-2200.

[126] WANG C, WANG F, ZHANG X, et al. Examining the driving factors of energy related carbon emissions using the extended STIRPAT model based on IPAT identity in Xinjiang [J]. Renewable and Sustainable Energy Reviews, 2017, 67: 51-61.

[127] SHEN L, WU Y, LOU Y, et al. What drives the carbon emission in the Chinese cities? -a case of pilot low carbon city of Beijing [J]. Journal of Cleaner Production, 2018 (174): 343-354.

[128] AGNOLUCCI P, EKINS P, IACOPINI G, et al. Different scenarios for achieving radical reduction in carbon emissions: a decomposition analysis [J]. Ecological Economics, 2009, 68 (6): 1652-1666.

[129] VICTOR P A. Growth, degrowth and climate change: A scenario analysis [J]. Ecological Economics, 2012, 84: 206-212.

[130] WANG T, WATSON J. Scenario analysis of China's emissions pathways in the 21st century for low carbon transition [J]. Energy Policy, 2010, 38 (7): 3537-3546.

[131] SCHANDL H, HATFIELD-DODDS S, WIEDMANN T, et al. Decoupling global environmental pressure and economic growth: scenarios for energy use, materials use and carbon emissions [J]. Journal of Cleaner Production, 2015, 132 (20): 1-22.

[132] YANG C, YEH S, ZAKERINIA S, et al. Achieving California's 80% greenhouse gas reduction target in 2050: technology, policy and scenario analysis using CA-TIMES energy economic systems model [J]. Energy Policy, 2015, 77:

118-130.

［133］WALMSLEY M R W，WALMSLEY T G，ATKINS M J，et al. Carbon Emissions Pinch Analysis for emissions reductions in the New Zealand transport sector through to 2050［J］. Energy，2015，92：569-576.

［134］LUCENA A F P，CLARKE L，SCHAEFFER R，et al. Climate policy scenarios in Brazil：a multi-model comparison for energy［J］. Energy Economics，2016，56：564-574.

［135］周大地．我国尽早达峰可行性研究［M］. 北京：中国环境出版社，2018.

［136］姜克隽．一个强有力的2050碳减排目标将非常有利于中国的社会经济发展［J］. 气候变化研究进展，2019，15（1）：103-106.

［137］戴彦德，康艳兵，熊小平．2050中国能源和碳排放情景暨能源与低碳发展路线图［M］. 北京：中国环境出版社，2017.

［138］LIU X，MAO G，REN J，et al. How might China achieve its 2020 emissions target? A scenario analysis of energy consumption and CO_2 emissions using the system dynamics model［J］. Journal of Cleaner Production，2015，103：401-410.

［139］LIU X，MA S，TIAN J，et al. A system dynamics approach to scenario analysis for urban passenger transport energy consumption and CO_2 emissions：a case study of Beijing［J］. Energy Policy，2015，85：253-270.

［140］MI Z，WEI Y，WANG B，et al. Socioeconomic impact assessment of China's CO_2 emissions peak prior to 2030［J］. Journal of Cleaner Production，2016，142：2227-2236.

［141］WANG Z，YE D. Forecasting Chinese carbon emissions from fossil energy consumption using non-linear grey multivariable models［J］. Journal of Cleaner Production，2017，142：600-612.

［142］杜祥琬，杨波，刘晓龙，等．中国经济发展与能源消费及碳排放解耦分析［J］. 中国人口·资源与环境，2015，25（12）：1-7.

［143］郝宇，张宗勇，廖华．中国能源“新常态”：“十三五”及2030年能源经济展望［J］. 北京理工大学学报（社会科学版），2016，18（2）：1-7.

［144］何建坤，卢兰兰，王海林．经济增长与二氧化碳减排的双赢路径分析［J］. 中国人口·资源与环境，2018，28（10）：9-17.

［145］王勇，毕莹，王恩东．中国工业碳排放达峰的情景预测与减排潜力评估［J］. 中国人口·资源与环境，2017，27（10）：131-140.

［146］黄莹，郭洪旭，廖翠萍，等．基于 LEAP 模型的城市交通低碳发展路径研究：以广州市为例［J］. 气候变化研究进展，2019，15（6）：1-17.

［147］王宪恩，王泳璇，段海燕．区域能源消费碳排放峰值预测及可控性研究［J］. 中国人口·资源与环境，2014，24（8）：9-16.

［148］TAN X，DONG L，CHEN D，et al. China's regional CO_2 emissions reduction potential：a study of Chongqing city［J］. Applied Energy，2016（162）：1345-1354.

［149］吴青龙，王建明，郭丕斌．开放 STIRPAT 模型的区域碳排放峰值研究：以能源生产区域山西省为例［J］. 资源科学，2018，40（5）：1051-1062.

［150］李健，郭姣，苑清敏．京津冀协同发展背景下能源需求预测与政策影响研究［J］. 干旱区资源与环境，2018，32（5）：5-11.

［151］董棒棒，李莉，唐洪松，等．环境规制、FDI 与能源消费碳排放峰值预测：以西北五省为例［J］. 干旱区地理，2019，42（3）：689-697.

［152］DEFRA. Energy white paper：our energy future-creating a low carbon economy［M］. London：The Stationery Office，2003.

［153］科技部．《气候变化国家评估报告》解读［EB/OL］.（2007-04-09）［2019-09-04］. http：//www. most. gov. cn/kjbgz/200704/t20070424_ 43364. htm.

［154］中国科学院可持续发展战略研究组．中国可持续发展战略报告［M］. 北京：科学出版社，2009.

［155］GROSSMAN G M，KRUEGER A B. The inverted-U：what does it mean？［J］. Environment and Development Economics，1996，1（1）：119-122.

［156］PANAYOTOU T. Demystifying the environmental Kuznets curve：turning a black box into a policy tool［J］. Environment and Development Economics，1997，2（4）：465-484.

［157］GROSSMAN G M，KRUEGER A B. Economic growth and the environment [J]. The Quarterly Journal of Economics, 1995, 110 (2): 353-377.

[158] NASIR M, UR REHMAN F. Environmental Kuznets curve for carbon emissions in Pakistan: an empirical investigation [J]. Energy Policy, 2011, 39 (3): 1857-1864.

[159] LAU L, CHOONG C, ENG Y. Investigation of the environmental Kuznets curve for carbon emissions in Malaysia: do foreign direct investment and trade matter? [J]. Energy Policy, 2014 (68): 490-497.

[160] LIU X, ZHANG S, BAE J. The impact of renewable energy and agriculture on carbon dioxide emissions: investigating the environmental Kuznets curve in four selected ASEAN countries [J]. Journal of Cleaner Production, 2017, 164: 1239-1247.

[161] ALSHEHRY A S, BELLOUMI M. Study of the environmental Kuznets curve for transport carbon dioxide emissions in Saudi Arabia [J]. Renewable and Sustainable Energy Reviews, 2017 (75): 1339-1347.

[162] BILGILI F, KOÇAK E, BULUT Ü. The dynamic impact of renewable energy consumption on CO_2 emissions: a revisited Environmental Kuznets Curve approach [J]. Renewable and Sustainable Energy Reviews, 2016, 54: 838-845.

[163] XU Q, DONG Y, YANG R. Urbanization impact on carbon emissions in the Pearl River Delta region: Kuznets curve relationships [J]. Journal of Cleaner Production, 2018 (180): 514-523.

[164] KORKUTPATA U. Renewable energy consumption, urbanization, financial development, income and CO_2 emissions in turkey: testing EKC hypothe sis with structural breaks [J]. Journal of Cleaner Production, 2018 (187): 770-779.

[165] 李小云，杨宇，刘毅．中国人地关系演进及其资源环境基础研究进展 [J]. 地理学报，2016，71 (12): 2067-2088.

[166] FARINELLI F. Friedrich Ratzel and the nature of (political) geography [J]. Political Geography, 2000, 19 (8): 943-955.

[167] John E, CHAPPELL J. Climatic change reconsidered: another look at "The Pulse of Asia" [J]. Geographical Review, 1970, 60 (3): 347-373.

［168］ HREBINIAK G L，JOYCE F W. Organizational adaptation：strategic choice and environmental determinism ［J］. Administrative Science Quarterly，1985，30（3）：336-349.

［169］ GESLER W M. Therapeutic landscapes：theory and a case study of Epidauros，Greece［J］. Environment and Planning D：Society and Space，1993，11（2）：171-189.

［170］ IBERALL A，WILKINSON D. Human sociogeophysics - phase Ⅰ：explaining the macroscopic patterns of man on earth ［J］. GeoJournal，1984，8（2）：171-179.

［171］ 陈明星，李扬，龚颖华，等．“胡焕庸线”两侧的人口分布与城镇化格局趋势：尝试回答李克强总理之问［J］. 地理学报，2016，71（2）：179-193.

［172］ 张锦宗，梁进社，朱瑜馨，等．土地资源和 GDP 对中国人口分布的影响机理分析［J］. 地理科学，2017，37（7）：1006-1013.

［173］ 李佳洺，陆大道，徐成东，等．“胡焕庸线”两侧人口的空间分异性及其变化［J］. 地理学报，2017，72（1）：148-160.

［174］ 王铮，乐群，夏海斌，等．中国 2050：气候情景与“胡焕庸线”的稳定性［J］. 中国科学：地球科学，2016，46（11）：1505-1514.

［175］ 钟茂初，孙坤鑫．中国城市生态承载力的相对表征：从“胡焕庸线”出发［J］. 地域研究与开发，2018，37（5）：152-157.

［176］ 马理，黎妮，马欣怡．破解“胡焕庸线”魔咒实现共同富裕［J］. 财政研究，2018（9）：48-64.

［177］ 阮文奇，郑向敏，李勇泉，等．中国入境旅游的“胡焕庸线”空间分布特征及驱动机理研究［J］. 经济地理，2018，38（3）：181-189.

［178］ 王开泳，邓羽．新型城镇化能否突破“胡焕庸线”：兼论“胡焕庸线”的地理学内涵［J］. 地理研究，2016，35（5）：825-835.

［179］ 张梅，黄贤金，揣小伟，等．“胡焕庸线”两侧城镇建设用地变化及其碳排放差异［J］. 资源科学，2019，41（7）：1262-1273.

［180］ ANSELIN L. A test for spatial autocorrelation in seemingly unrelated regressions [J]. Economics Letters, 1988 (28): 335-341.

[181] CLIFF A, ORD K. Testing for spatial autocorrelation among regression residuals [J]. Geographical Analysis, 1972, 4 (3): 267-284.

[182] CLIFF A D, ORD J K. Space-time modelling with an application to regional forecasting [J]. Transactions of the Institute of British Geographers, 1975 (64): 119-128.

[183] PAELINCK J. Spatial econometrics [J]. Economics Letters, 1978 (1): 59-63.

[184] ANSELIN L. Lagrange multiplier test diagnostics for spatial dependence and spatial heterogeneity [J]. Geographical Analysis, 1988, 20 (1): 1-17.

[185] CRESSIE N, HUANG H. Classes of nonseparable, spatio-temporal stationary covariance functions [J]. Journal of the American Statistical Association, 1999 (94): 1330-1339.

[186] LESAGE J P, PACE R K. Spatial econometric modeling of origin-destination flows [J]. Journal of Regional Science, 2008, 48 (5): 941-967.

[187] LESAGE J P. The theory and practice of spatial econometrics [D]. Ohio,USA: University of Toledo, 1999.

[188] ANSELIN L. Under the hood issues in the specification and interpretation of spatial regression models [J]. Agricultural Economics, 2002 (27): 247-267.

[189] LESAGE J P, PACE R K. Handbook of applied spatial analysis [M]. Berlin: Springer, 2009.

[190] KELEJIAN H H, PRUCHA I R. 2SLS and OLS in a spatial autoregressive model with equal spatial weights [J]. Regional Science and Urban Economics, 2002, 32 (6): 691-707.

[191] ELHORST J P. Specification and estimation of spatial panel data models [J]. International Regional Science Review, 2003, 26 (3): 244-268.

[192] ELHORST J P. Dynamic models in space and time [J]. Geographical Analysis, 2001, 33 (2): 119-140.

[193] ELHORST J P, LACOMBE D J, PIRAS G. On model specification and parameter space definitions in higher order spatial econometric models [J]. Regional Science and Urban Economics, 2012, 42 (1-2): 211-220.

[194] KETTINGER W J. National infrastructure diffusion and the U. S. information super highway [J]. Information & Management, 1994, 27 (6): 357-368.

[195] 田溯宁. 美国"信息高速公路"计划及对中国现代化的启示 [J]. 科技导报, 1994 (2): 25-26.

[196] GURRUTXAGA M, LOZANO P J, DEL BARRIO G. GIS-based approach for incorporating the connectivity of ecological networks into regional planning [J]. Journal for Nature Conservation, 2010, 18 (4): 318-326.

[197] FAGERHOLM N, OTEROS-ROZAS E, RAYMOND C M, et al. Assessing linkages between ecosystem services, land-use and well-being in an agroforestry landscape using public participation GIS [J]. Applied Geography, 2016 (74): 30-46.

[198] ALSAHLI M M, AL-HARBI M. Allocating optimum sites for air quality monitoring stations using GIS suitability analysis [J]. Urban Climate, 2018, 24: 875-886.

[199] 胡官兵, 刘舫, 党伟, 等. 遥感技术在滇西南植被覆盖区地质填图中的应用 [J]. 国土资源遥感, 2019, 31 (2): 224-230.

[200] GHOLIZADEH M, MELESSE A, REDDI L. A comprehensive review on water quality parameters estimation using remote sensing techniques [J]. Sensors, 2016, 16 (8): 1298.

[201] SHI K, YU B, YU B, et al. Modeling and mapping total freight traffic in China using NPP-VIIRS nighttime light composite data [J]. GIScience & Remote Sensing, 2015, 52 (3): 274-289.

[202] CHEN G, LI S, KNIBBS L D, et al. A machine learning method to estimate PM 2. 5 concentrations across China with remote sensing, meteorological and land use information [J]. Science of The Total Environment, 2018 (636): 52-60.

[203] JALAYER M, ZHOU H, ZHANG B. Evaluation of navigation perform-

ances of GPS devices near interchange area pertaining to wrong-way driving [J]. Journal of Traffic and Transportation Engineering (English Edition), 2016, 3 (6): 593-601.

[204] MCFARLAND P K, BENNETT R A, ALVARADO P, et al. Rapid geodetic shortening across the eastern Cordillera of NW Argentina observed by the Puna-Andes GPS array authors [J]. JGR Solid Earth, 2017, 122 (10): 8600-8623.

[205] YANG Z, FRANZ M L, ZHU S, et al. Analysis of Washington, DC taxi demand using GPS and land-use data [J]. Journal of Transport Geography, 2018, 66: 35-44.

[206] EHRLICH P R, HOLDREN J P. Impact of population growth [J]. Science, 1971, 171 (3977): 1212-1217.

[207] DIETZ T, ROSA E A. Effects of population and affluence on CO_2 emissions [J]. Proceedings of the National Academy of Sciences of the United States of America, 1997, 94 (1): 175-179.

[208] YORK R, ROSA E A, DIETZ T. STIRPAT, IPAT and ImPACT: analytic tools for unpacking the driving forces of environmental impacts [J]. Ecological Economics, 2003, 46 (3): 351-365.

[209] 国家统计局国民经济综合统计司 . 新中国六十年统计资料汇编 [M]. 北京：中国统计出版社，2010.

[210] 曹子阳，吴志峰，匡耀求，等 . DMSP/OLS 夜间灯光影像中国区域的校正及应用 [J]. 地球信息科学学报，2015，17 (9)：1092-1102.

[211] ELVIDGE C, ZISKIN D, BAUGH K, et al. A fifteen year record of global natural gas flaring derived from satellite data [J]. Energies, 2009, 2 (3): 595-622.

[212] LIU Z, HE C, ZHANG Q, et al. Extracting the dynamics of urban expansion in China using DMSP-OLS nighttime light data from 1992 to 2008 [J]. Landscape and Urban Planning, 2012, 106 (1): 62-72.

[213] ZHAO J, JI G, YUE Y, et al. Spatio-temporal dynamics of urban residential CO_2 emissions and their driving forces in China using the integrated two

nighttime light datasets [J]. Applied Energy, 2019, 235: 612-624.

[214] LI X, LI D, XU H, et al. Intercalibration between DMSP/OLS and VIIRS night-time light images to evaluate city light dynamics of Syria ' s major human settlement during Syrian Civil War [J]. International Journal of Remote Sensing, 2017, 38 (1): 1-18.

[215] 施开放. 多尺度视角下的中国碳排放时空格局动态及影响因素研究 [D]. 上海: 华东师范大学, 2017.

[216] 曹子阳. 基于夜间灯光影像的 GDP 空间分布模拟研究及其与 PM2.5 浓度的相关分析 [D]. 广州: 中国科学院, 2016.

[217] 马忠玉, 肖宏伟. 基于卫星夜间灯光数据的中国分省碳排放时空模拟 [J]. 中国人口·资源与环境, 2017, 27 (9): 143-150.

[218] 苏泳娴. 基于 DMSP/OLS 夜间灯光数据的中国能源消费碳排放研究 [D]. 广州: 中国科学院, 2015.

[219] 刘海滨, 刘振灵, 黄辉. 资源基础型城市群时空演变及动力机制 [M]. 北京: 中国经济出版社, 2010.

[220] 张红梅, 李善同, 许召元. 改革开放以来我国区域差距的演变 [J]. 改革, 2019, 302 (4): 78-87.

[221] 李海萍, 龙宓, 李光一. 基于 DMSP/OLS 数据的区域碳排放时空动态研究 [J]. 中国环境科学, 2018, 38 (7): 2777-2784.

[222] DEBARSY N, ERTUR C, LESAGE J P. Interpreting dynamic space-time panel data models [J]. Statistical Methodology, 2012, 9 (1-2): 158-171.

[223] PACE R K, LESAGE J P. Semiparametric maximum likelihood estimates of spatial dependence [J]. Geographical Analysis, 2002, 34 (1): 76-90.

[224] PACE R K, LESAGE J P, ZHU S. Interpretation and computation of estimates from regression models using spatial filtering [J]. Spatial Economic Analysis, 2013, 8 (3): 352-369.

[225] ELHORST J P. Applied spatial econometrics: raising the bar [J]. Spatial Economic Analysis, 2010, 5 (1): 9-28.

[226] DEBARSY N. The Mundlak approach in the spatial Durbin panel data

model [J]. Spatial Economic Analysis, 2012, 7 (1): 109-131.

[227] TOBLER W R. Smooth pycnophylactic interpolation for geographical regions [J]. Journal of the American Statistical Association, 1979, 367 (74): 519-530.

[228] GOODCHILD M F. A spatial analytical perspective on geographical information systems [J]. International Journal of Geographical Information, 1987, 1 (4): 327-334.

[229] BRUNSDON C, FOTHERINGHAM A S, CHARLTON M E. Geographically weighted regression: a method for exploring spatial nonstationarity [J]. Geographical Analysis, 1996, 28 (4): 281-298.

[230] AKAIKE H. A new Look at the statistical model identification [J]. IEEE Trans. Automat. Control, 1974 (19): 716-723.

[231] BRUNSDON C, FOTHERINGHAM S, CHARLTON M. Geographically weighted regression [J]. Journal of the Royal Statistical Society: Series D (The Statistician), 1998, 47: 431-443.

[232] BRUNSDON C. Some notes on parametric significance tests for geographically weighted regression [J]. Journal of Regional Science, 1999, 39 (3): 497-524.

[233] FOTHERINGHAM A S, CHARLTON M E, BRUNSDON C. Spatial variations in school performance: a local analysis using geographically weighted regression [J]. Geographical and Environmental Modelling, 2001, 5 (1): 43-66.

[234] 张庆宇，张雨龙，潘斌斌．改革开放40年中国经济增长与碳排放影响因素分析 [J]. 干旱区资源与环境，2019，33 (10)：9-13.

[235] 李雪梅，张庆．天津市能源消费碳排放影响因素及其情景预测 [J]. 干旱区研究，2019，36 (4)：997-1004.

[236] 刘玉珂，金声甜．中部六省能源消费碳排放时空演变特征及影响因素 [J]. 经济地理，2019，39 (1)：182-191.

[237] 刘海滨，刘振灵．辽宁中部城市群城市职能结构及其转换研究 [J]. 经济地理，2009，29 (8)：1293-1297.

[238] 丑洁明，代如锋，董文杰，等．美国气候新政背景下的中国未来

CO_2 排放情景预测［J］. 气候变化研究进展，2018，14（1）：95-105.

［239］从建辉，王晓培，刘婷，等. CO_2 排放峰值问题探究：国别比较、历史经验与研究进展［J］. 资源开发与市场，2018，34（6）：774-780.

［240］崔学勤，王克，傅莎，等. 2℃和1.5℃目标下全球碳预算及排放路径［J］. 中国环境科学，2017，37（11）：4353-4362.

［241］王勇，王恩东，毕莹. 不同情景下碳排放达峰对中国经济的影响：基于 CGE 模型的分析［J］. 资源科学，2017，39（10）：1896-1908.

［242］黄蕊，王铮，丁冠群，等. 基于 STIRPAT 模型的江苏省能源消费碳排放影响因素分析及趋势预测［J］. 地理研究，2016，35（4）：781-789.

［243］国家发展和改革委员会能源研究所课题组. 中国 2050 年低碳发展之路能源需求暨碳排放情景分析［M］. 北京：科学出版社，2009.

［244］王广州. 人口预测方法与应用［M］. 北京：社会科学文献出版社，2018.

［245］李善同. "十二五"时期至 2030 年我国经济增长前景展望［J］. 经济研究参考，2010（43）：2-27.

［246］胡鞍钢，鄢一龙，姜佳莹. "十三五"规划及 2030 年远景目标的前瞻性思考［J］. 行政管理改革，2015（2）：13-20.

［247］国务院. 国务院关于印发国家人口发展规划（2016—2030 年）的通知［EB/OL］.(2016-12-30)［2019-09-07］. http：//www.gov.cn/zhengce/content/2017-01/25/content_ 5163309.htm.

［248］国家发展改革委宏观经济研究院. 中国宏观经济与政策研究报告［M］. 北京：人民出版社，2015.

［249］胡鞍钢，周绍杰. "新常态"至少可延伸至 2030 年：如何培育中国经济新增长点［J］. 人民论坛，2015（27）：24-27.

［250］中共中央政治局. 京津冀协同发展规划纲要［R］. 北京：中共中央政治局，2015.

［251］国务院办公厅. "十一五"发展的主要目标之四：城乡区域发展趋向协调［EB/OL］.(2006-03-18)［2019-09-08］. http：//www.gov.cn/node_ 11140/2006-03/18/content_ 230053.htm.

［252］国务院．国务院关于依托黄金水道推动长江经济带发展的指导意见［EB/OL］.(2014－09－12)［2019－09－08］. http：//www. gov. cn/zhengce/content/2014-09/25/content_ 9092. htm.

［253］国家发展改革委．关于促进中部地区崛起“十三五”规划［R］.北京：国家发展改革委，2016.

［254］中共中央政治局．长江经济带发展规划纲要［R］. 北京：中共中央政治局，2016.

［255］国务院．西部大开发“十一五”规划［R］. 北京：国务院，2007.

［256］国家发展改革委．西部陆海新通道总体规划［R］. 北京：国家发展改革委，2019.

重要术语索引

L

N

P

Q

R

S

T

W

X

Y

Z